"The Three-Character Classic" is a traditional Chinese primer, consisting of three-character sentences. It contains approximately 1,140 Chinese characters and provides an introduction to Chinese history, culture, ethics, and other knowledge areas.

This traditional notebook-style workbook contains the full text of "The Three-Character Classic." Unlike blank practice books, this workbook makes it easier for users to practice Chinese character writing while also memorizing "The Three-Character Classic." Each character in this book is broken down according to stroke order, allowing beginners to understand the sequence and rules of Chinese character writing. It is perfect for Chinese language beginners.

Writing Practice Book for The Three-Character Classic(Tianzige with stroke order)

© Editorial Comte Barcelona
OPOSBOX SL
C/Rodrigo Caro 73, 08914 Barcelona(España)
https://comtebarcelona.com
Primera edición: Mayo de 2023
ISBN: 978-84-126439-3-0 (Paperback)

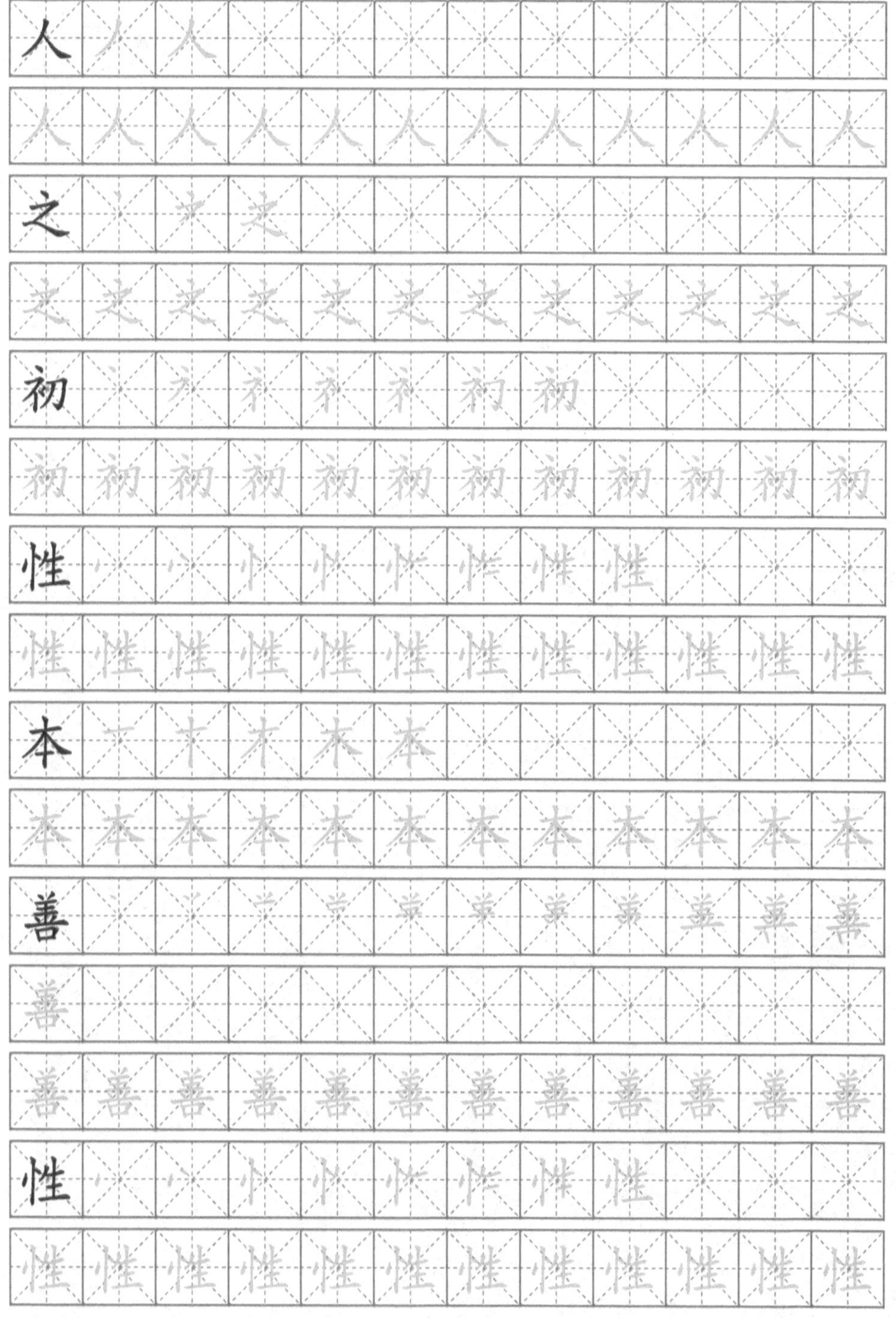

人
之
初
性
本
善
性

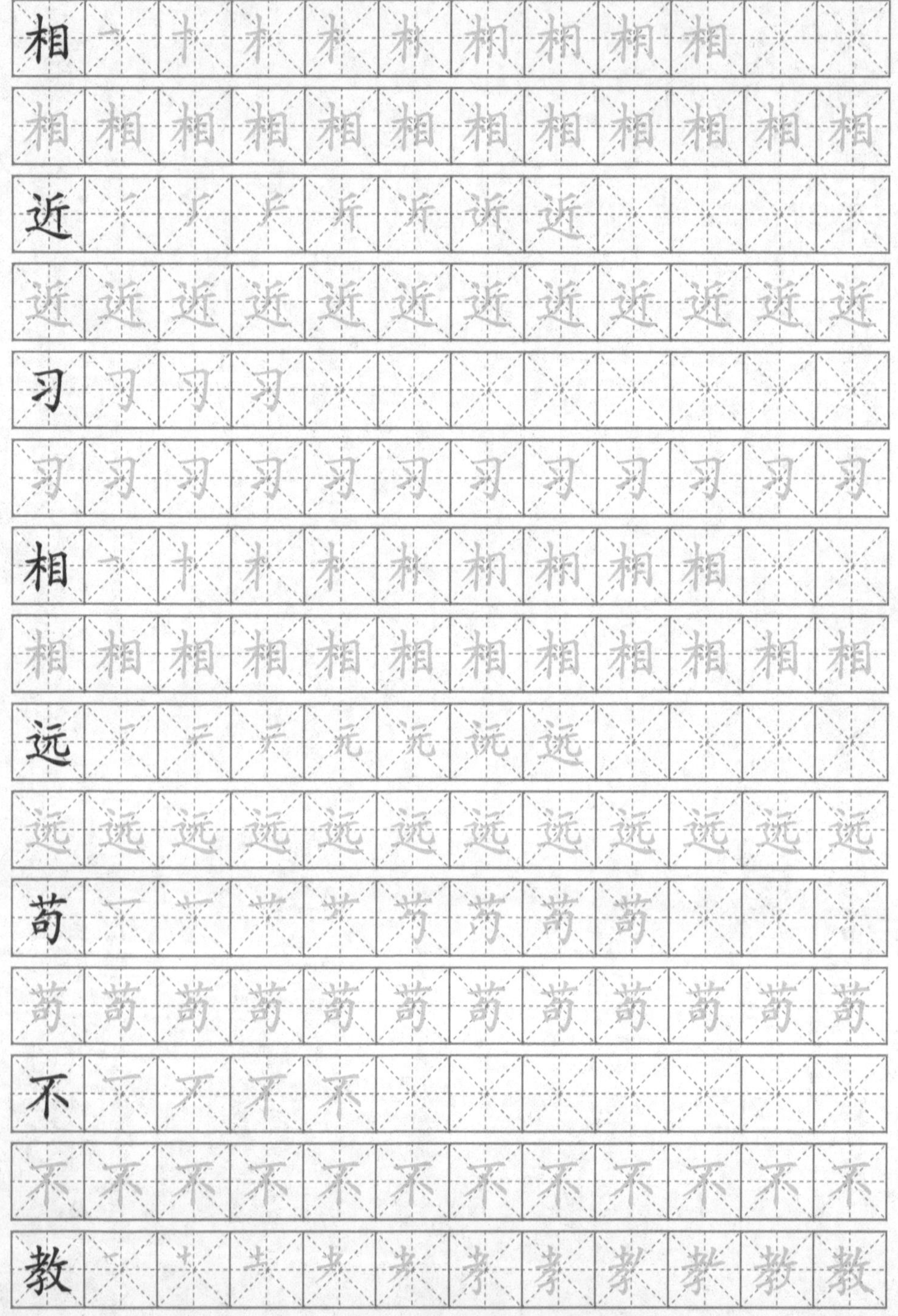

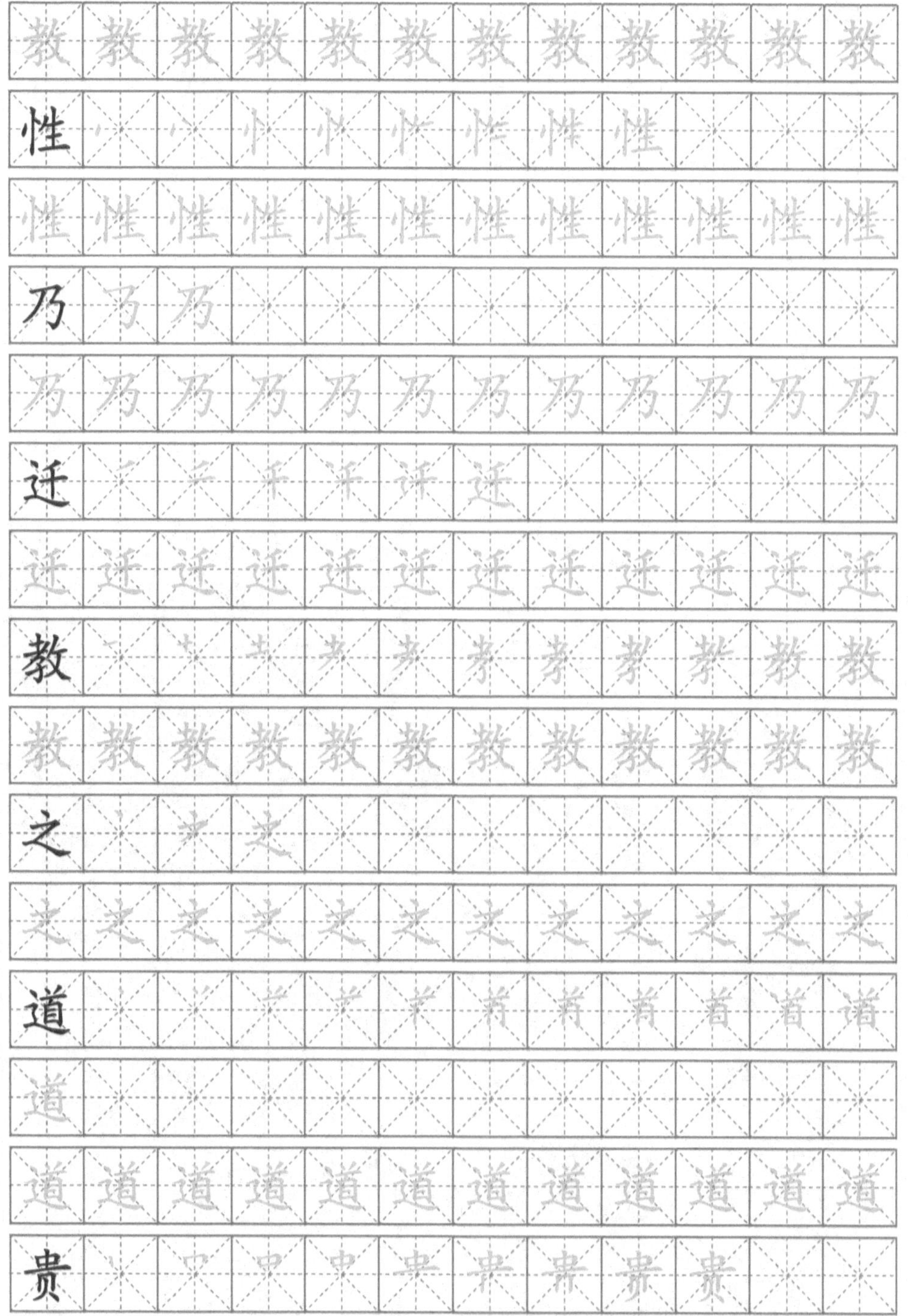

教
性
乃
迁
教
之
道
贵

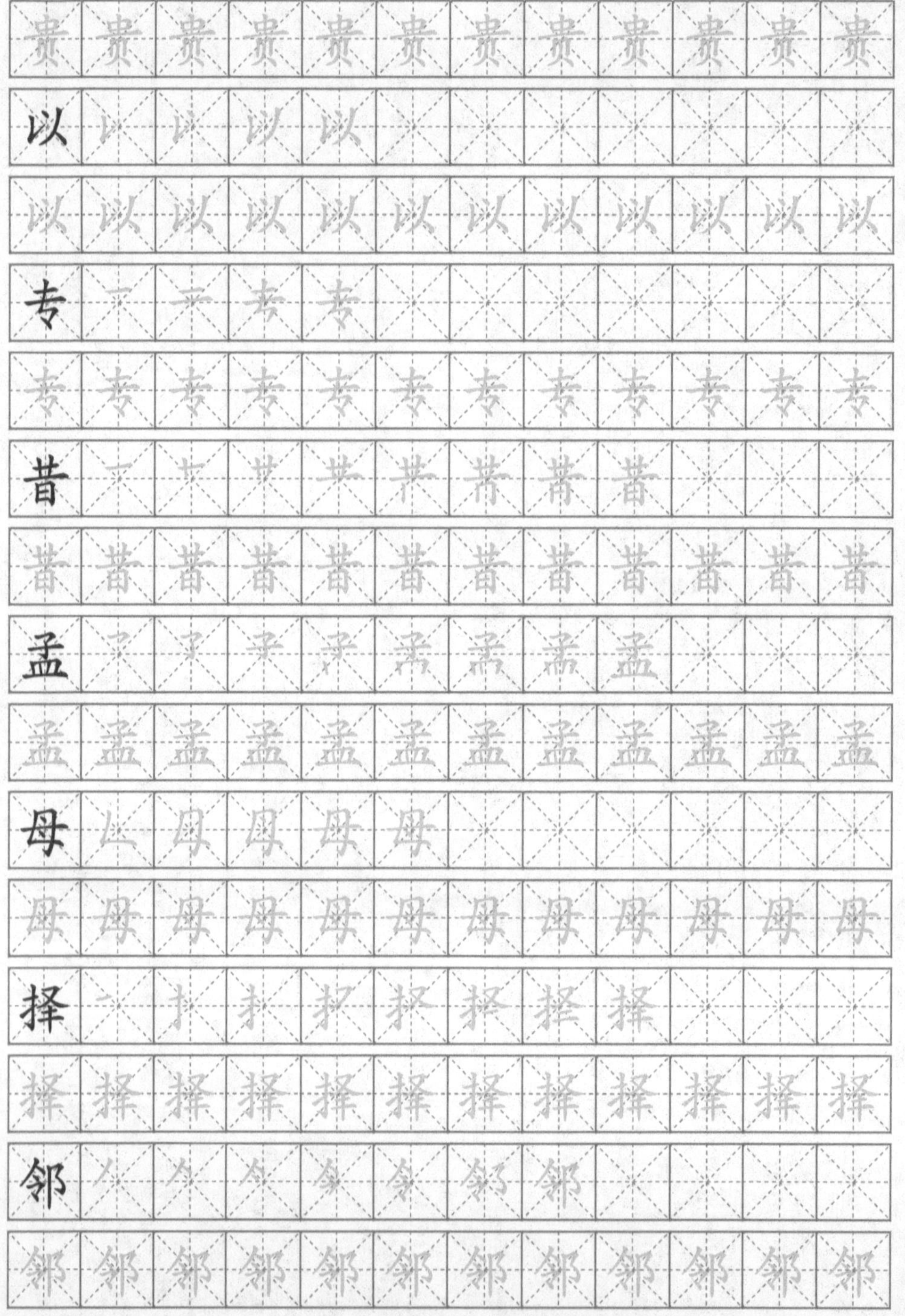

费 费 费 费 费 费 费 费 费 费 费
以 以 以 以 以
以 以 以 以 以 以 以 以 以 以 以 以
专 一 二 专 专
专 专 专 专 专 专 专 专 专 专 专 专
昔 一 十 共 共 共 昔 昔 昔
昔 昔 昔 昔 昔 昔 昔 昔 昔 昔 昔 昔
孟 子 子 子 孟 孟 孟
孟 孟 孟 孟 孟 孟 孟 孟 孟 孟 孟 孟
母 乙 母 母 母
母 母 母 母 母 母 母 母 母 母 母 母
择 才 才 择 择 择 择 择
择 择 择 择 择 择 择 择 择 择 择 择
邻 人 人 今 今 邻 邻
邻 邻 邻 邻 邻 邻 邻 邻 邻 邻 邻 邻

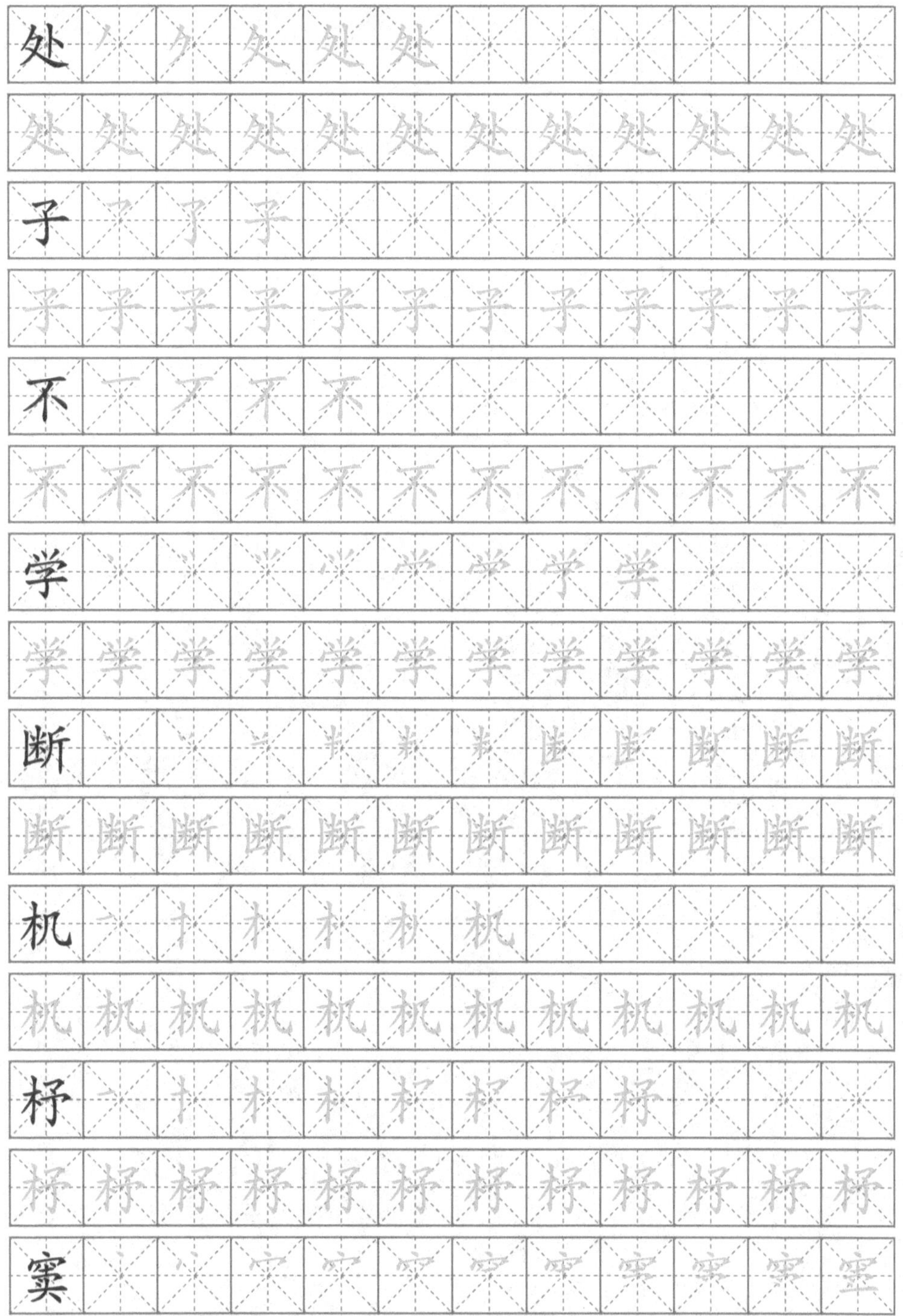

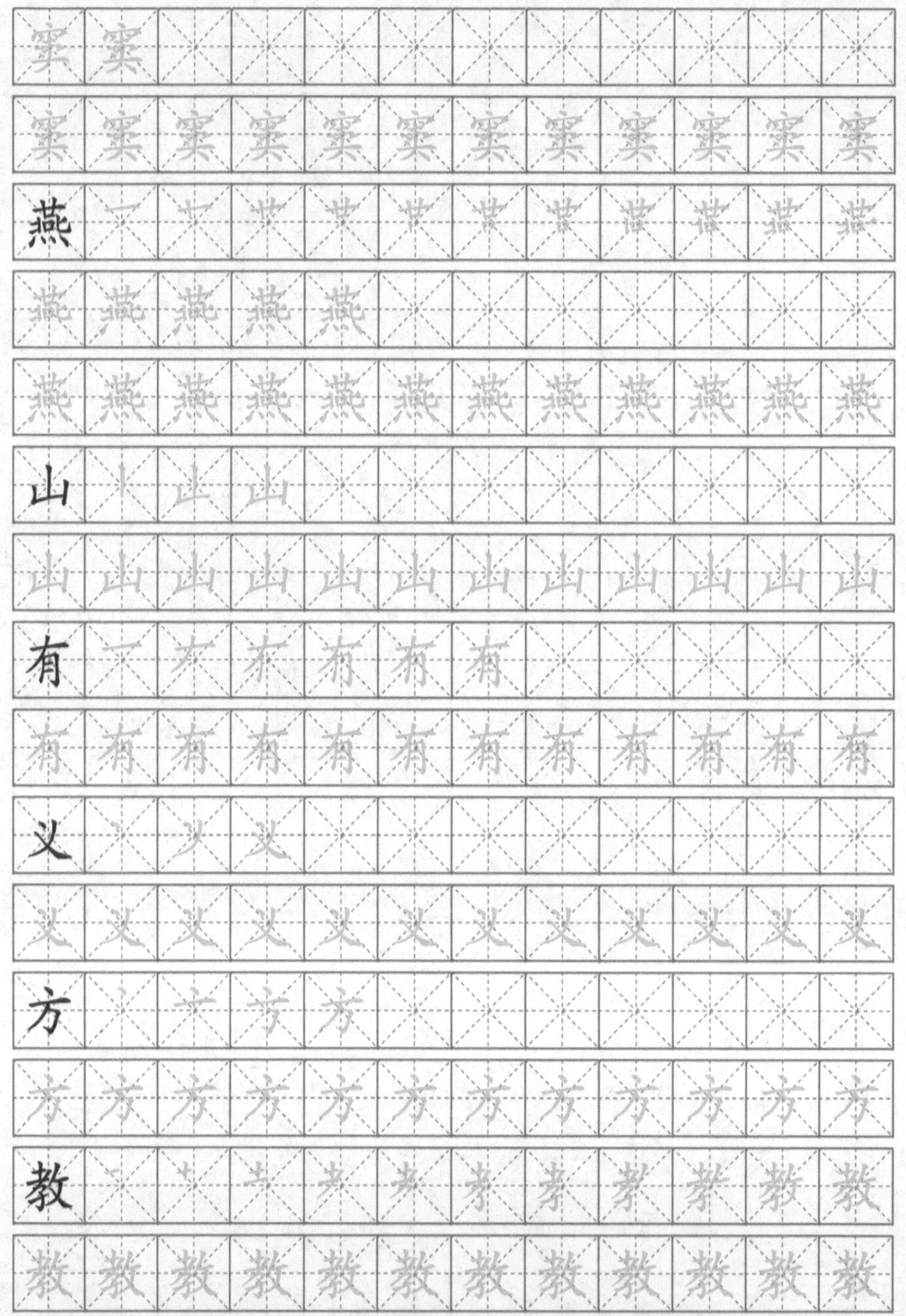

窠
燕
山
有
义
方
教

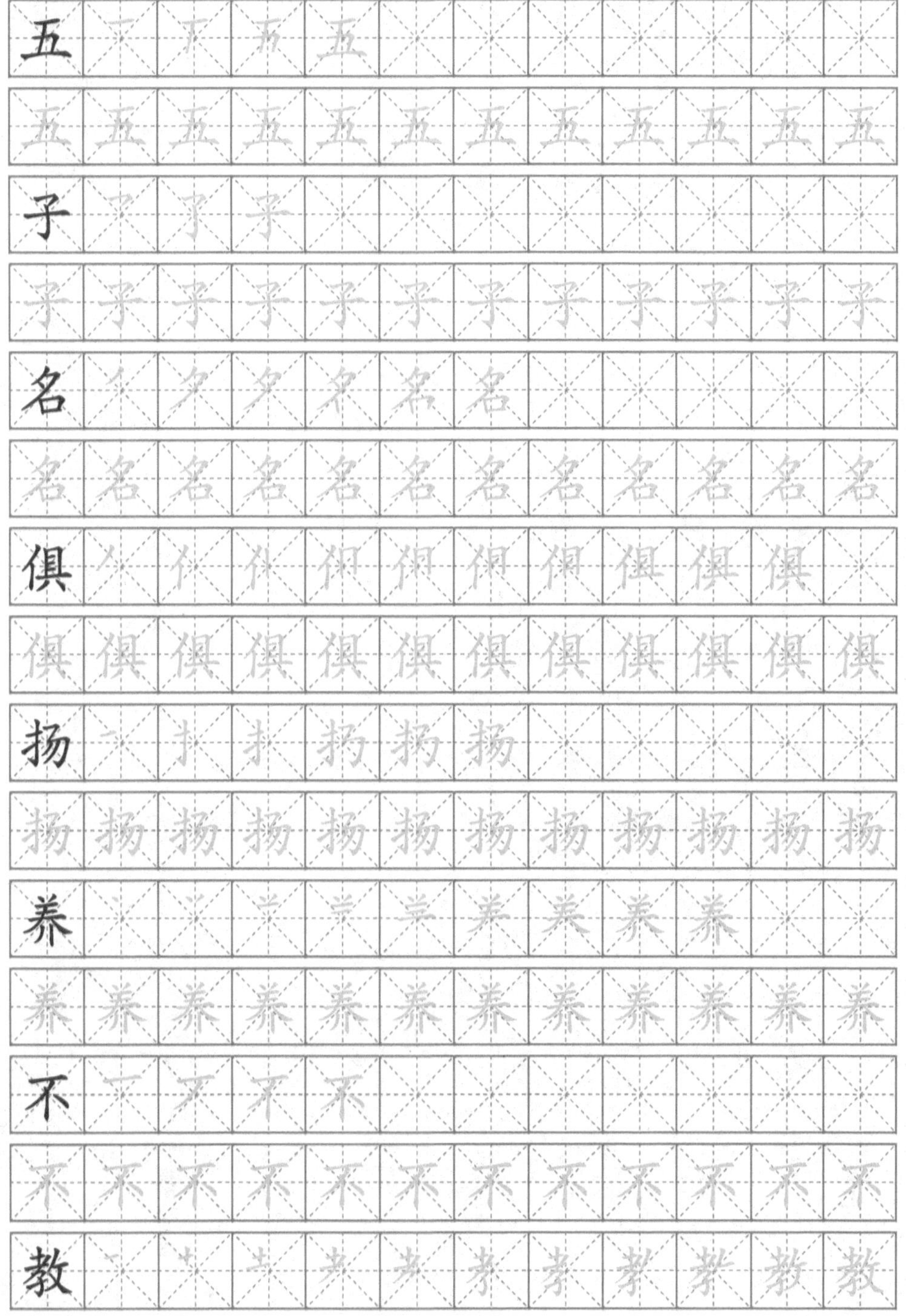

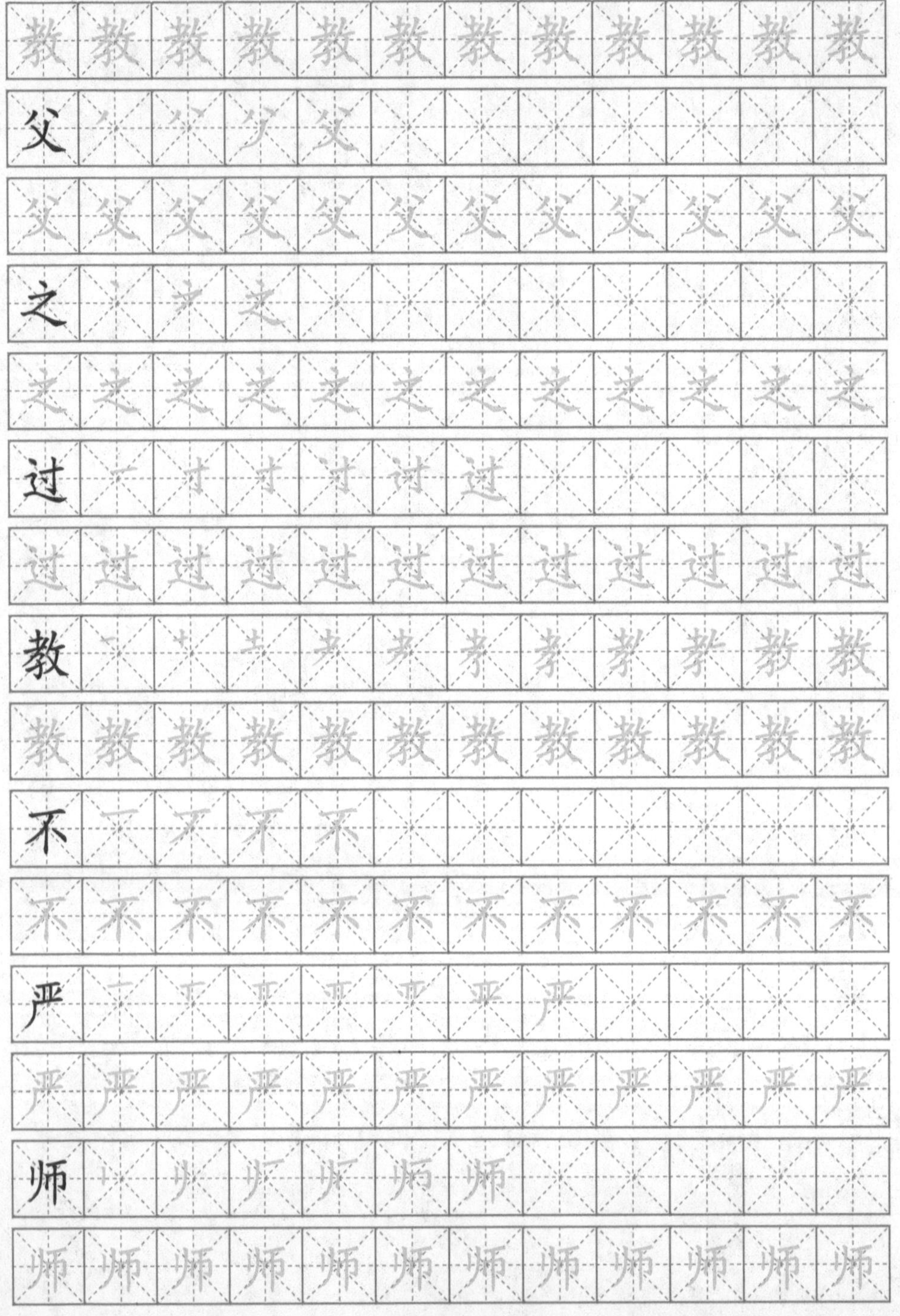

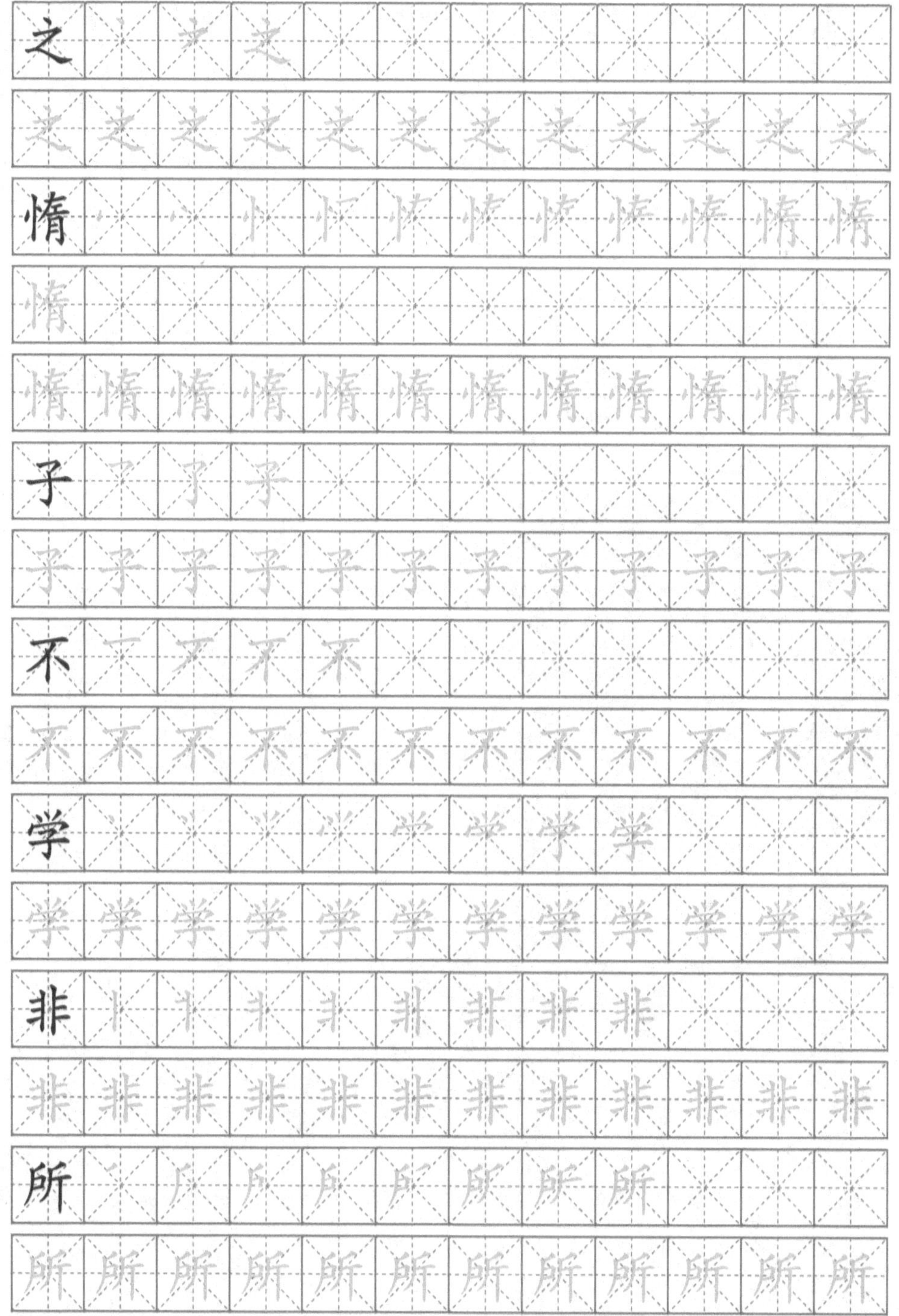

之
惰
子
不
学
非
所

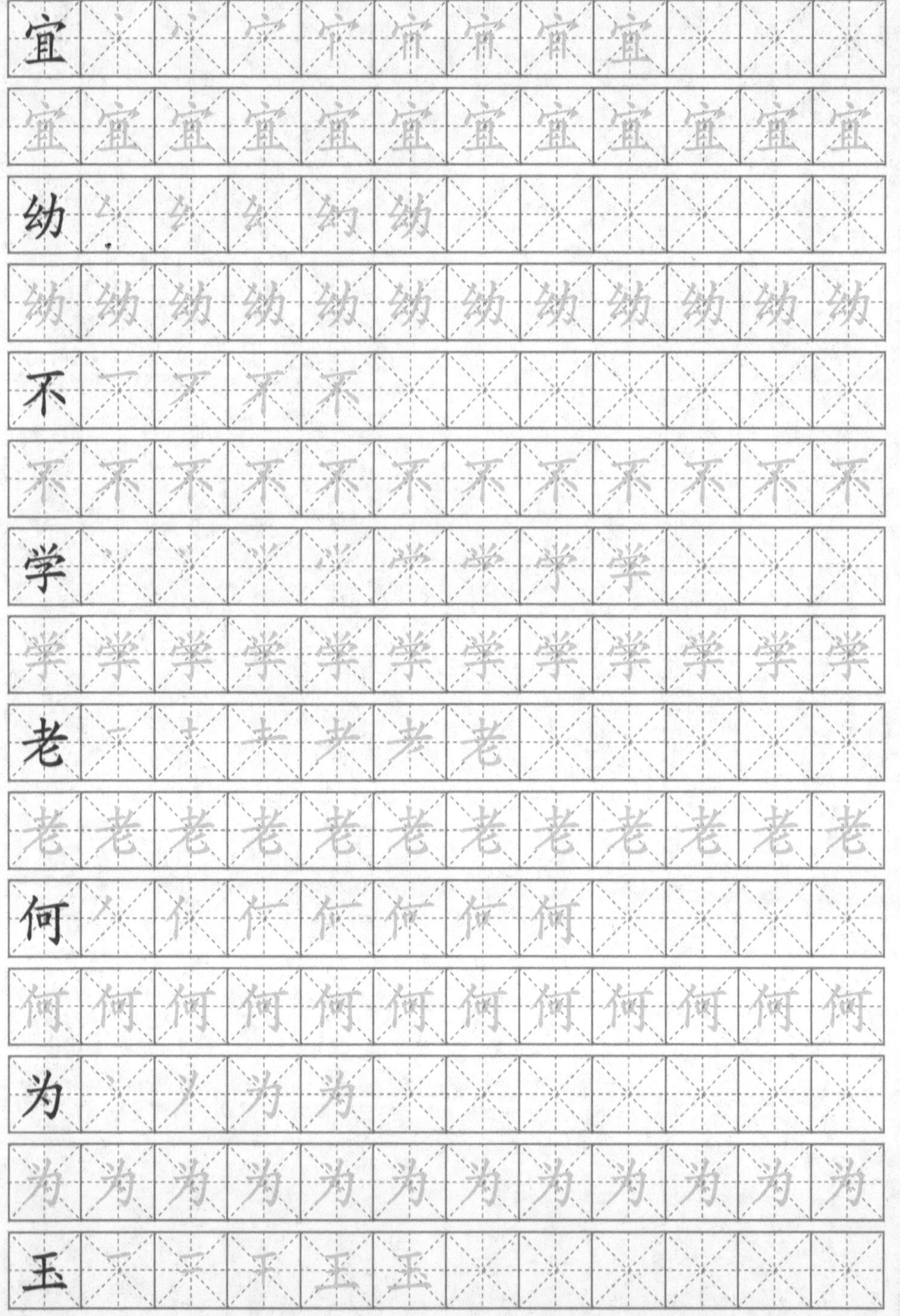

宜
幼
不
学
老
何
为
宝

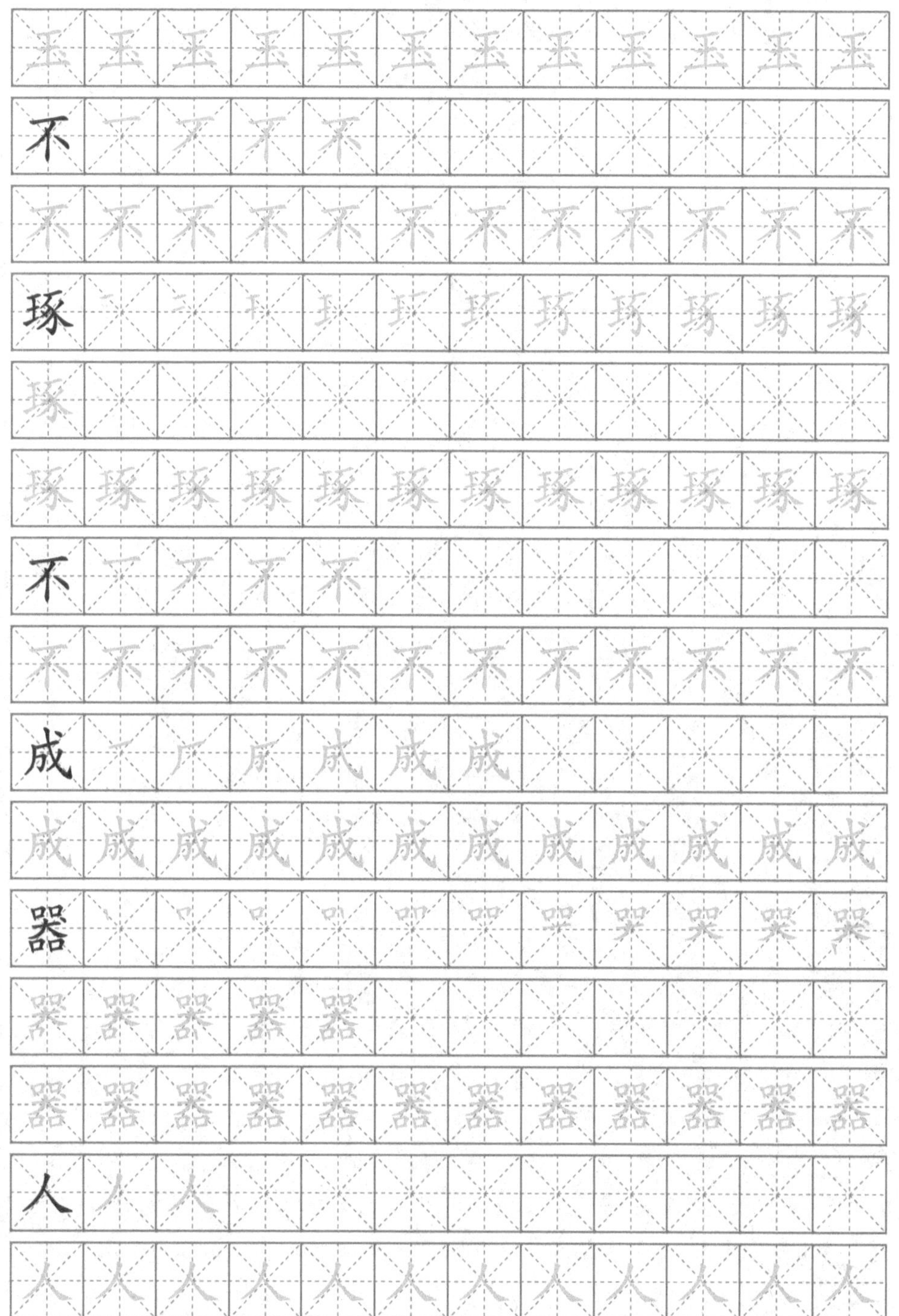

玉
不
琢
不
成
器
人

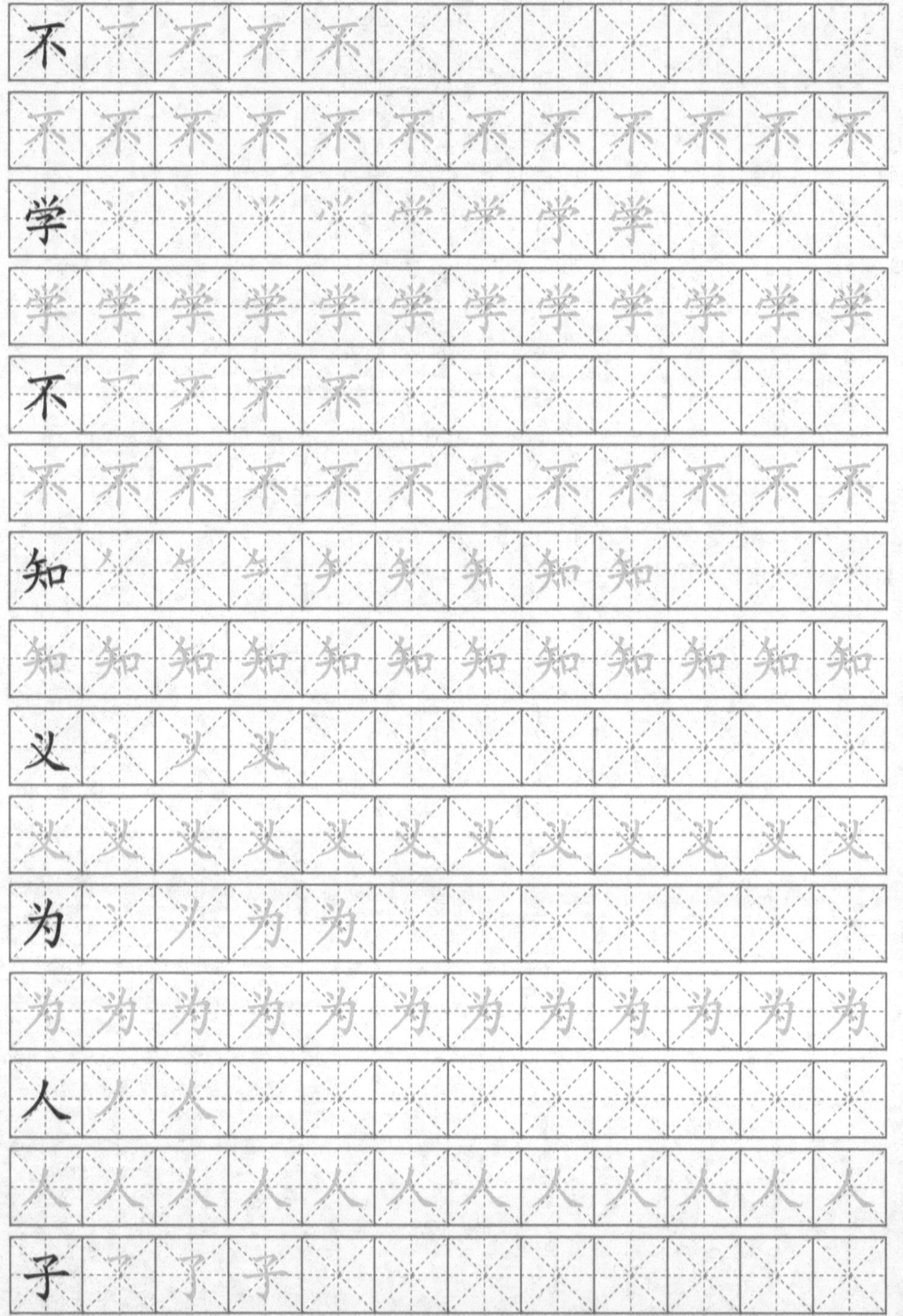

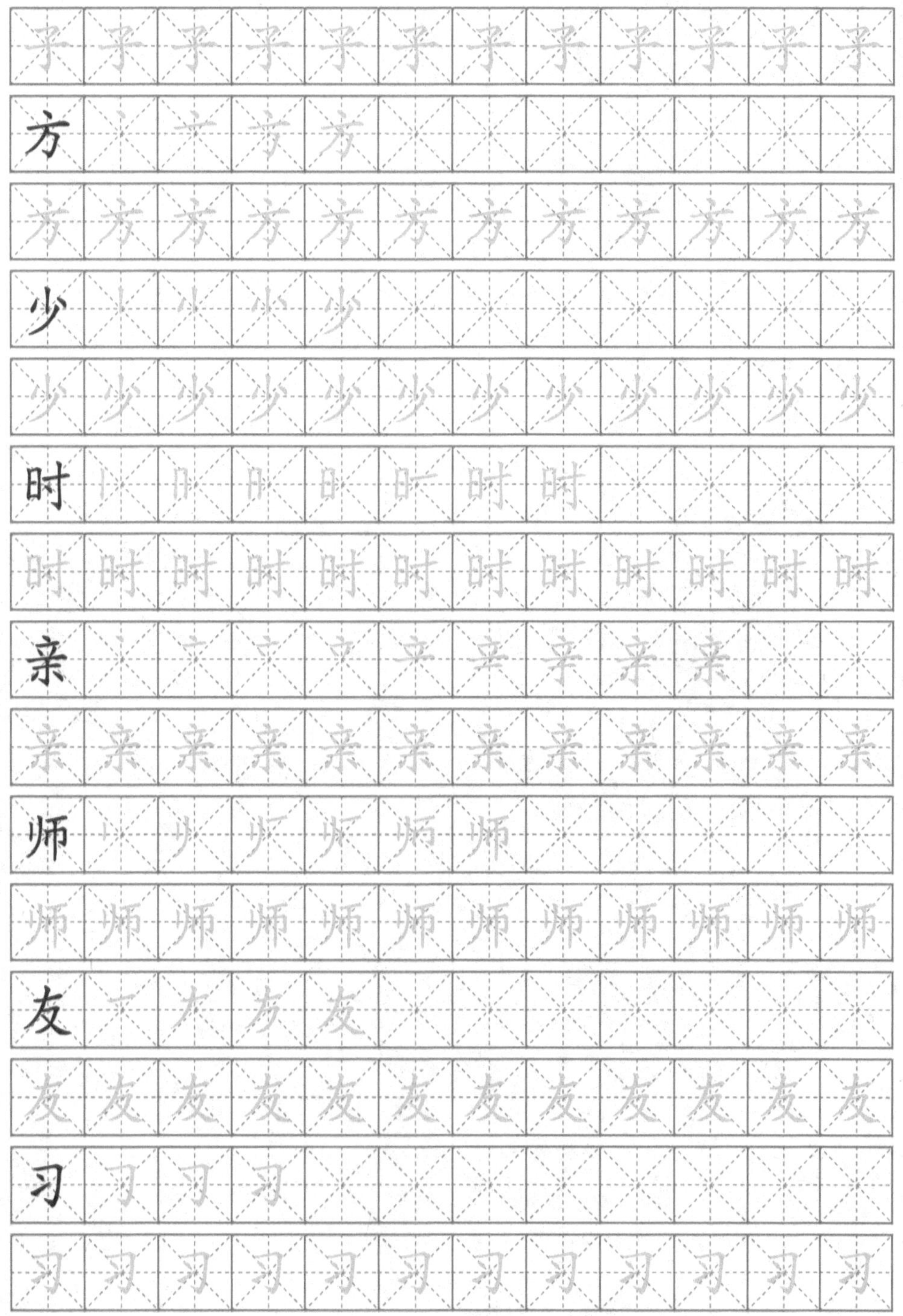

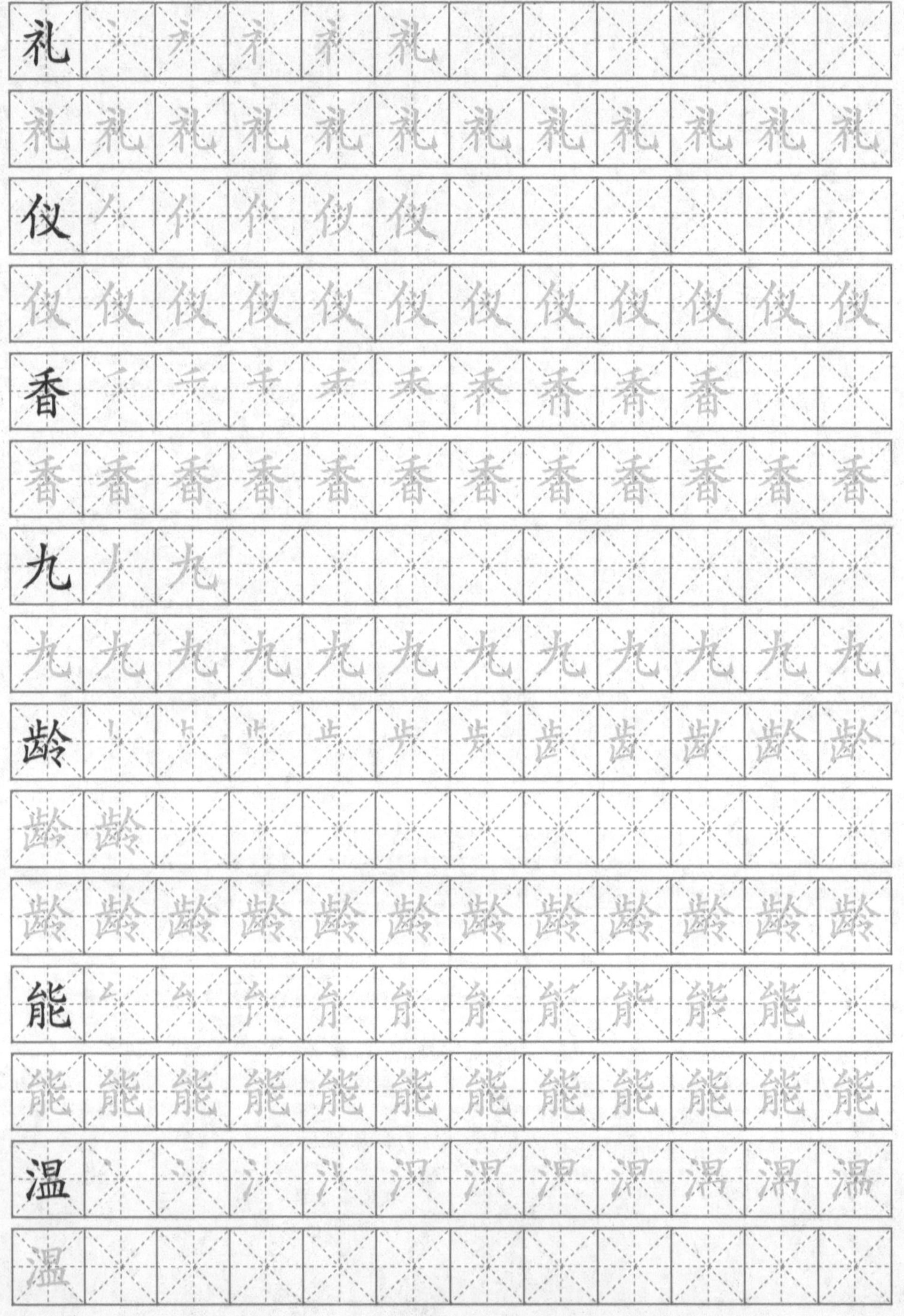

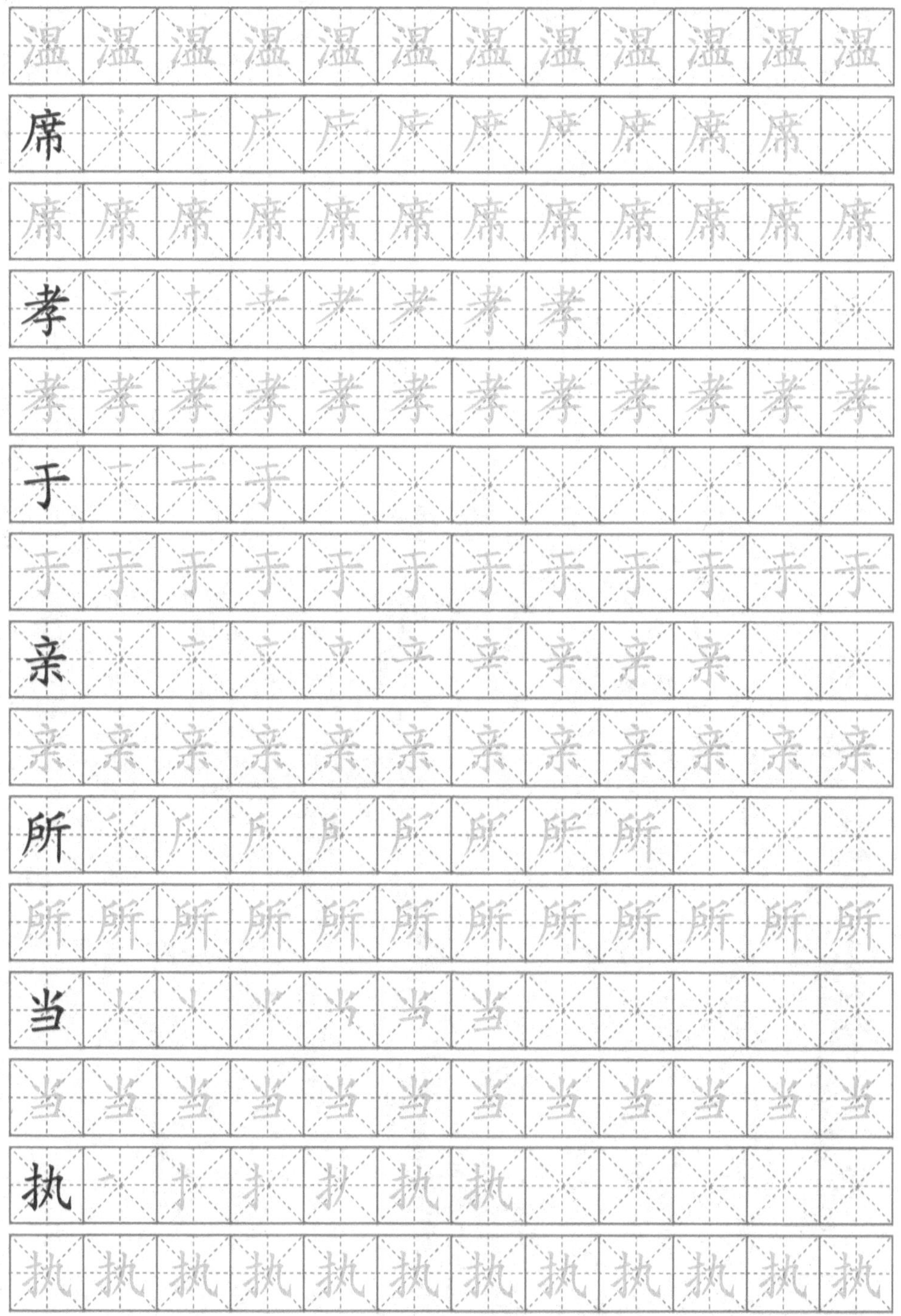

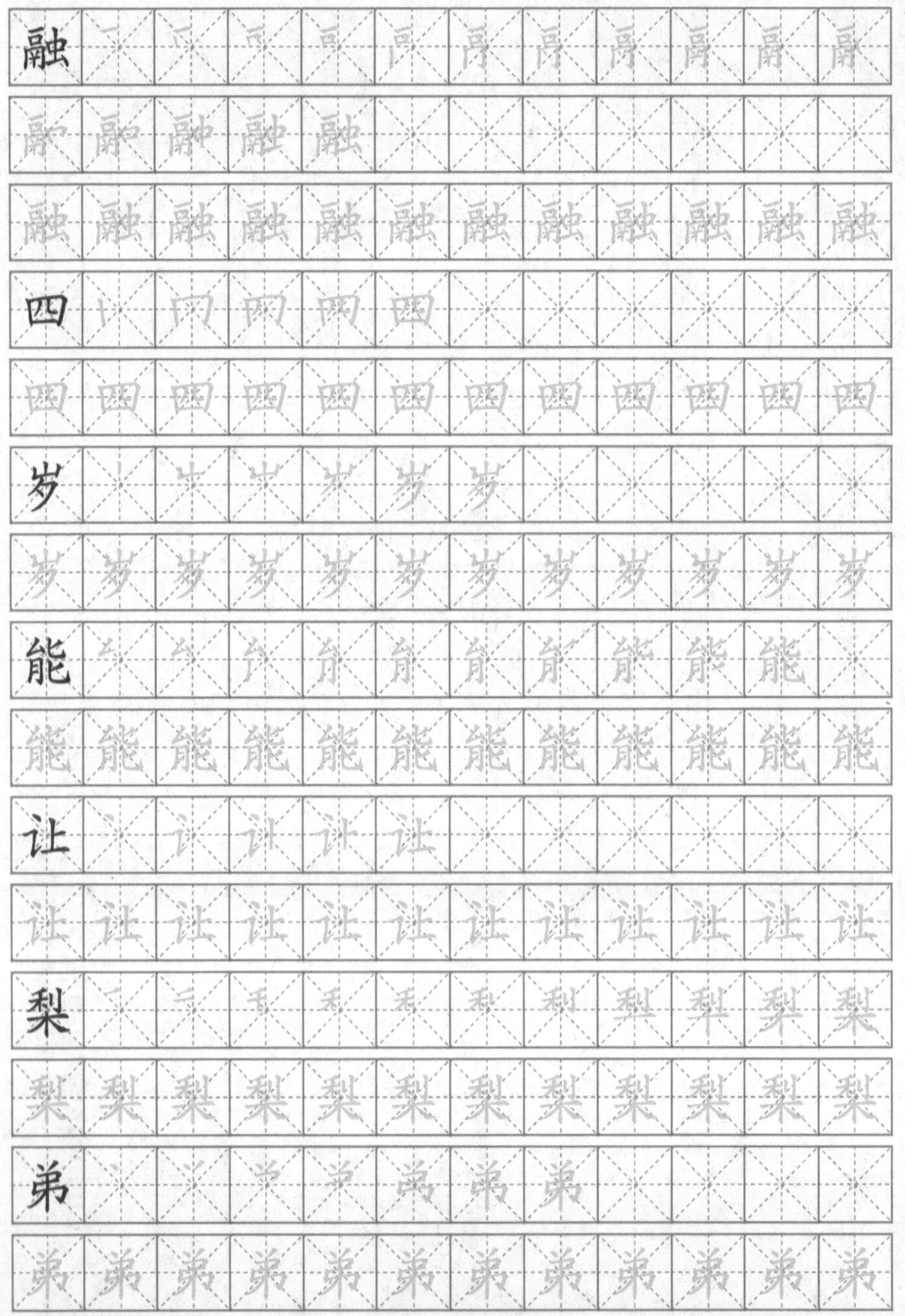

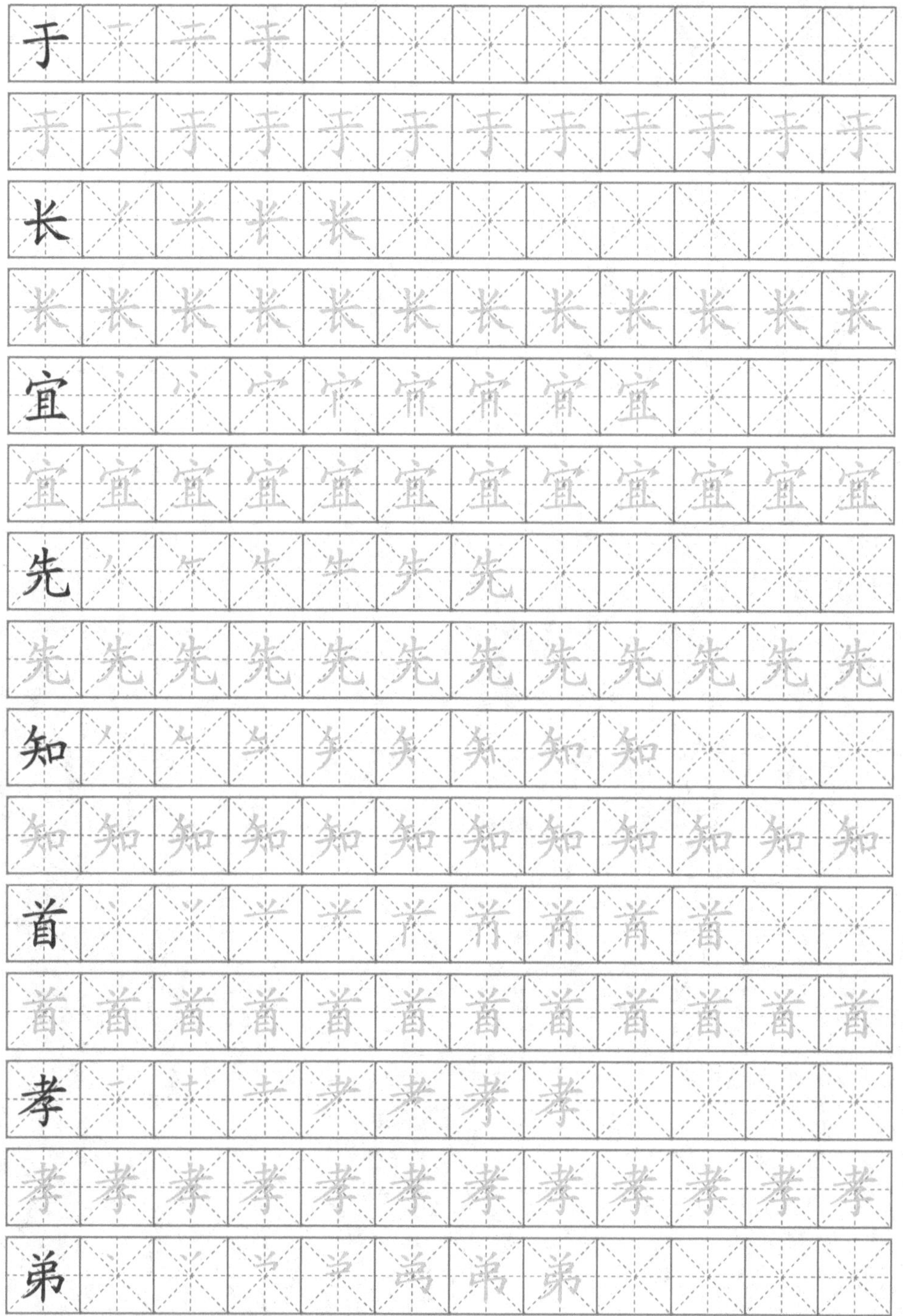
于
长
宜
先
知
首
孝
弟

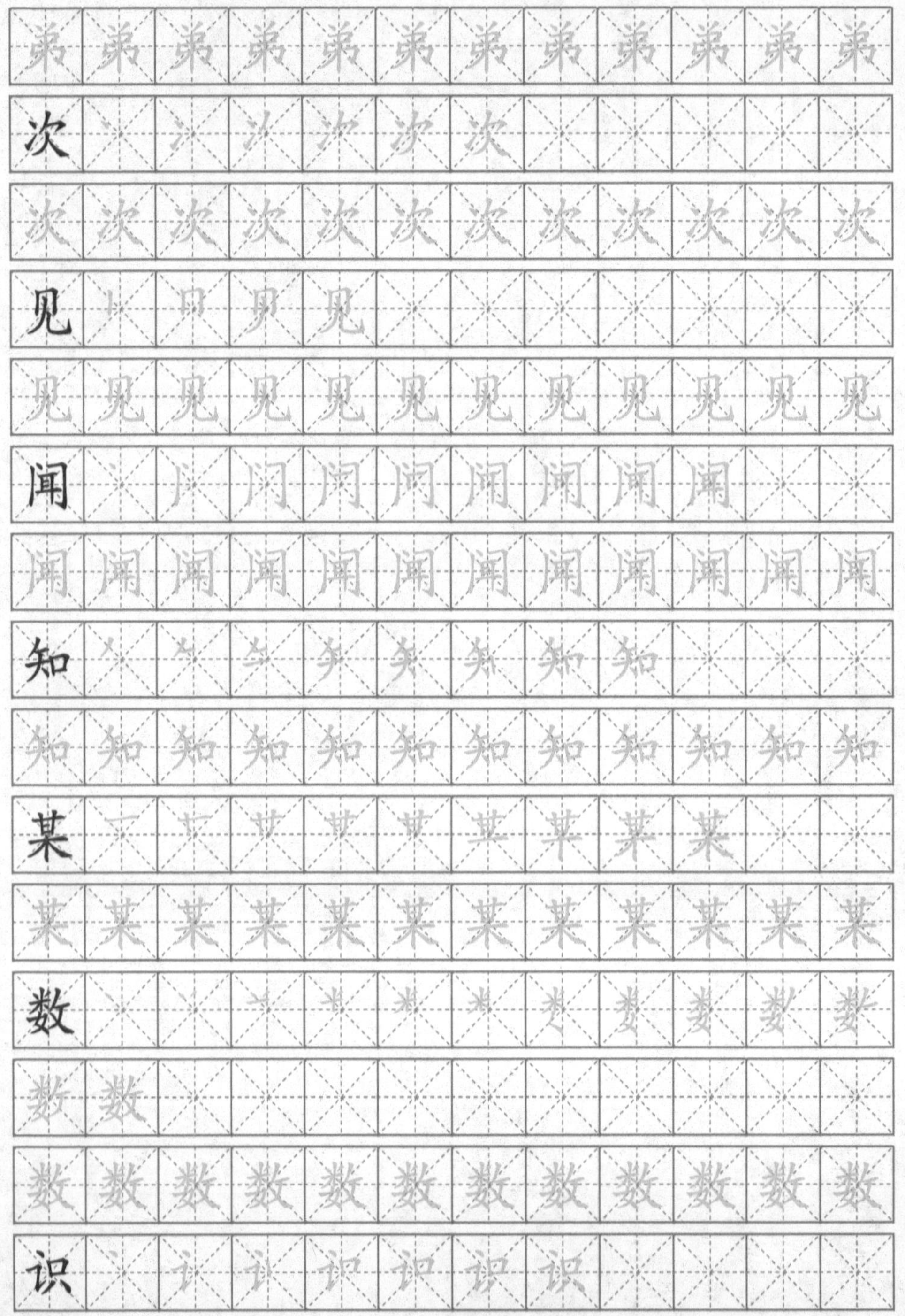

弟

次

见

闻

知

某

数

识

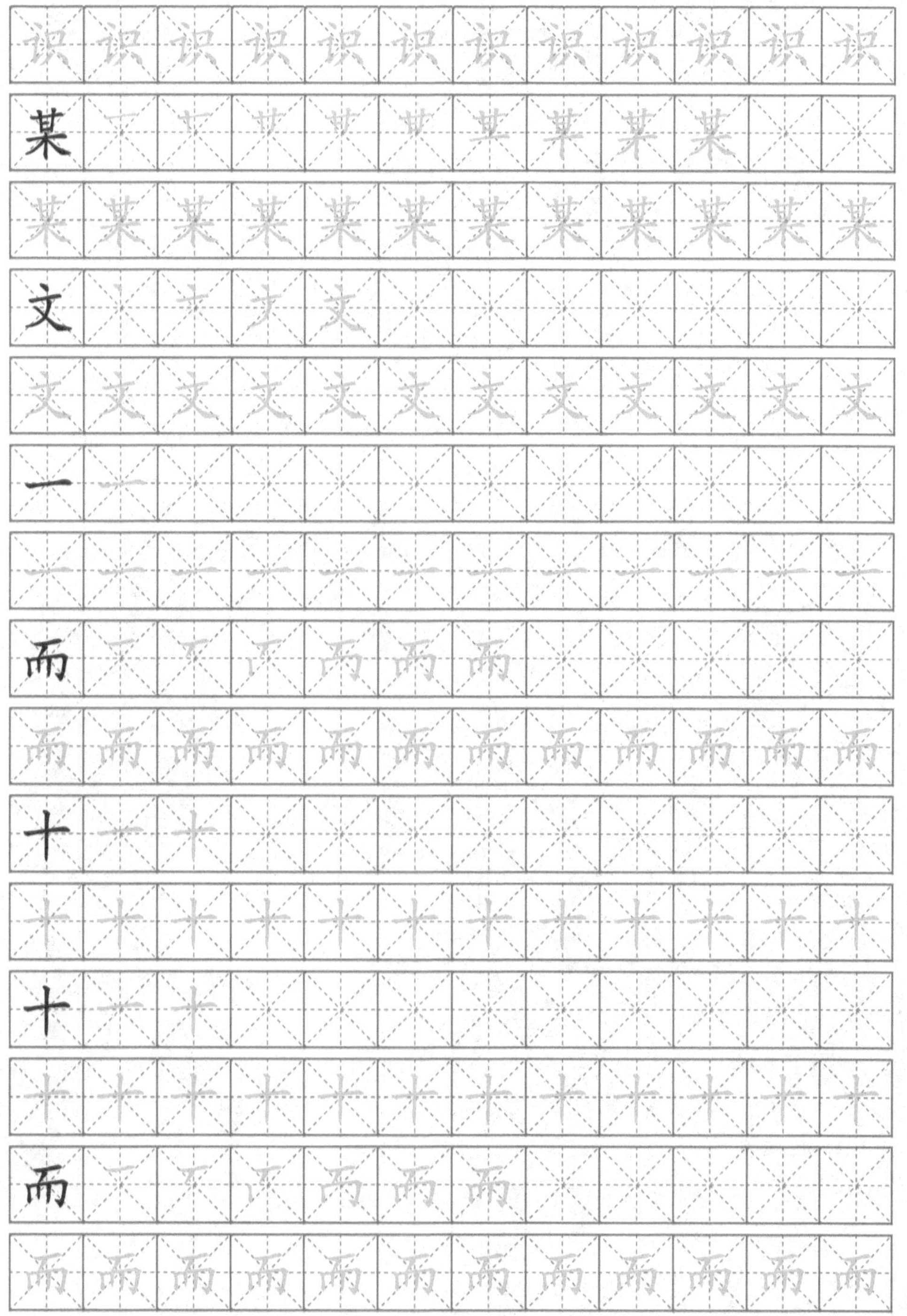

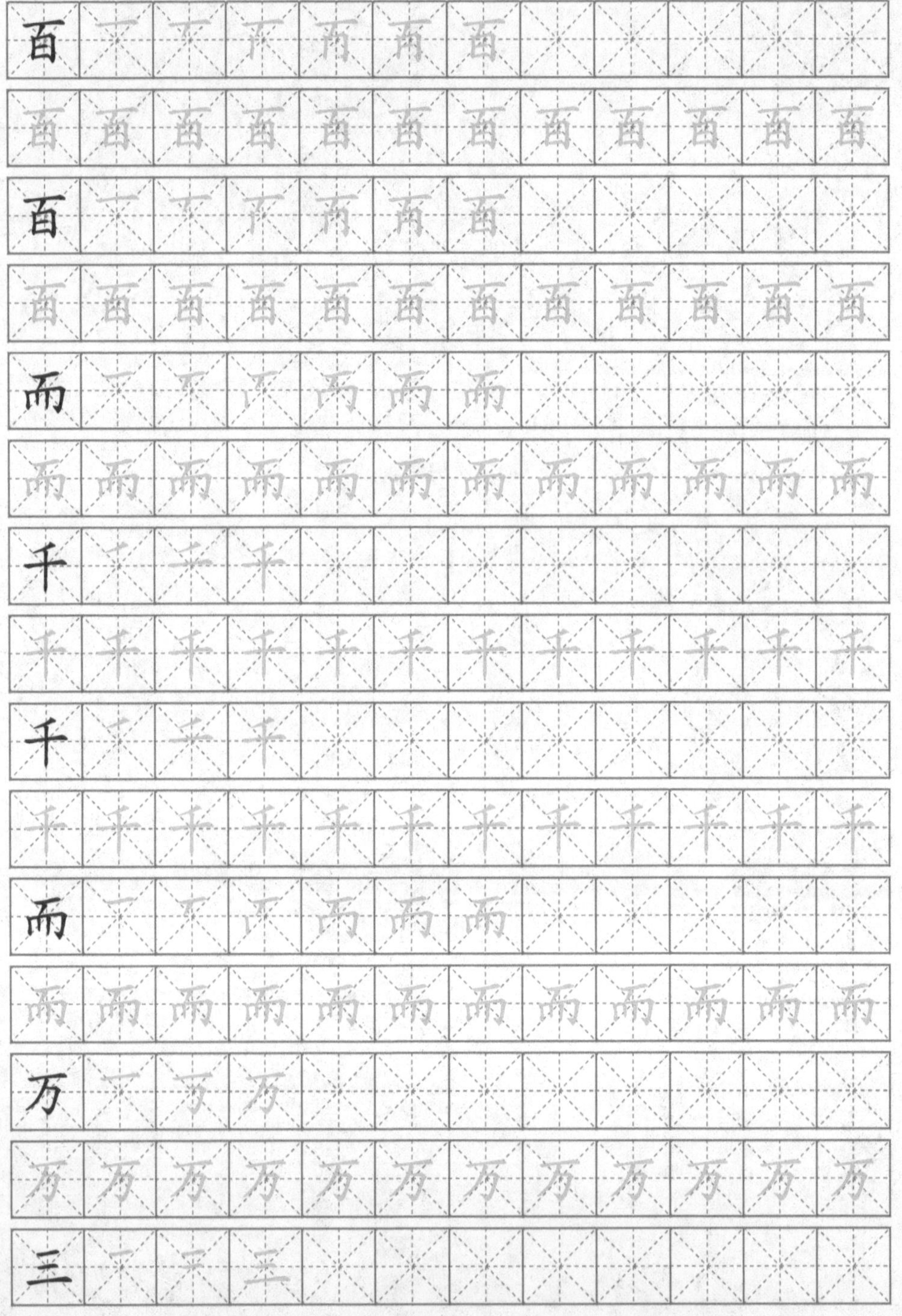

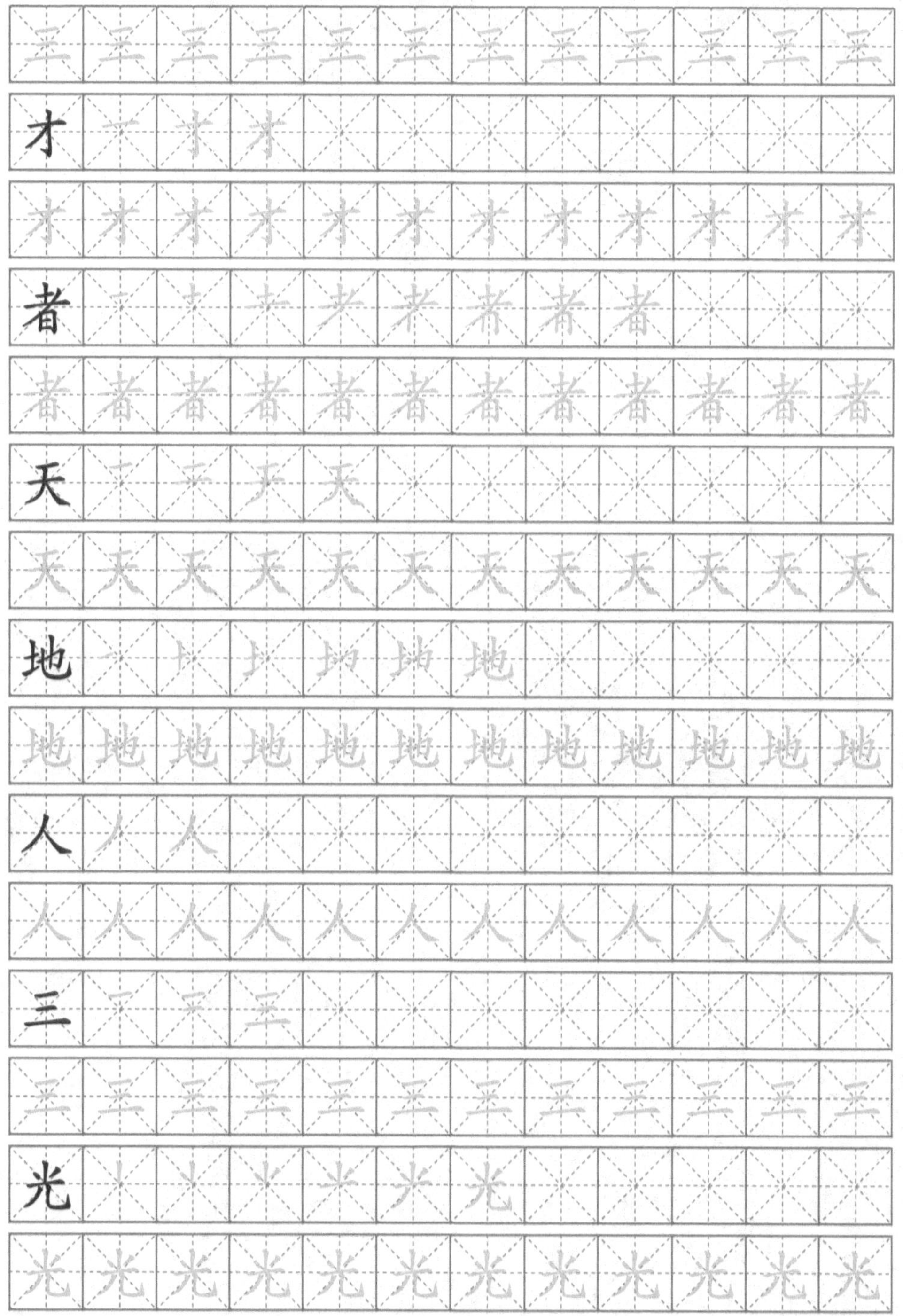

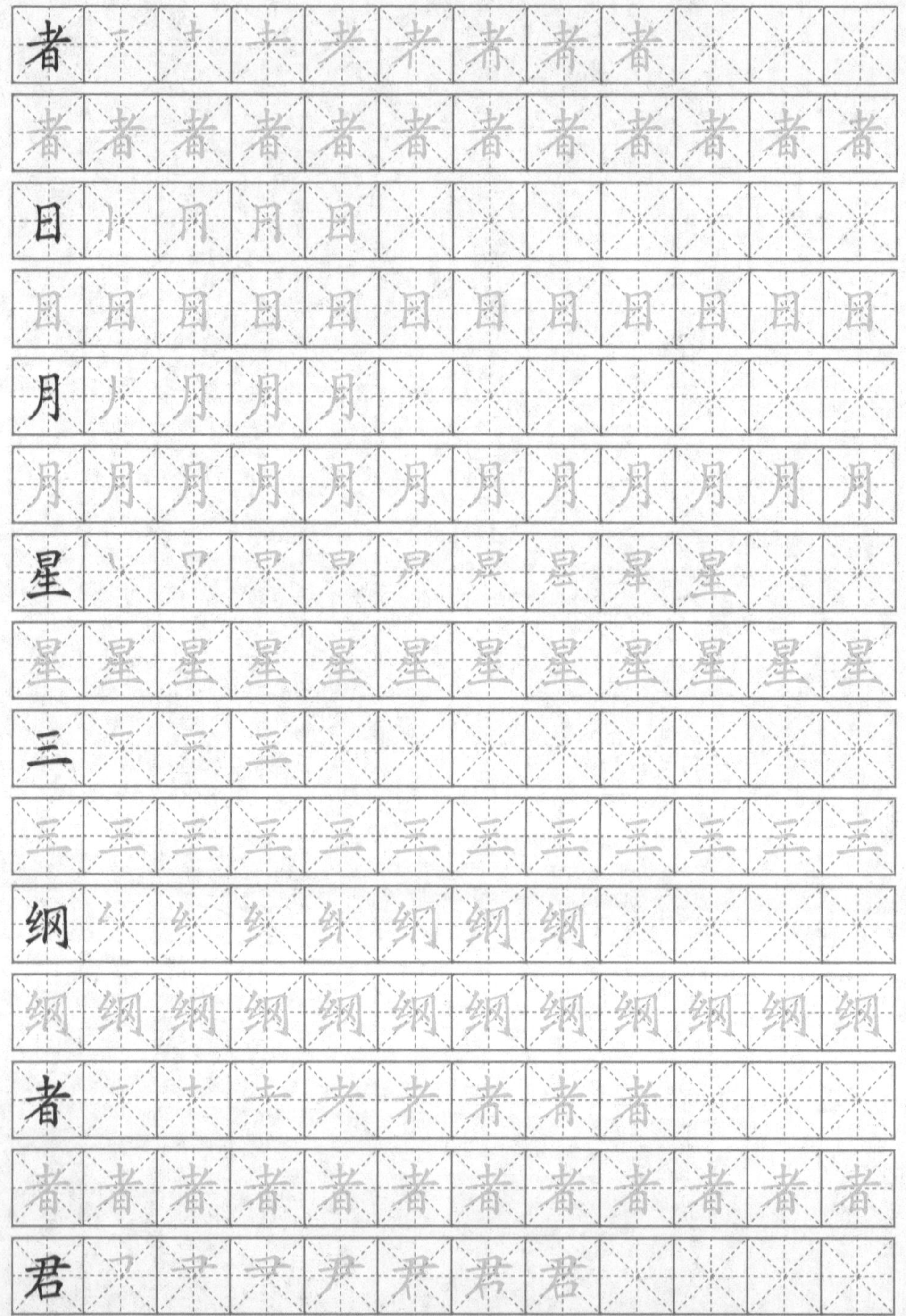

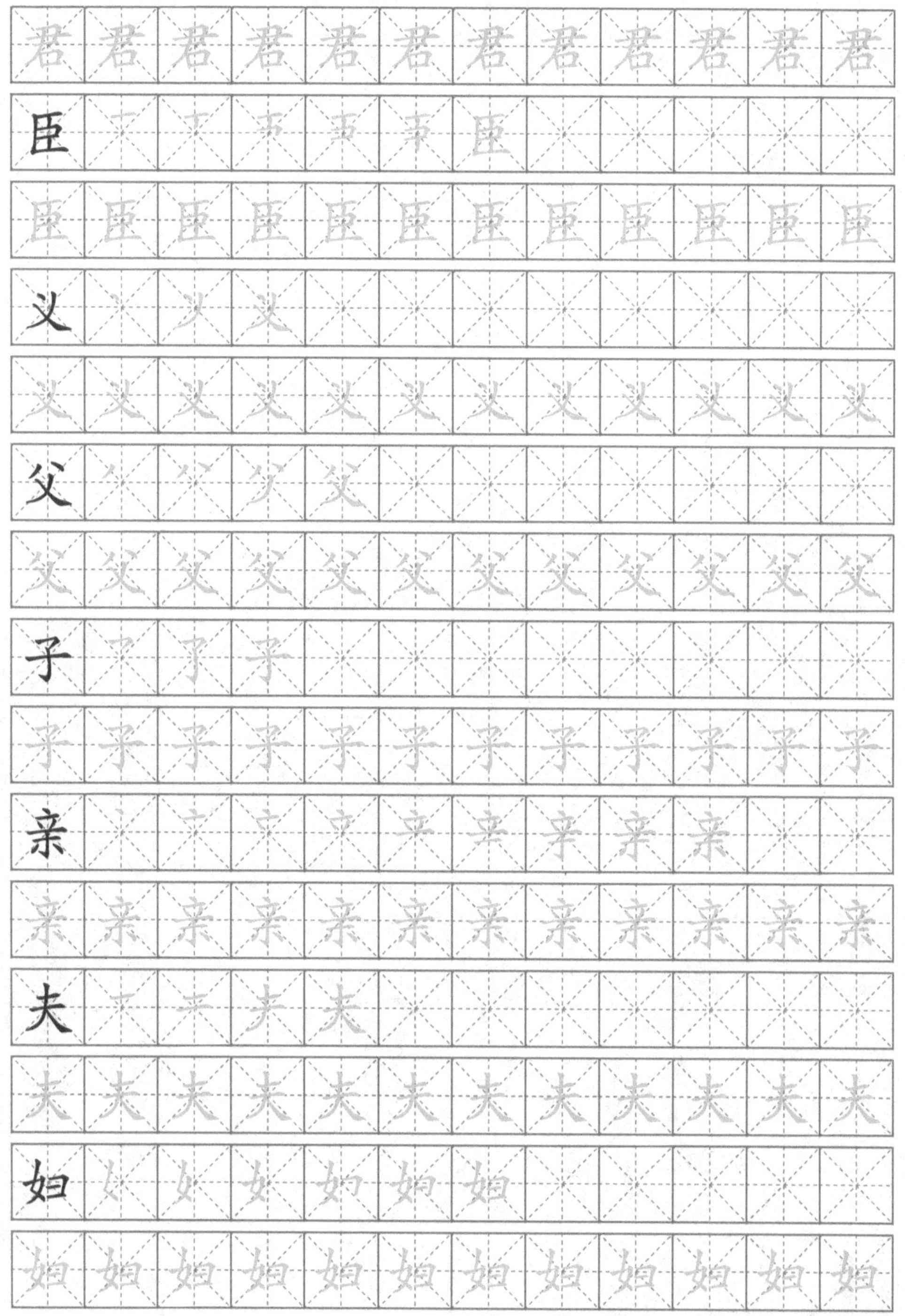

君　君　君　君　君　君　君　君　君　君　君　君

臣　臣　臣　臣　臣　臣　臣　臣　臣　臣　臣　臣

义　义　义　义　义　义　义　义　义　义　义　义

父　父　父　父　父　父　父　父　父　父　父　父

子　子　子　子　子　子　子　子　子　子　子　子

亲　亲　亲　亲　亲　亲　亲　亲　亲　亲　亲　亲

夫　夫　夫　夫　夫　夫　夫　夫　夫　夫　夫　夫

妇　妇　妇　妇　妇　妇　妇　妇　妇　妇　妇　妇

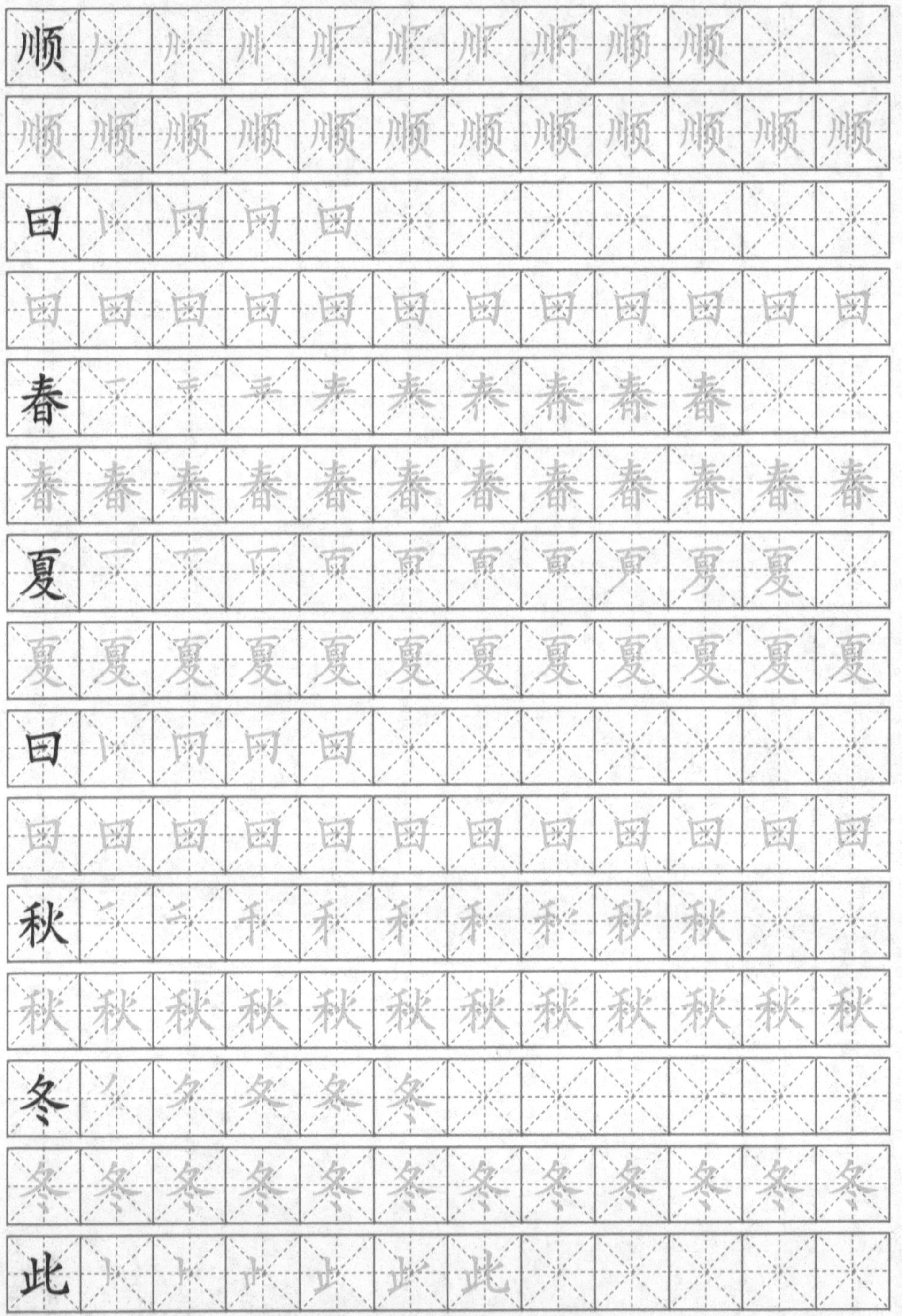

顺
日
春
夏
日
秋
冬
此

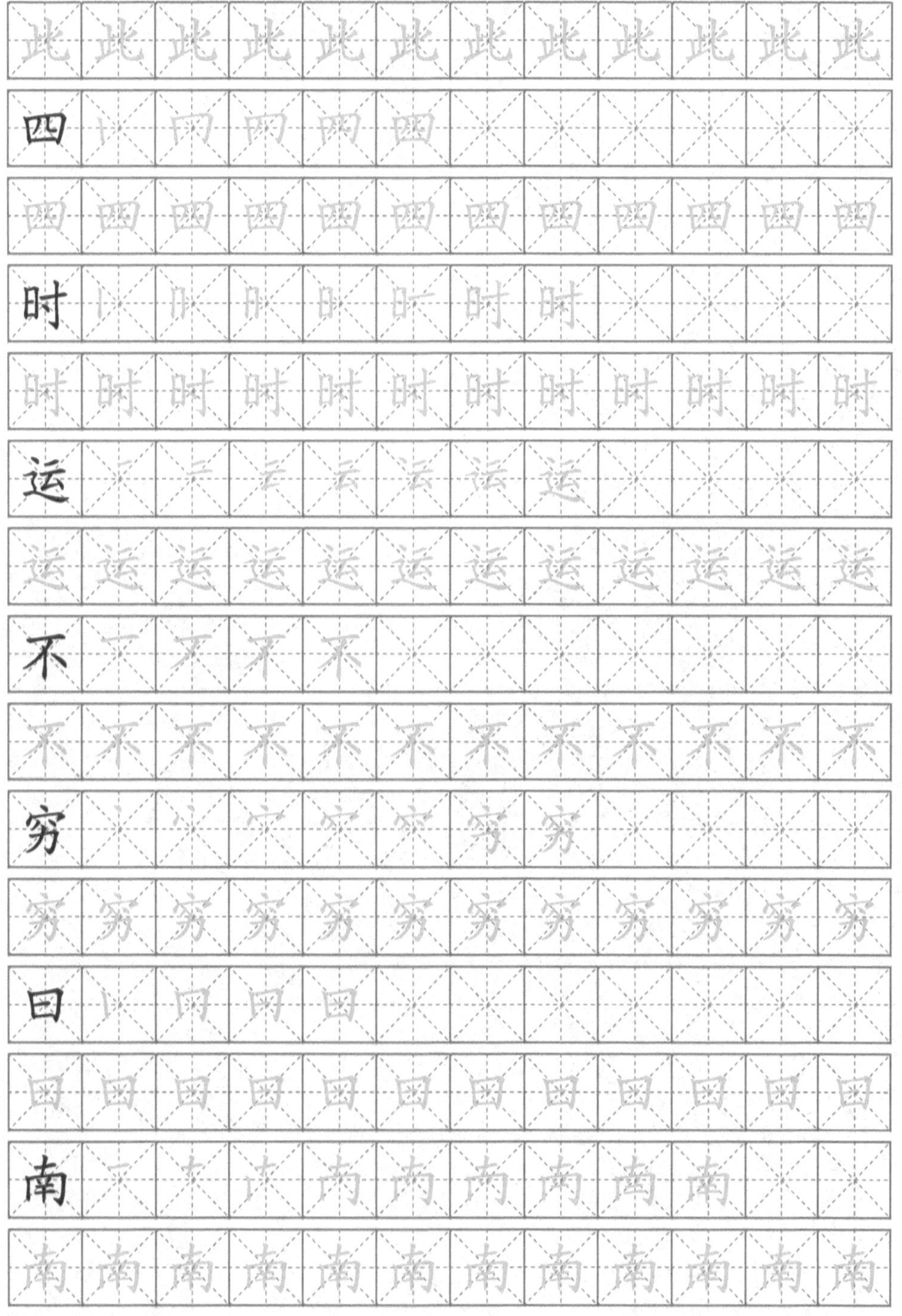

此 此 此 此 此 此 此 此 此 此 此 此

四 四

时 时

运 运

不 不 不 不 不 不 不 不 不 不 不 不 不 不 不 不 不 不 不

穷 穷 穷 穷 穷 穷 穷 穷 穷 穷 穷 穷 穷 穷 穷 穷 穷 穷 穷

日 日

南 南

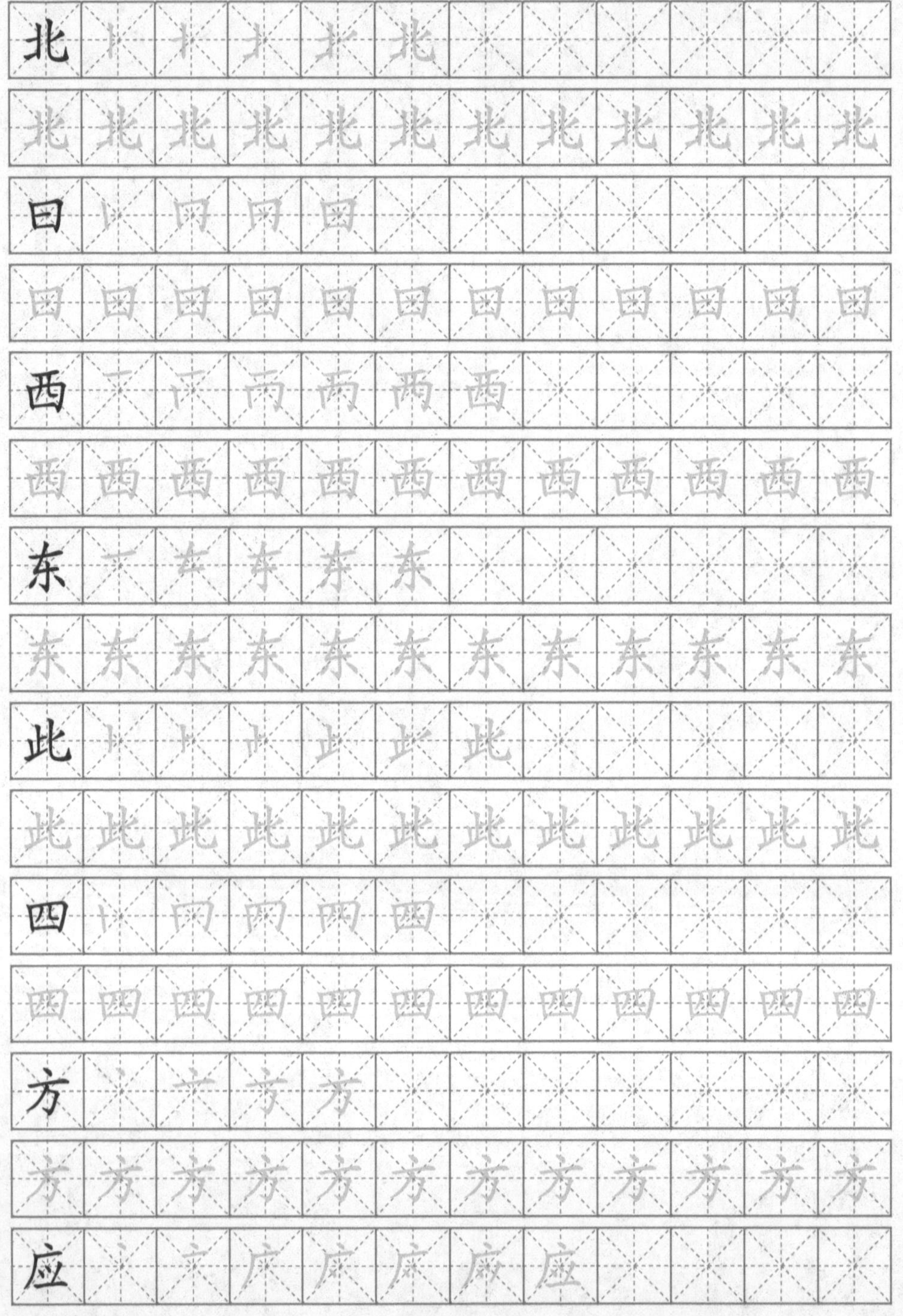

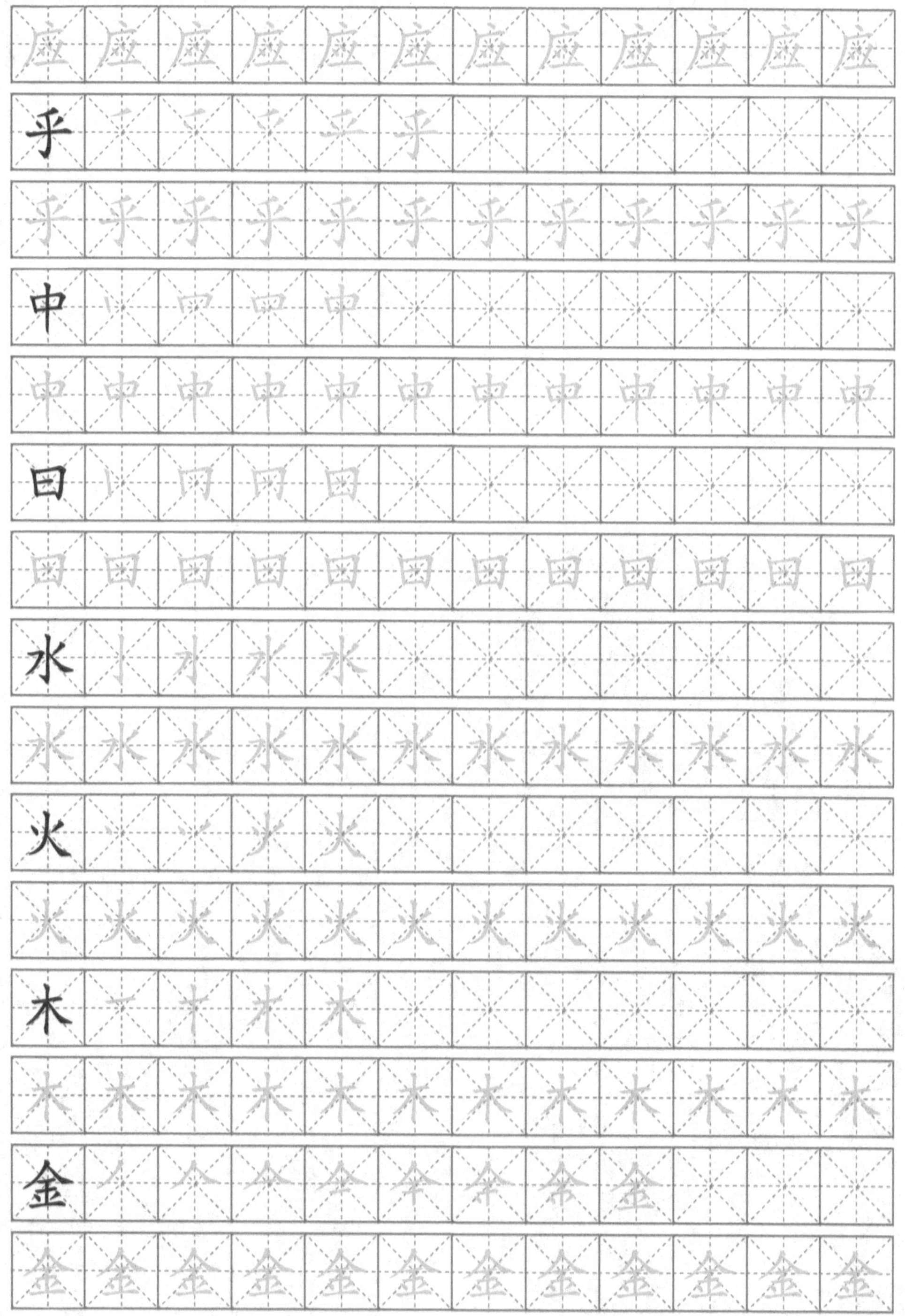

座
乎
中
日
水
火
木
金

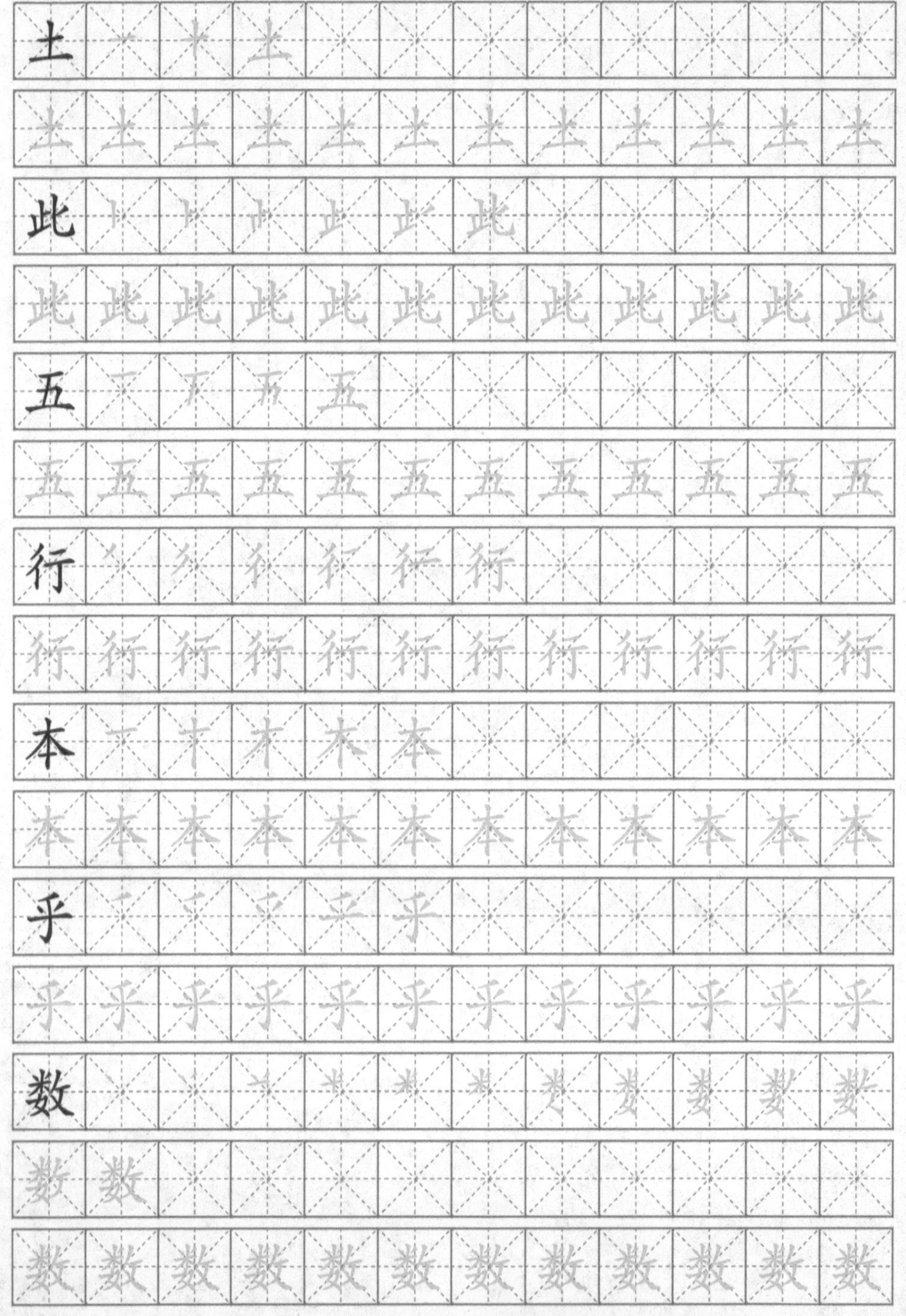

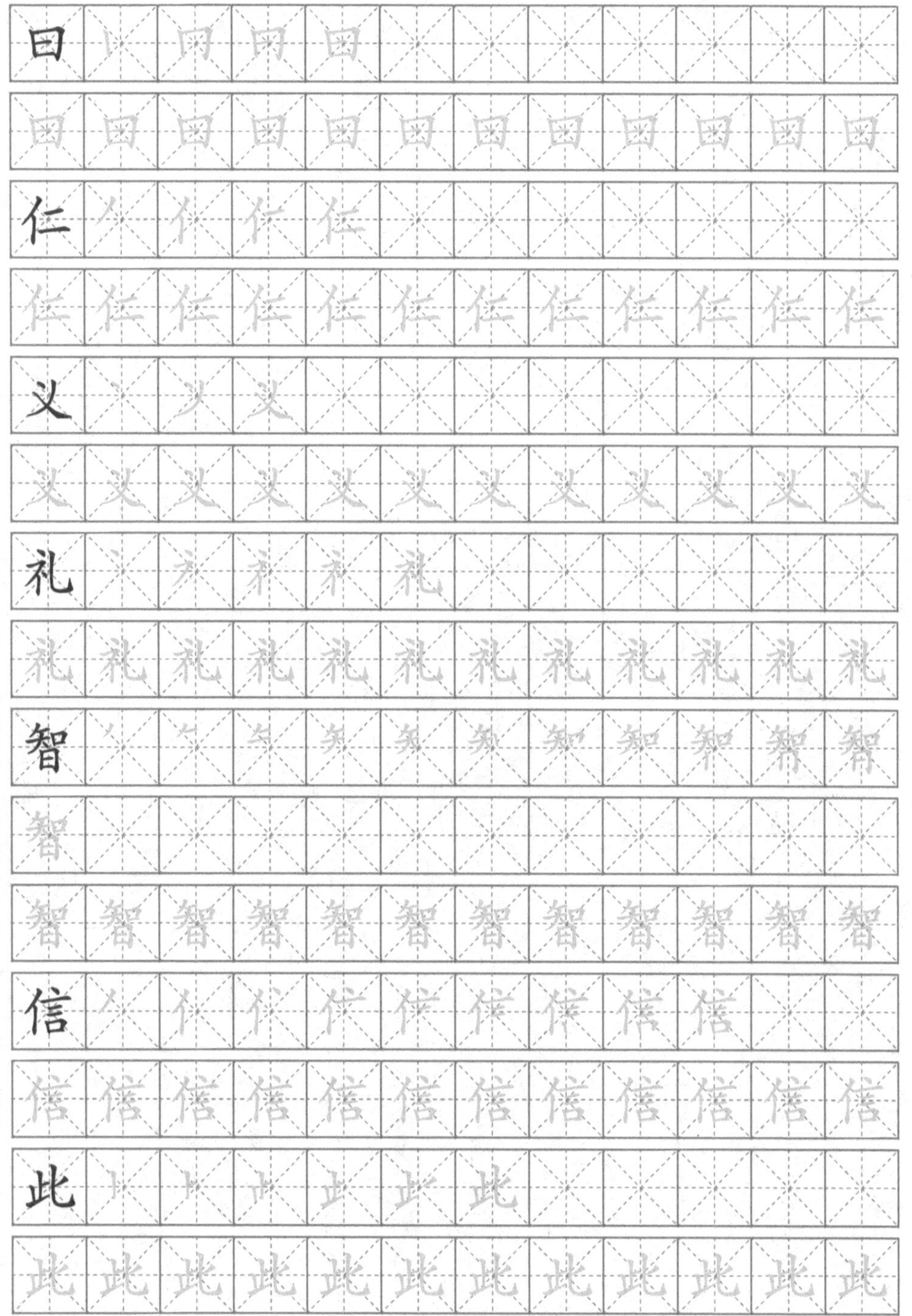

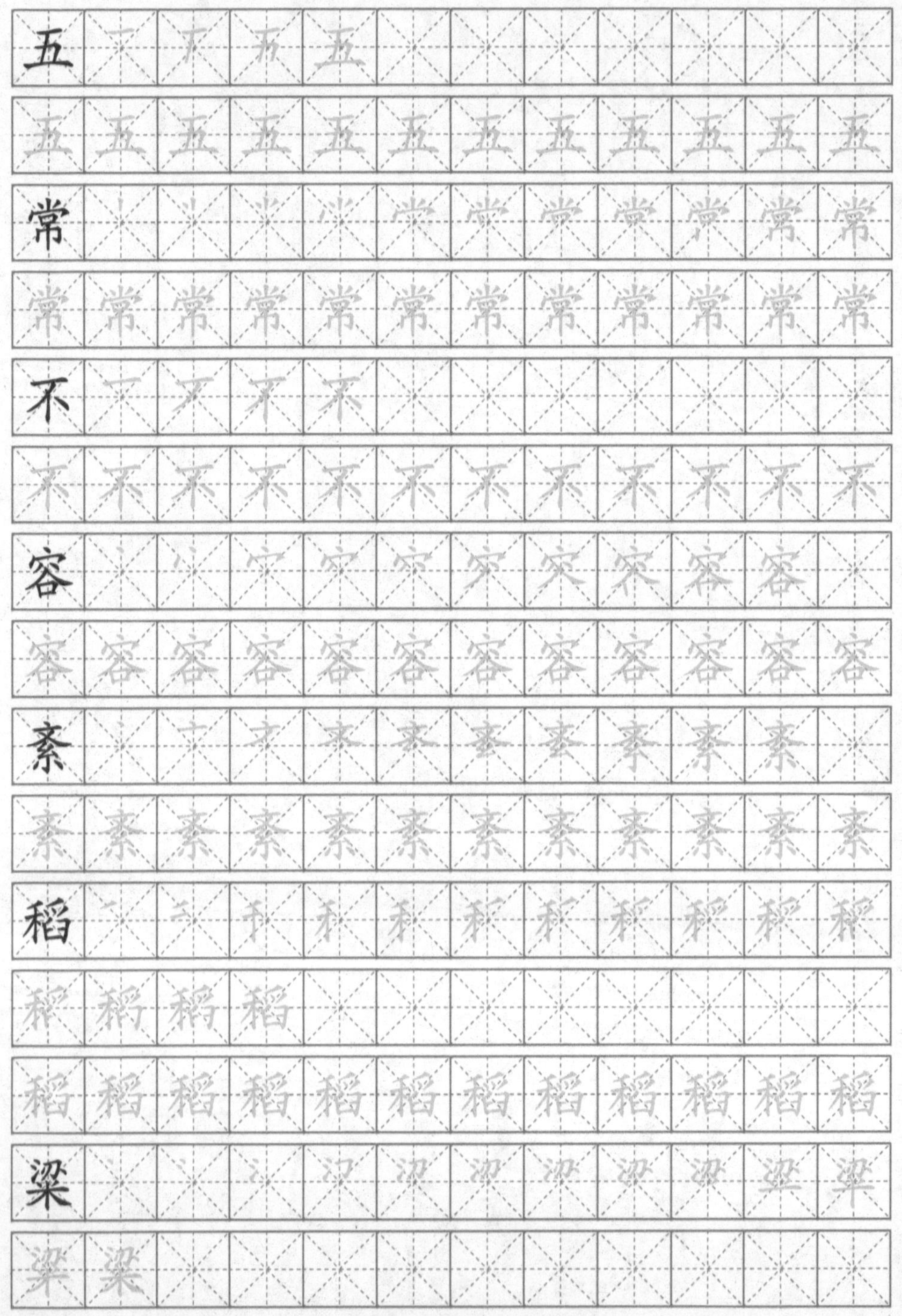

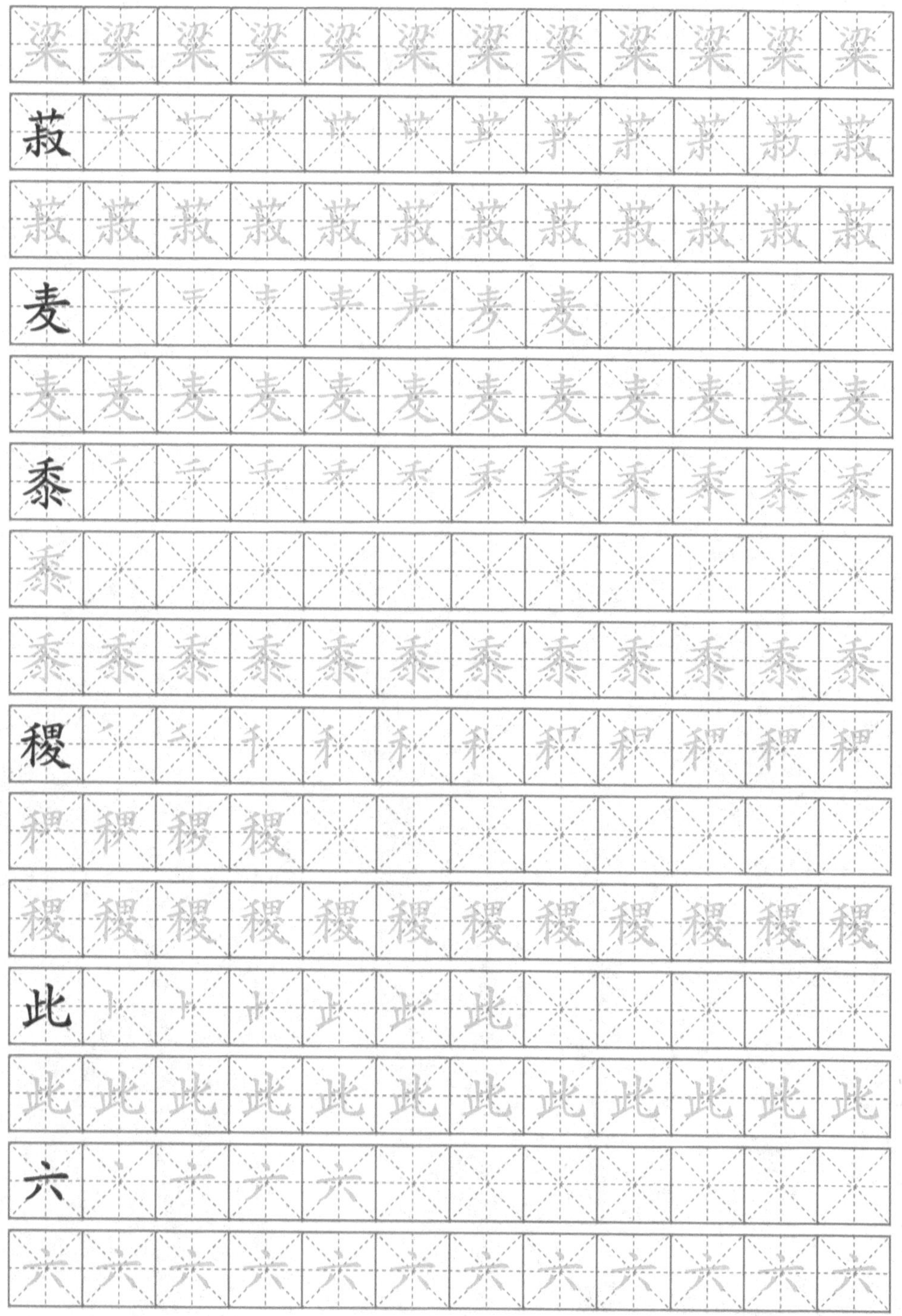

梁

菽

麦

黍

稷

此

六

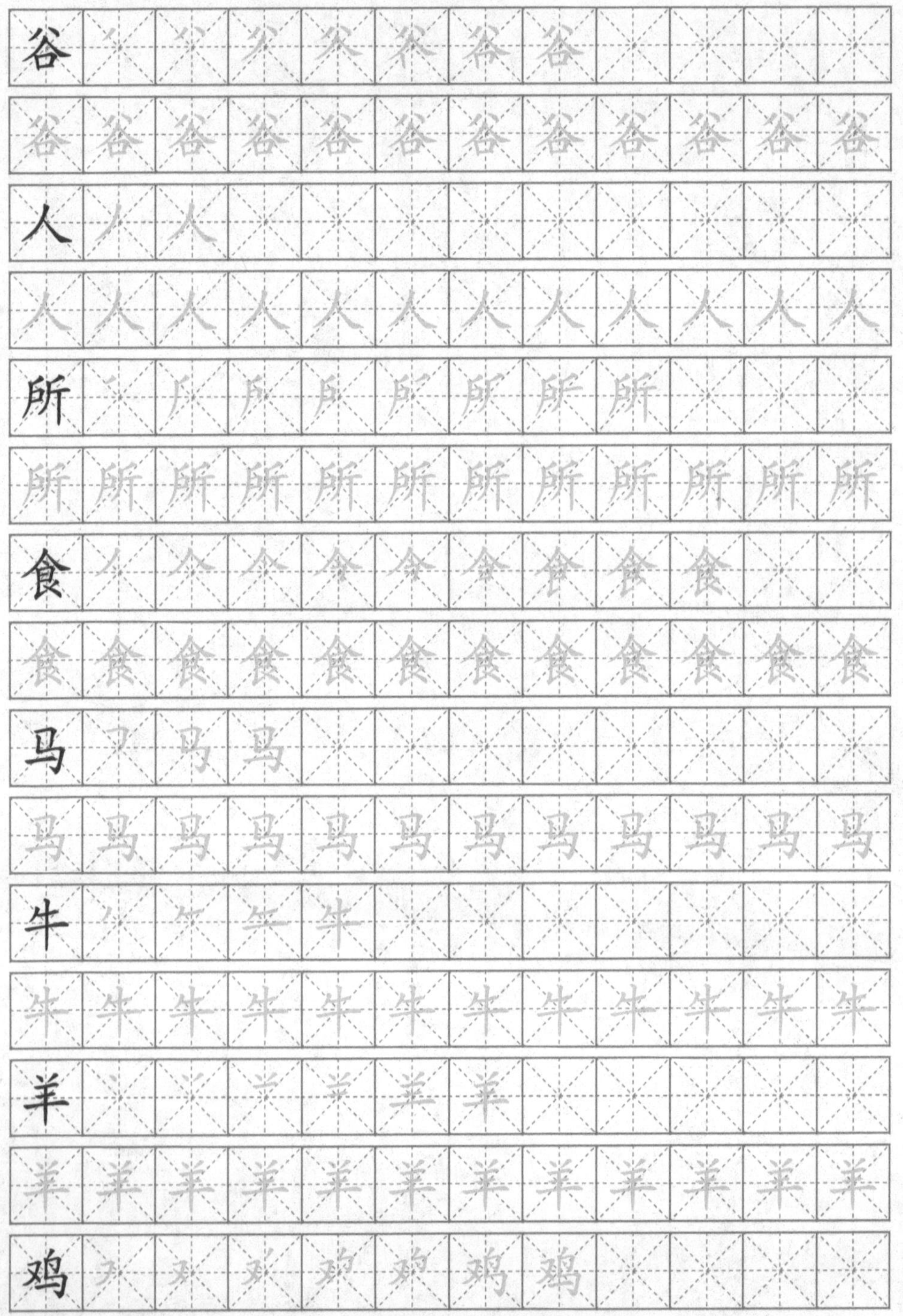

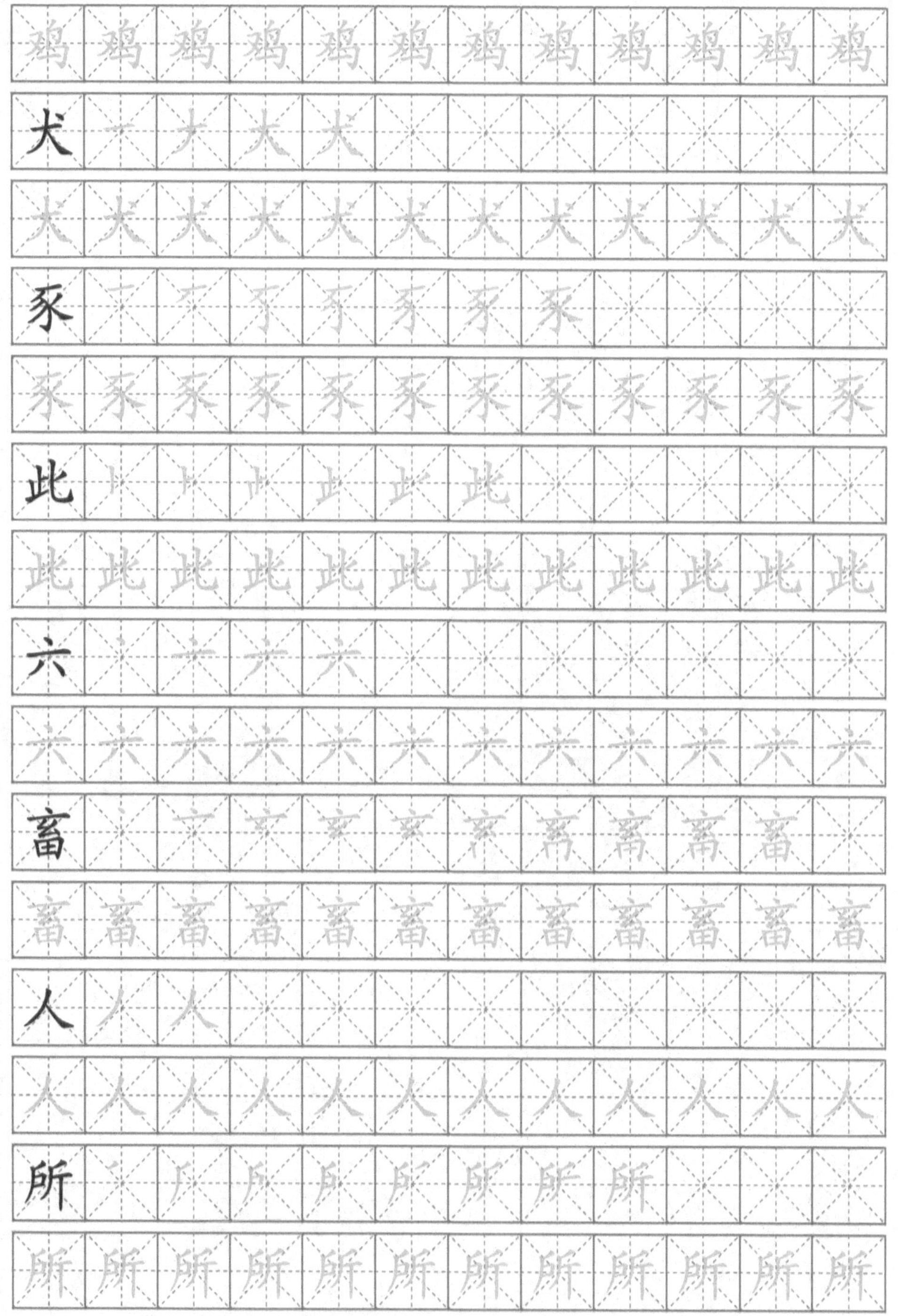

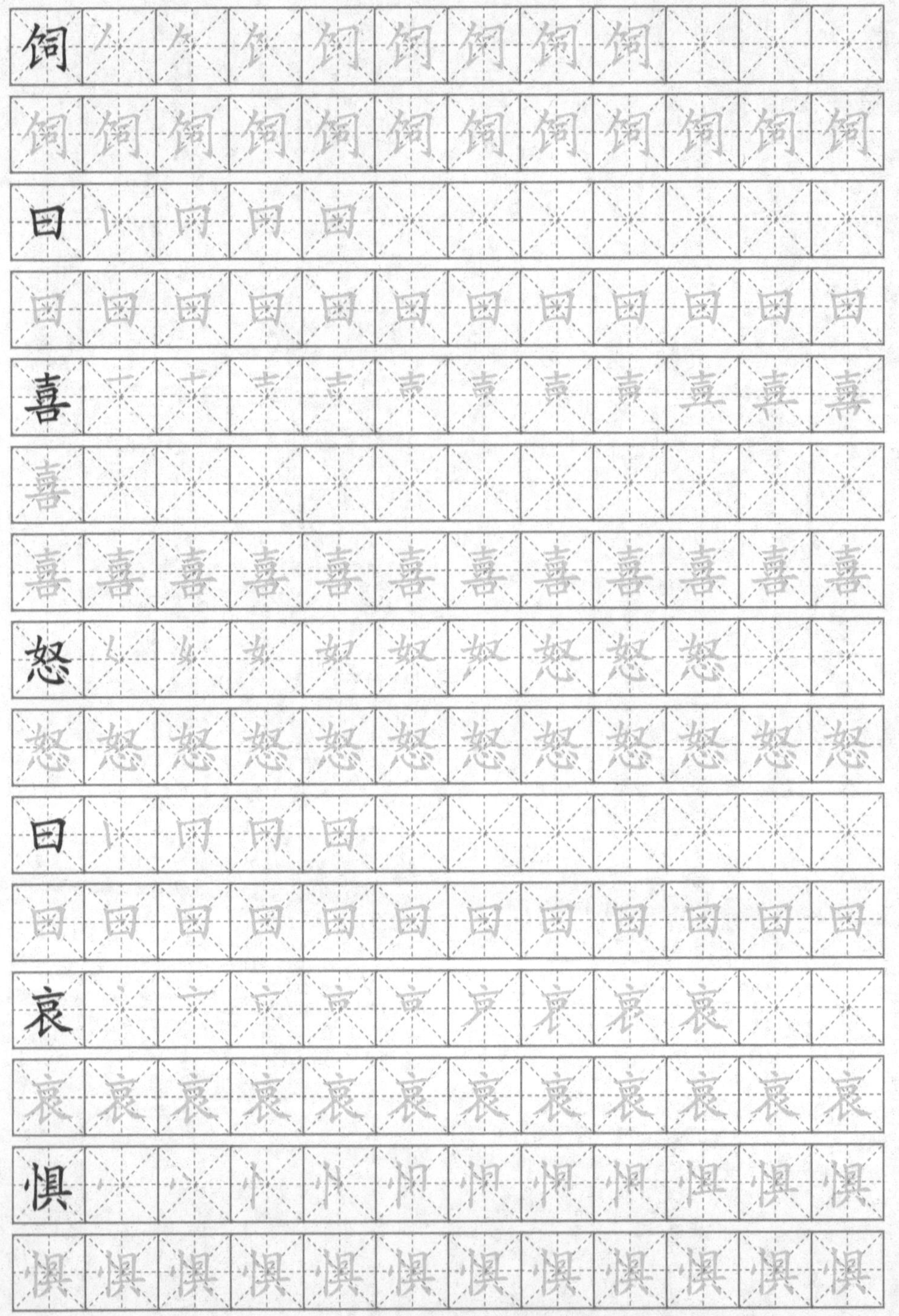

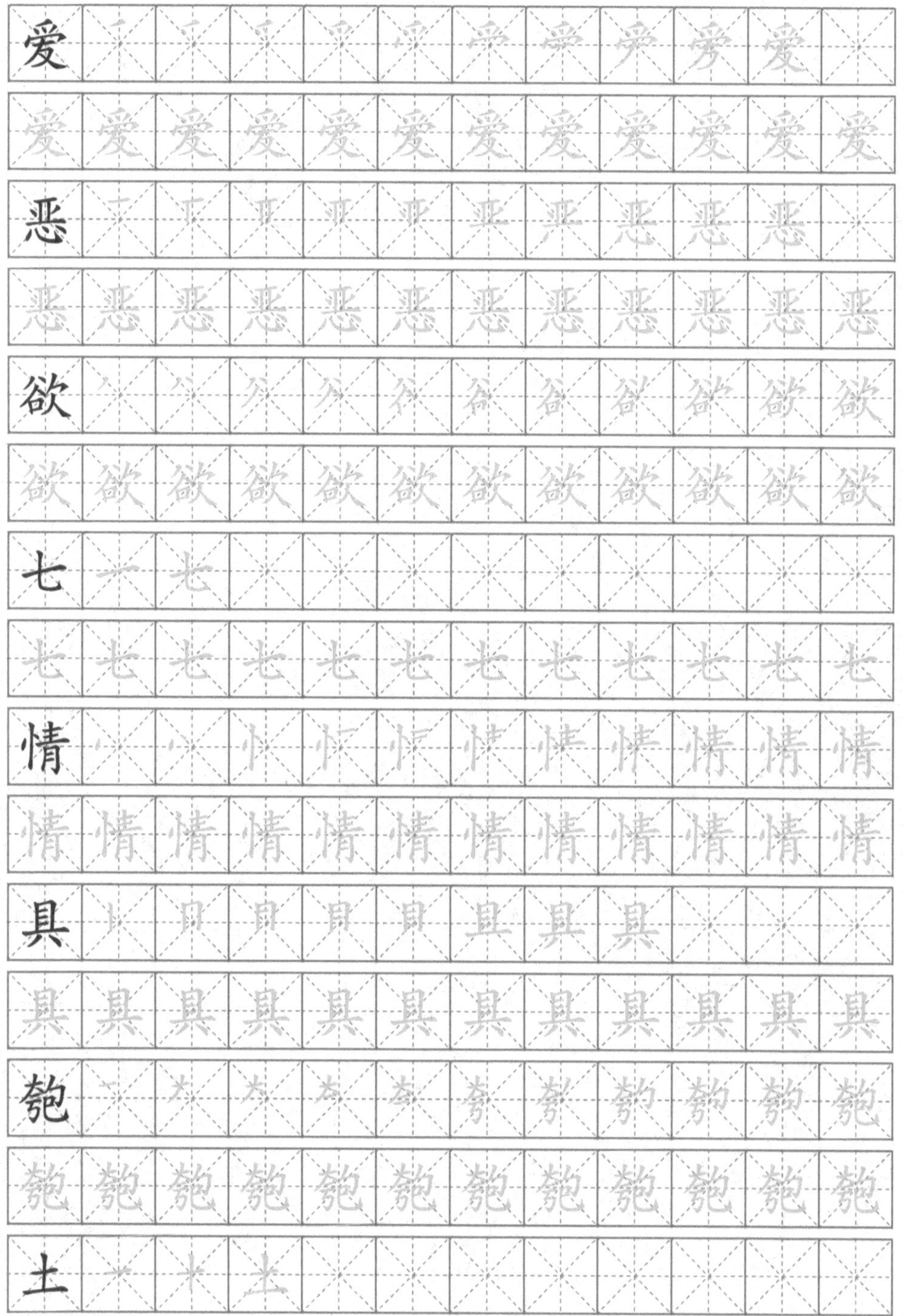

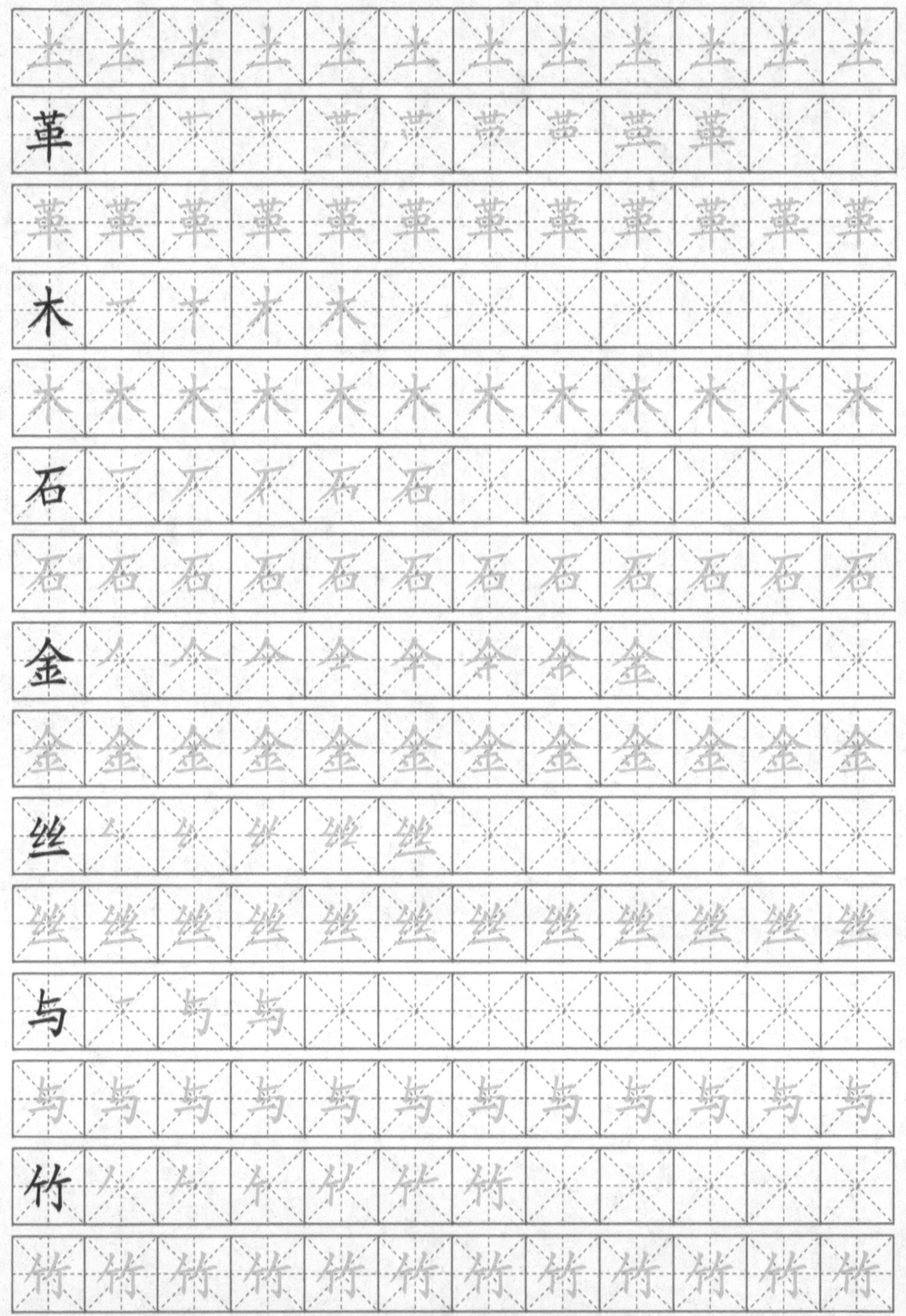

业

草

木

石

金

丝

与

竹

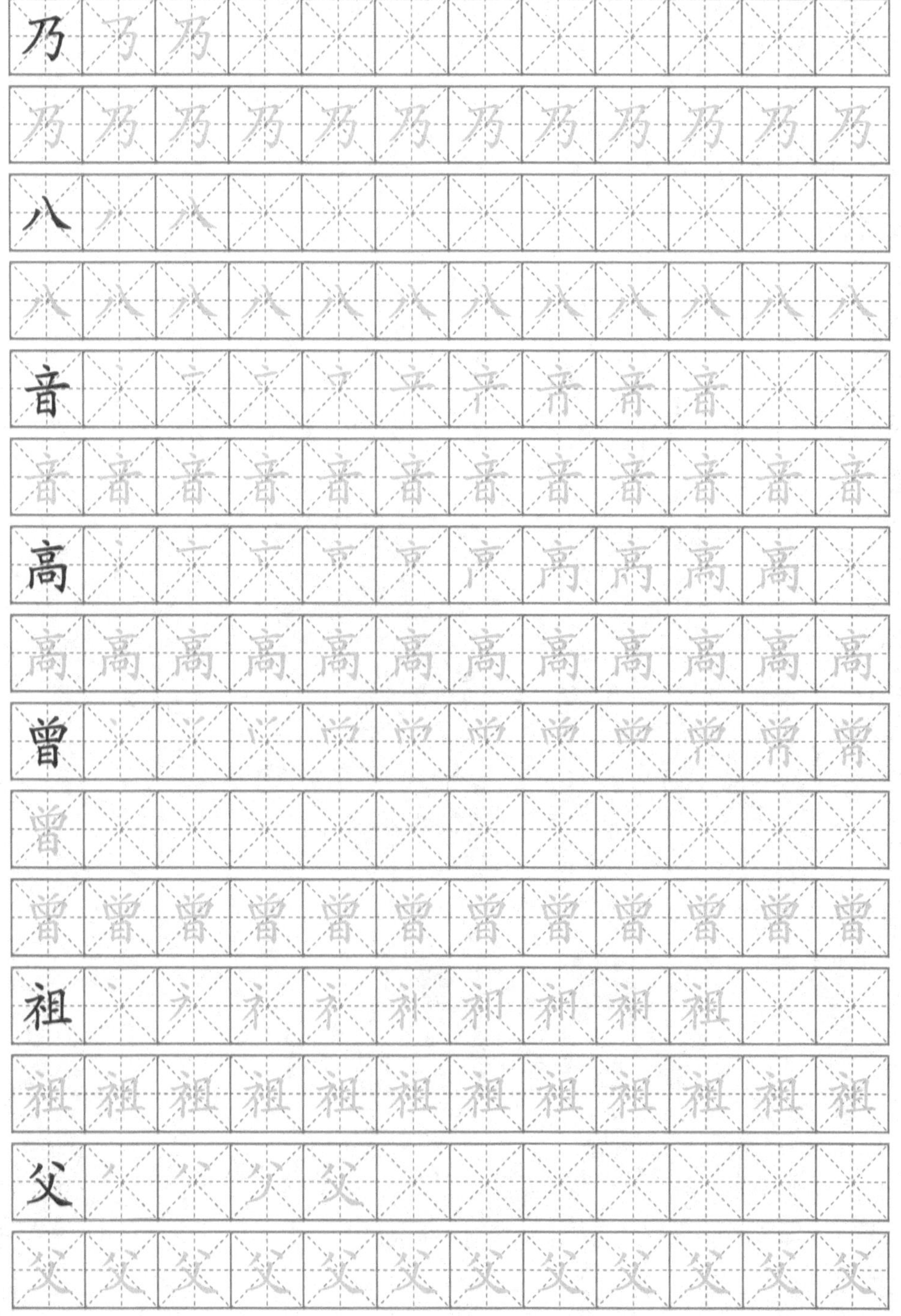

乃
八
音
高
曾
祖
父

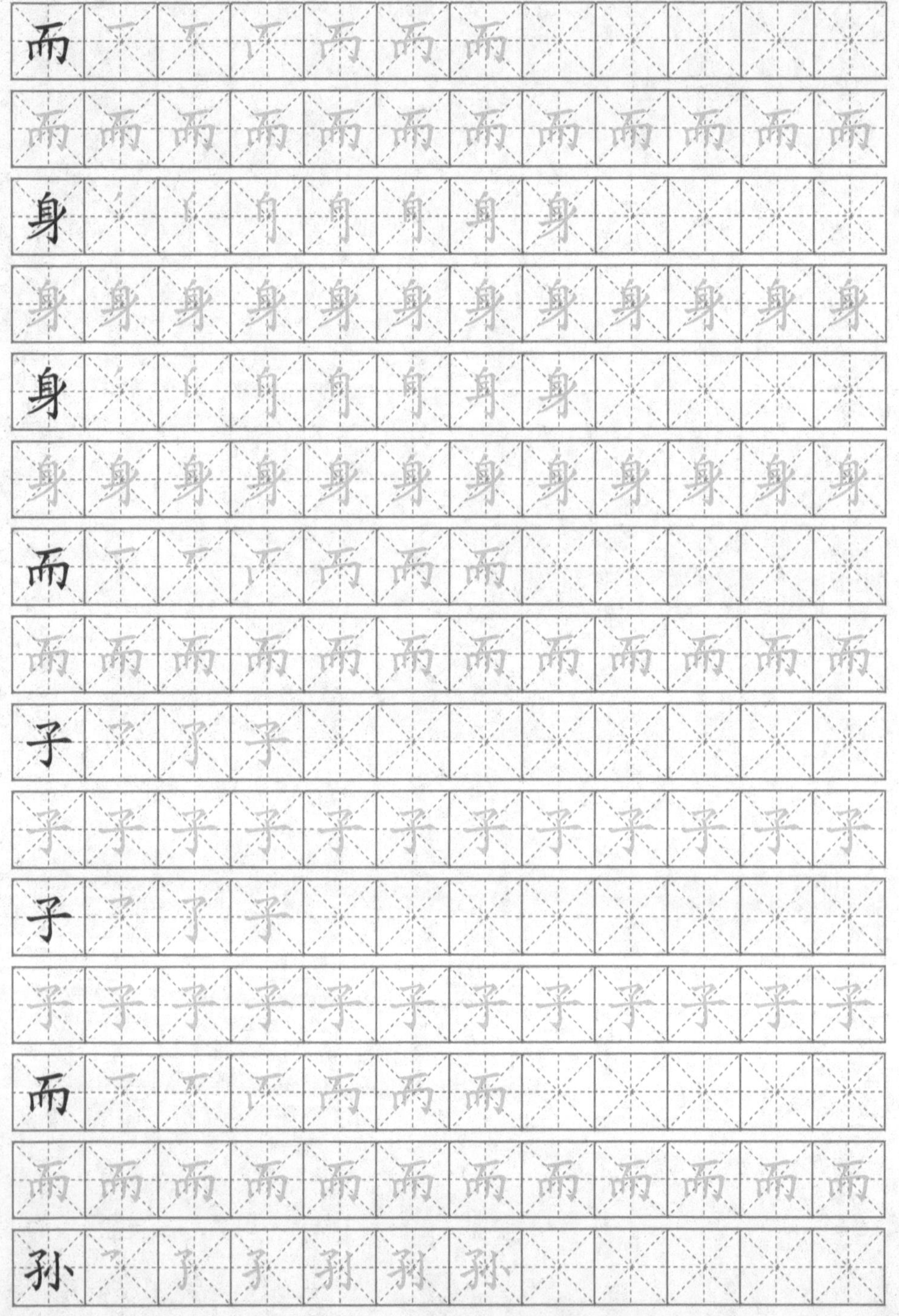

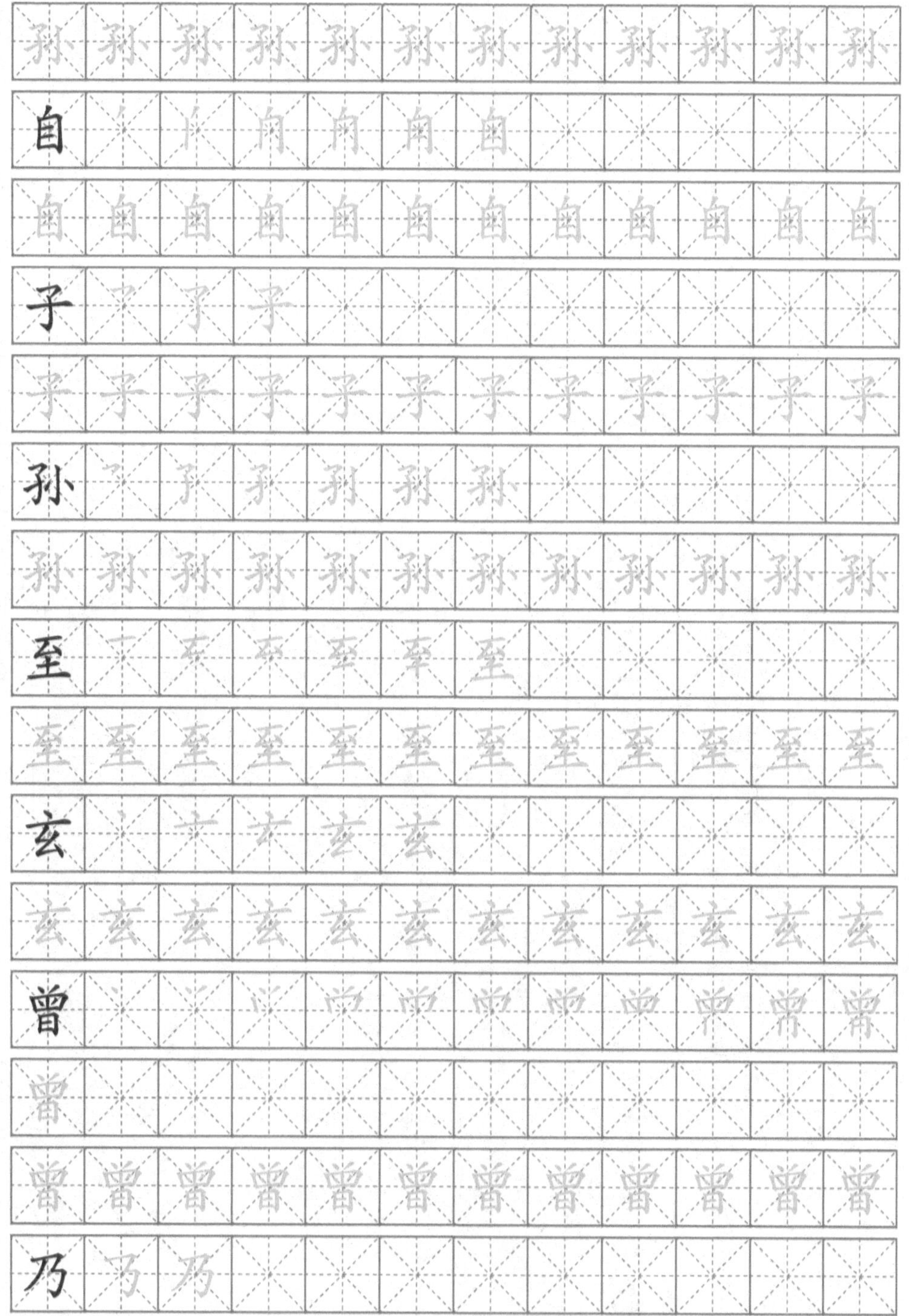

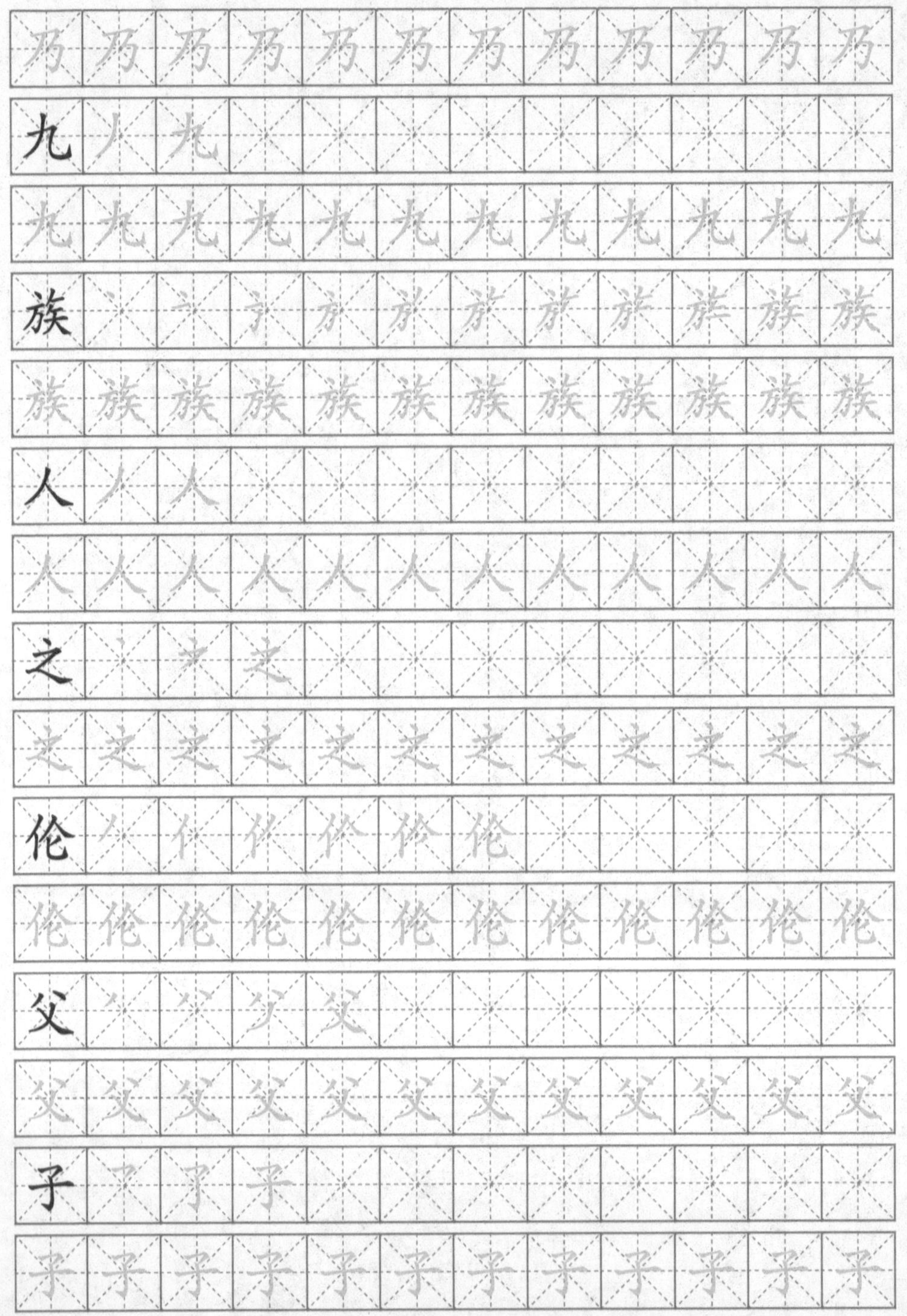

乃
九 丿九
九
族
族
人 丿人
人
之
之
伦
伦
父
父
子
子

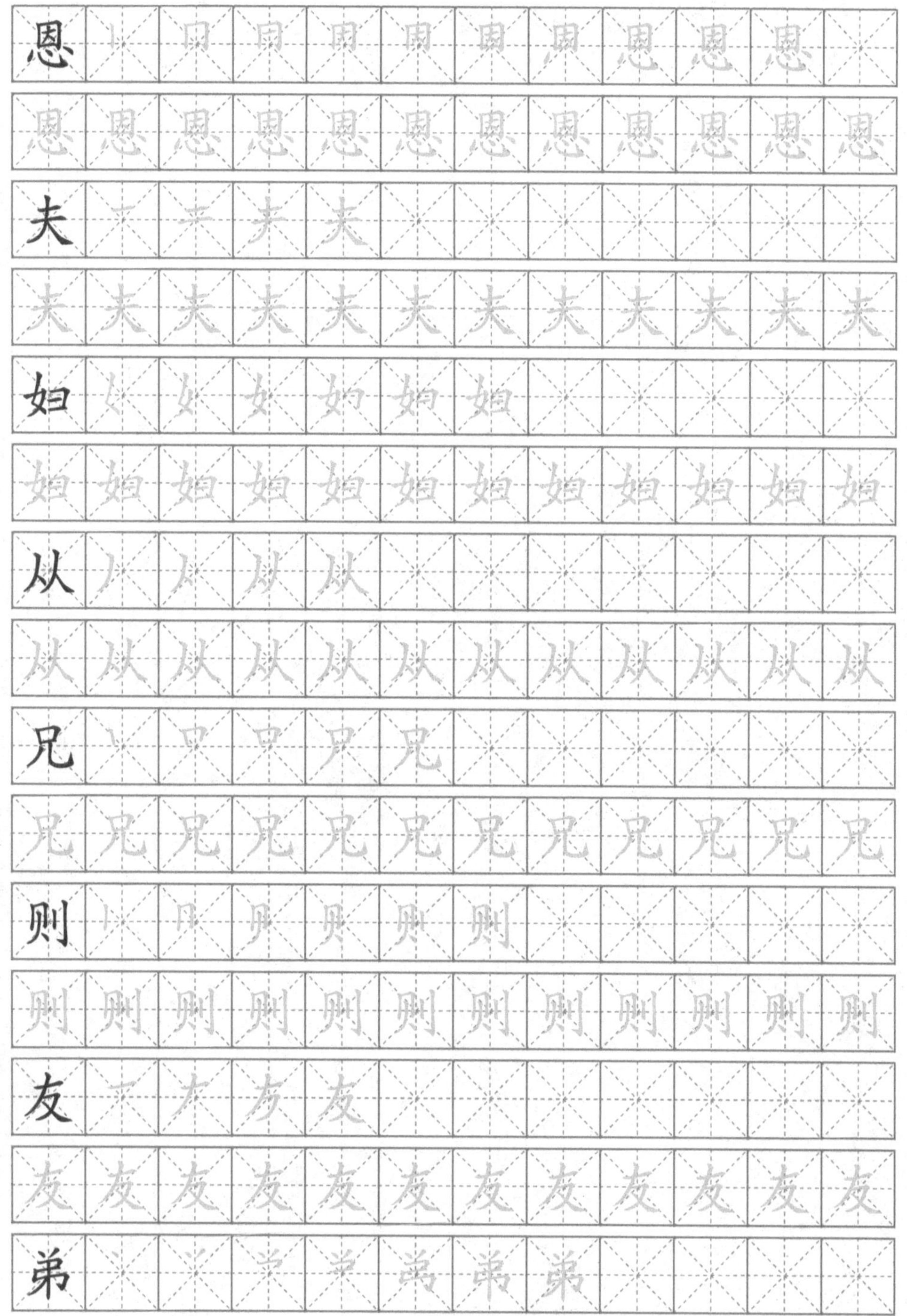

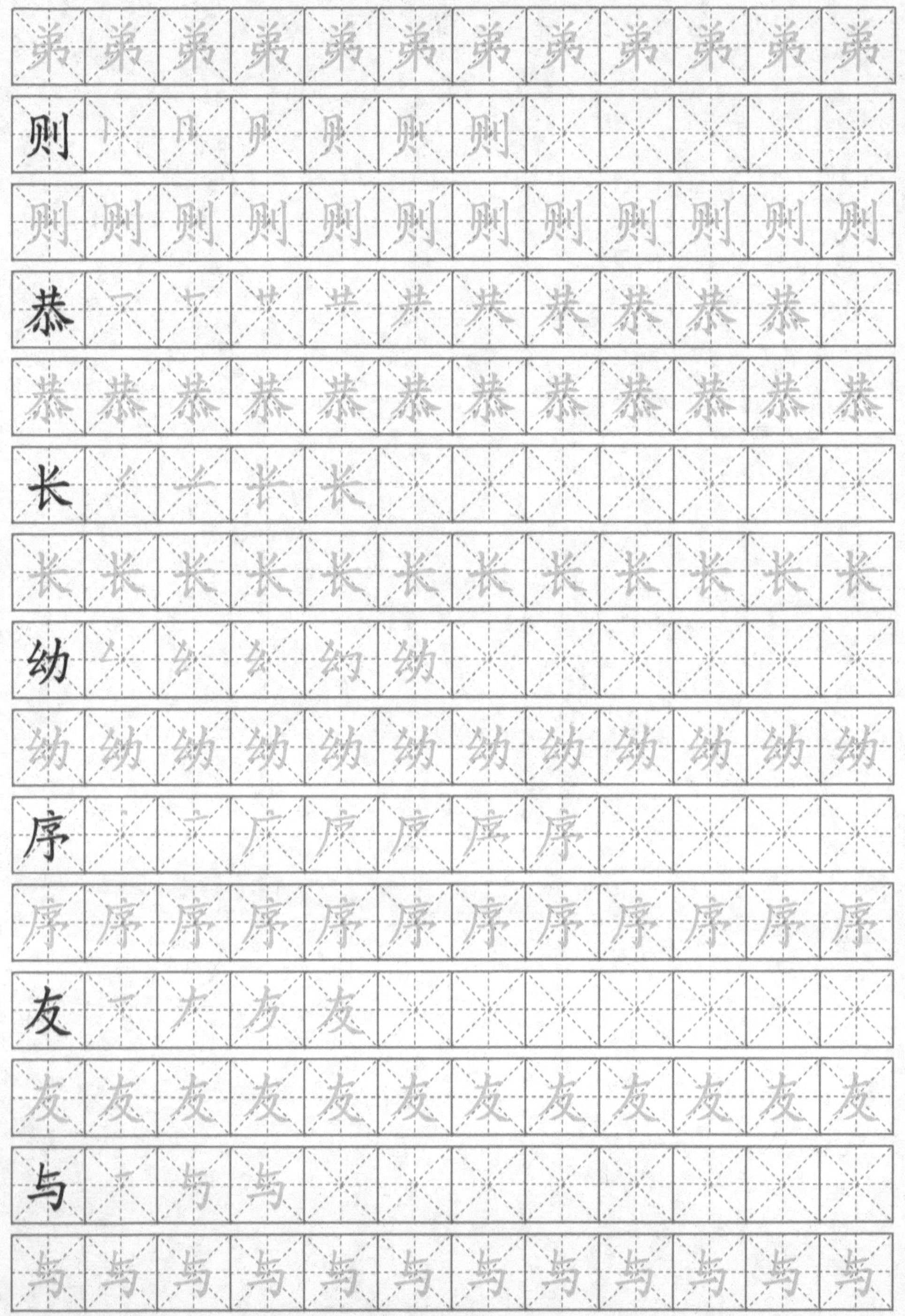

弟
则
恭
长
幼
序
友
与

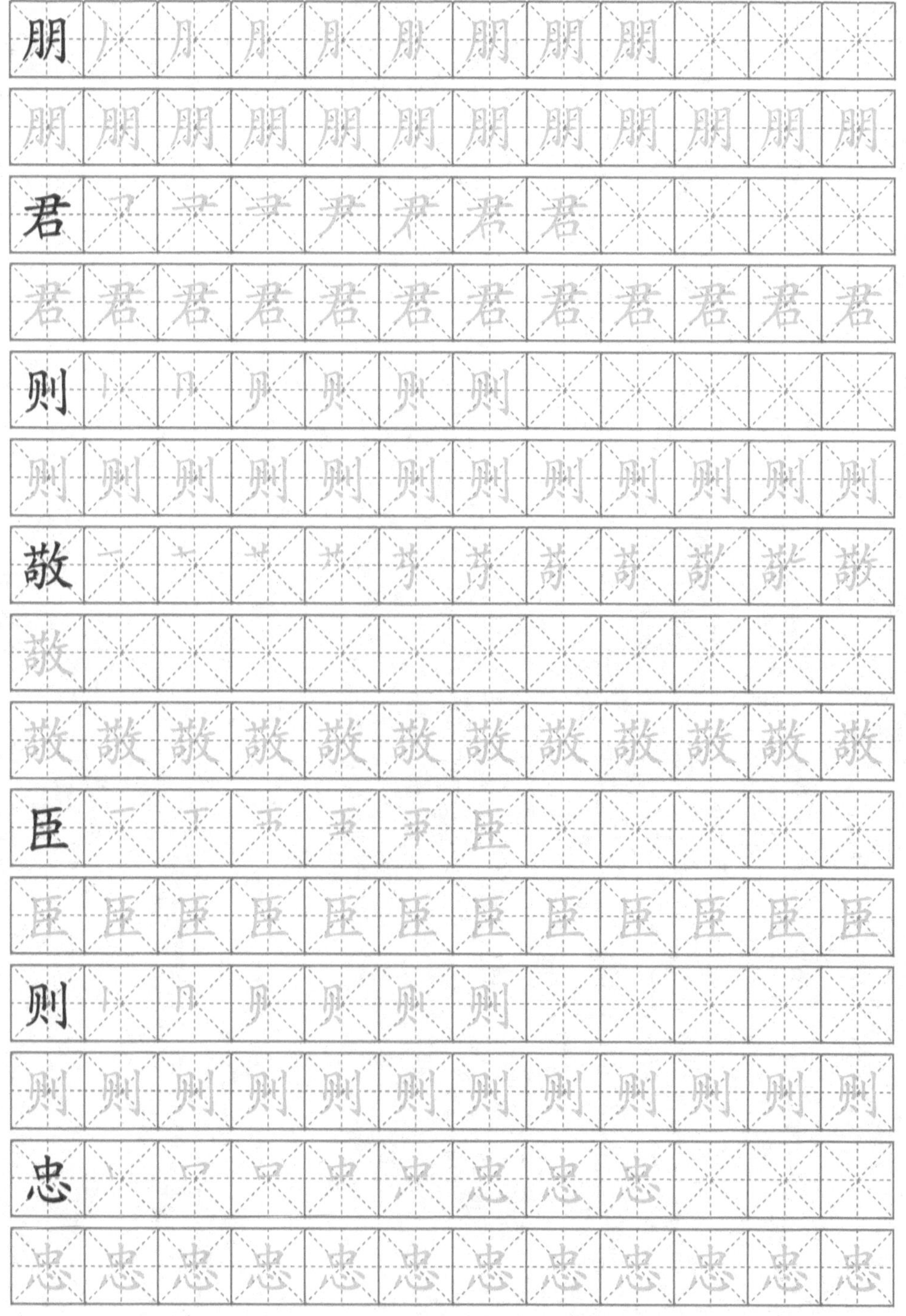

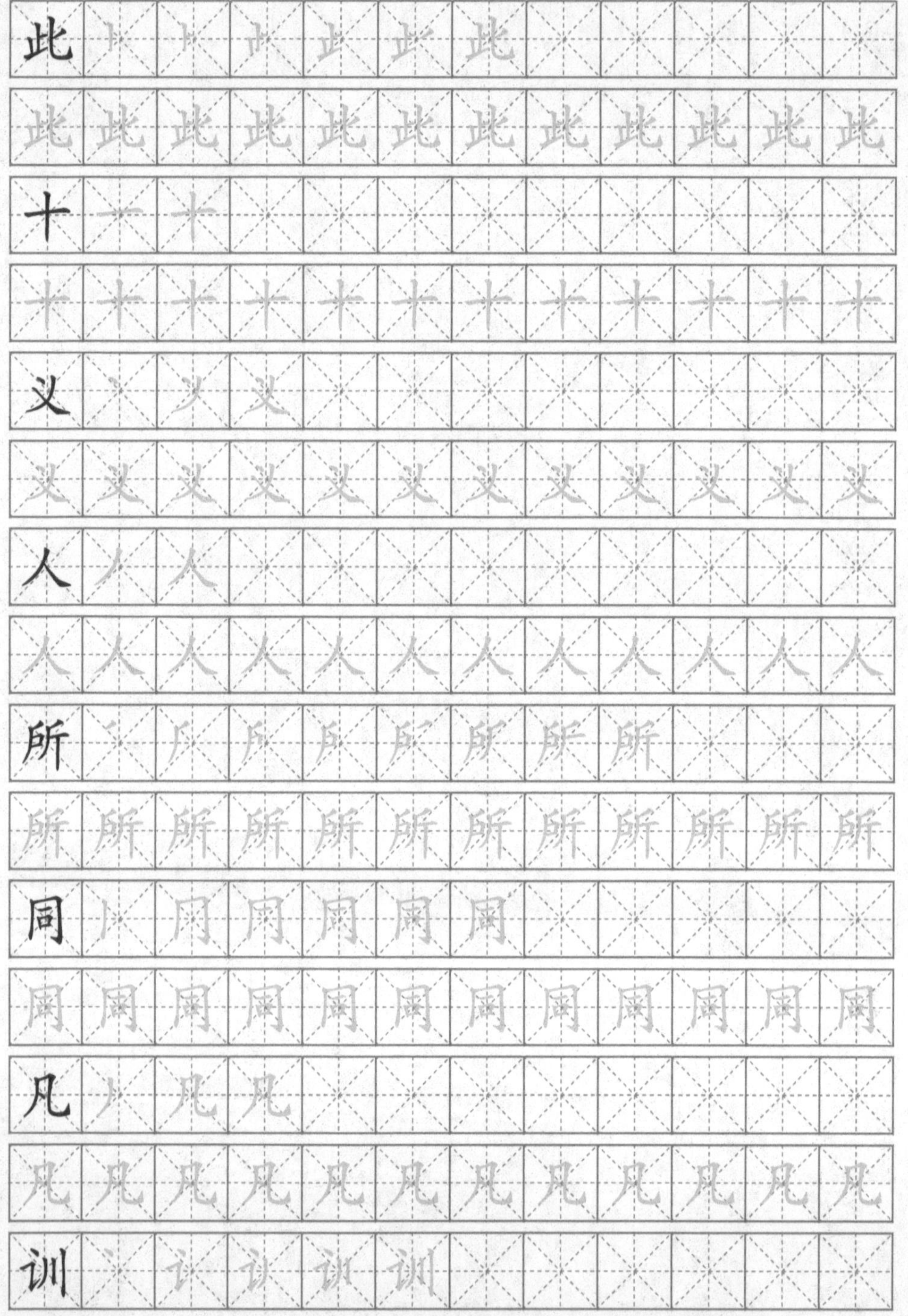

此
十
义
人
所
同
凡
训

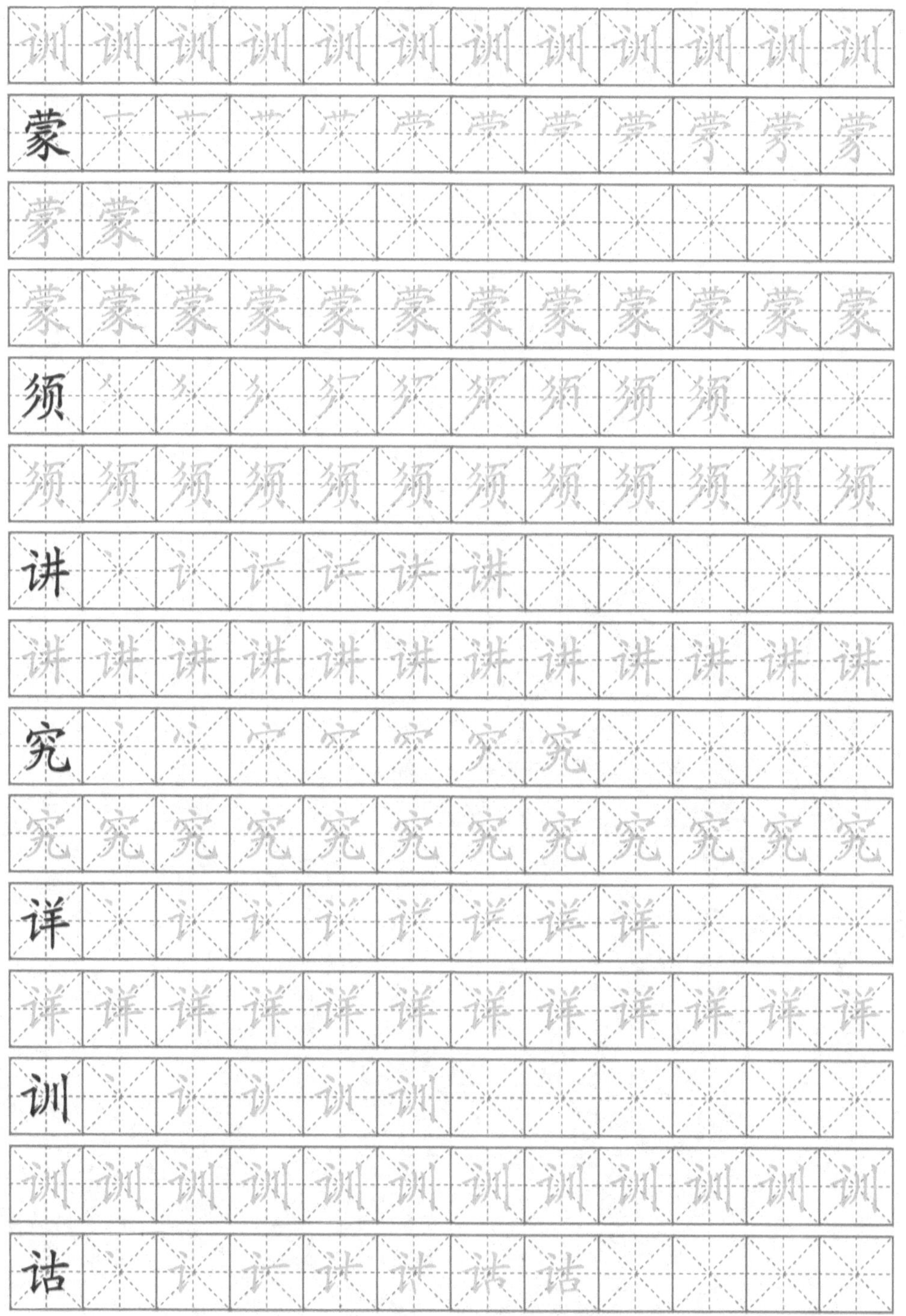

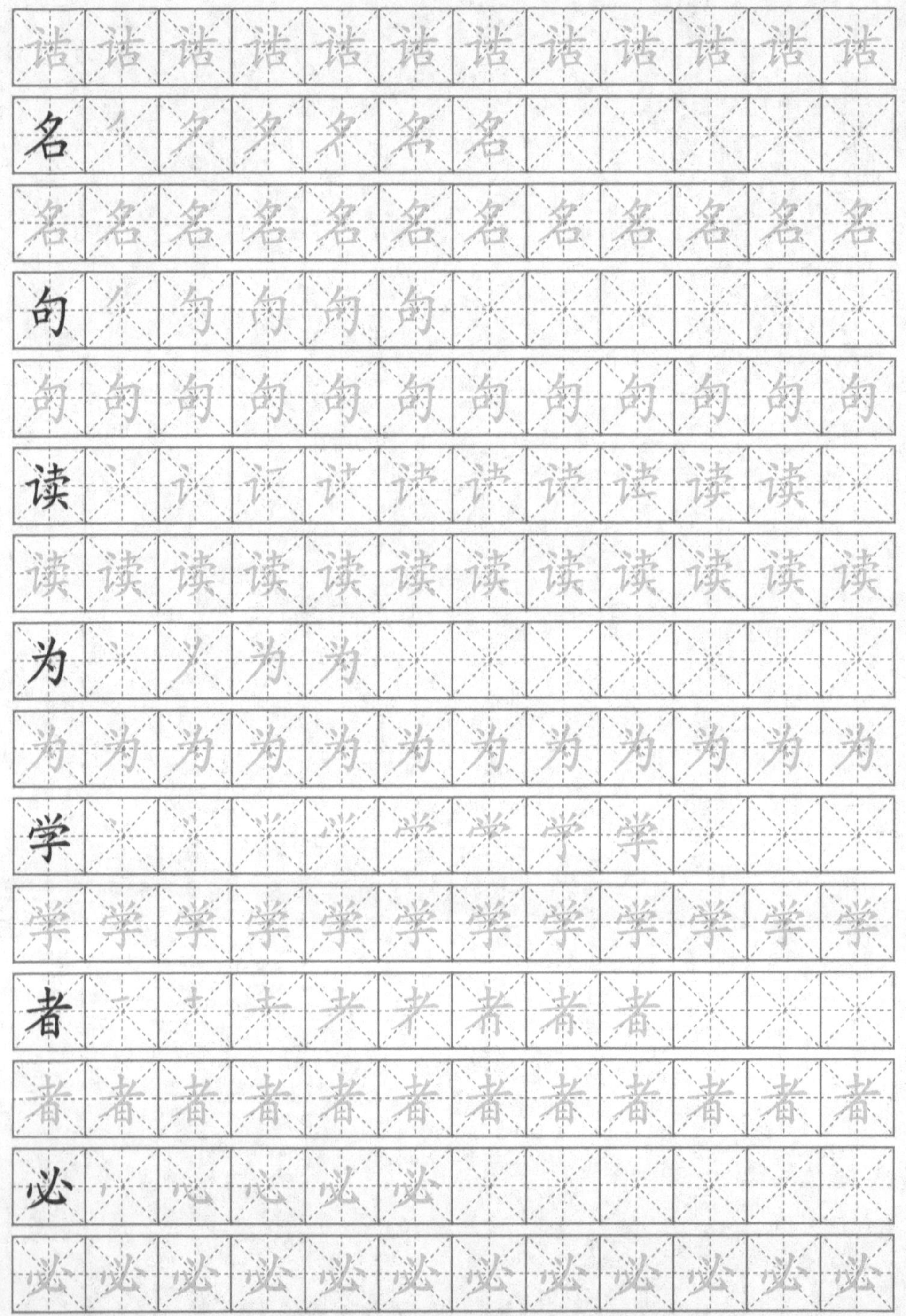

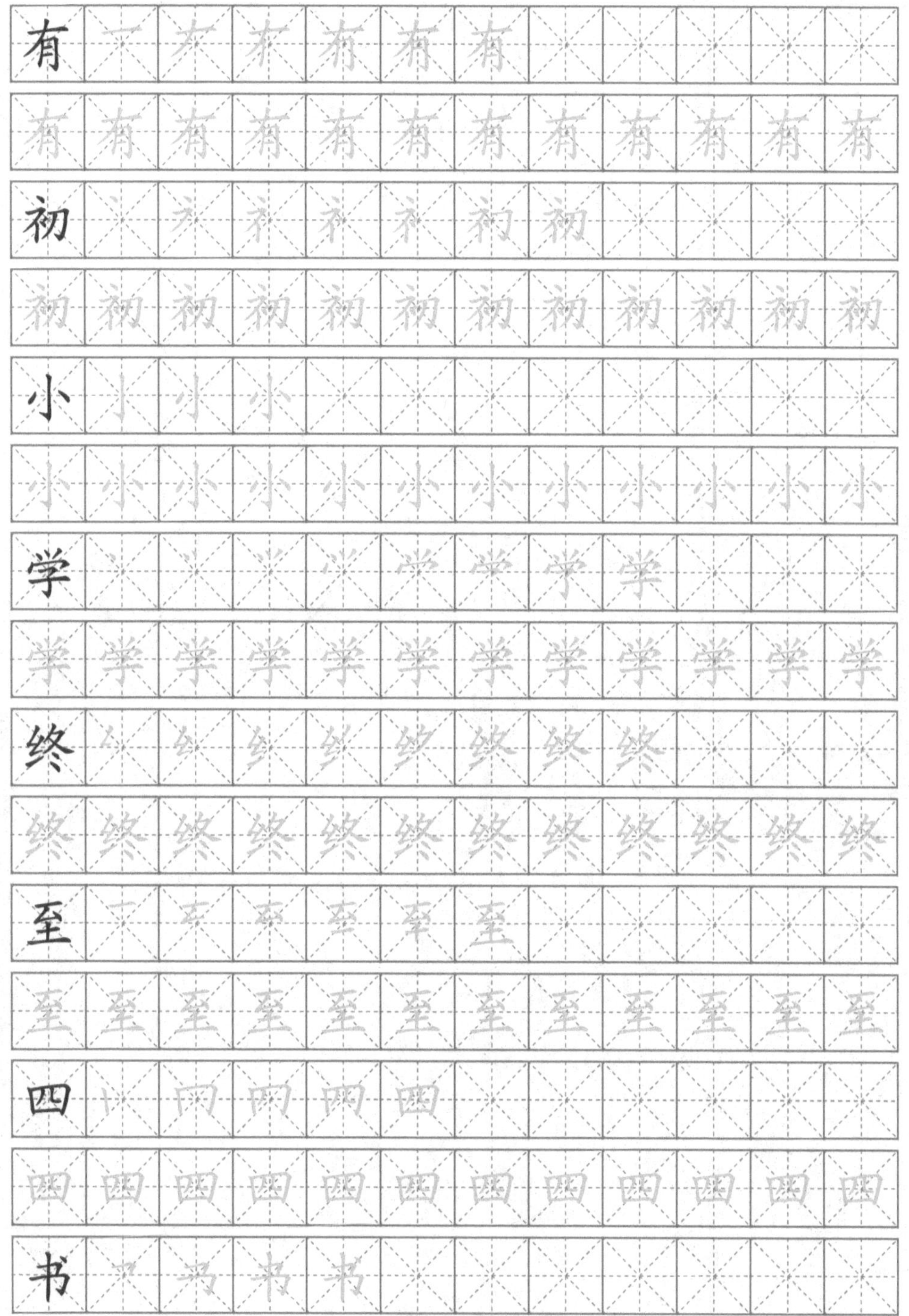

有
初
小
学
终
至
四
书

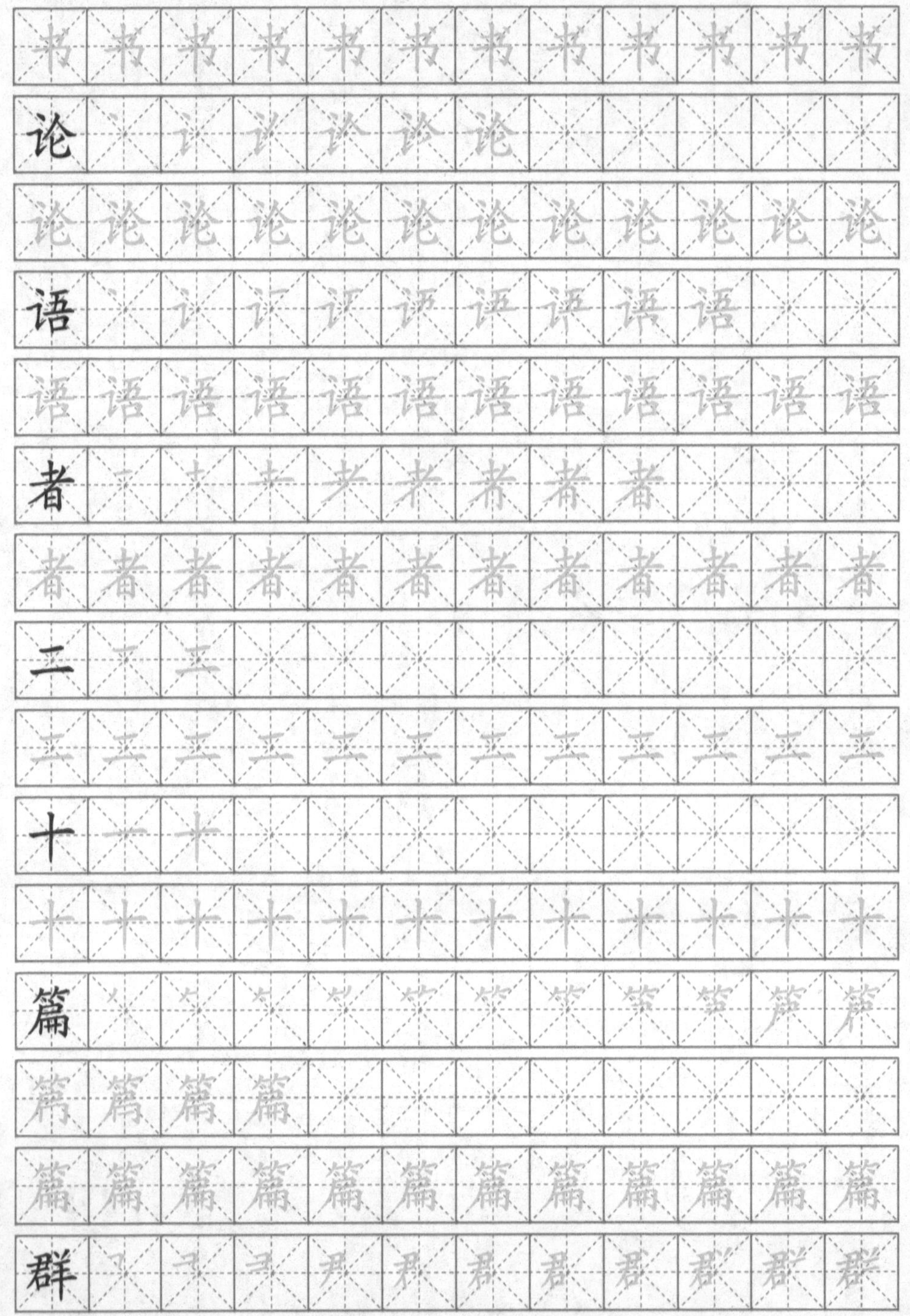

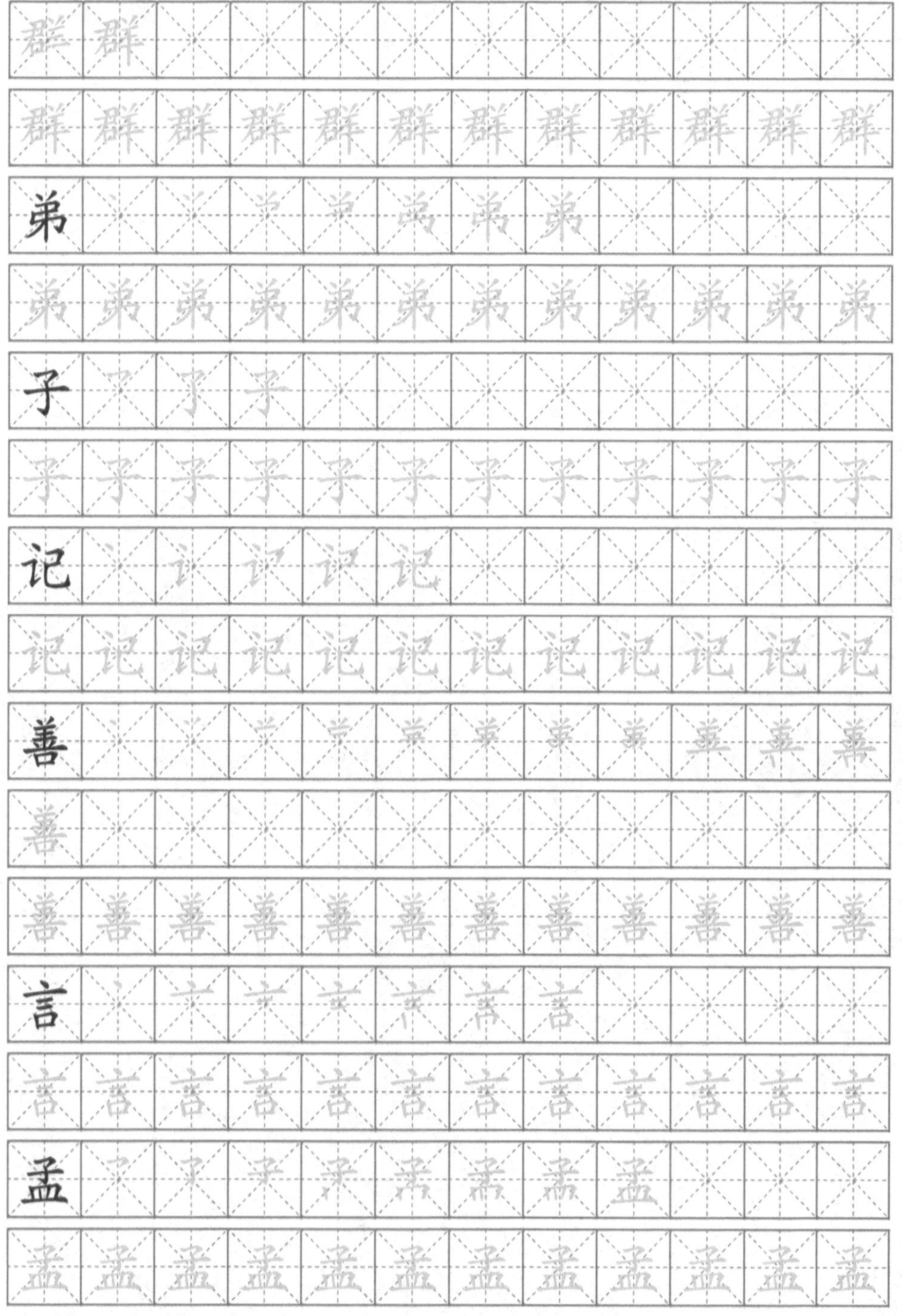

群
弟
子
记
善
言
孟

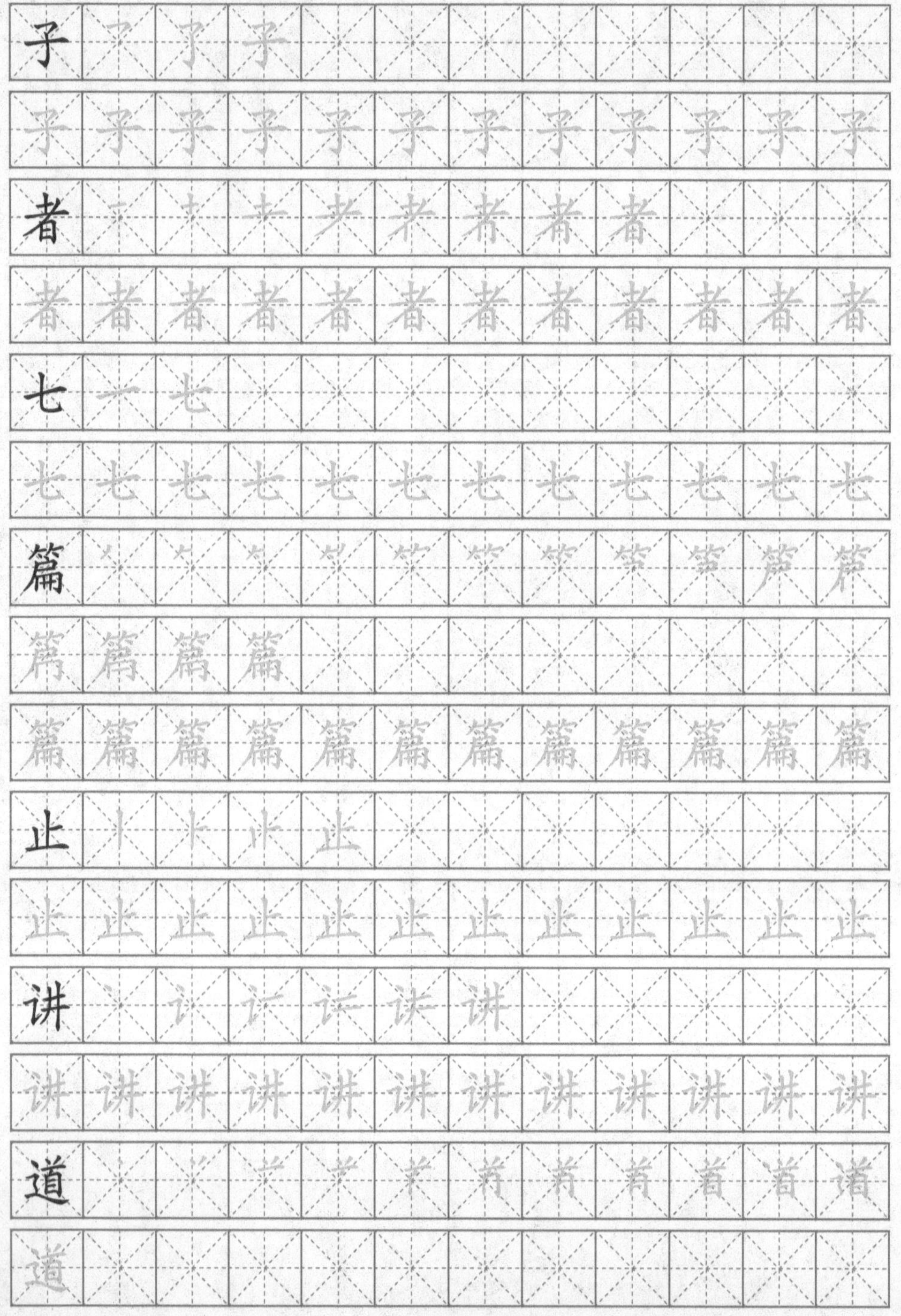

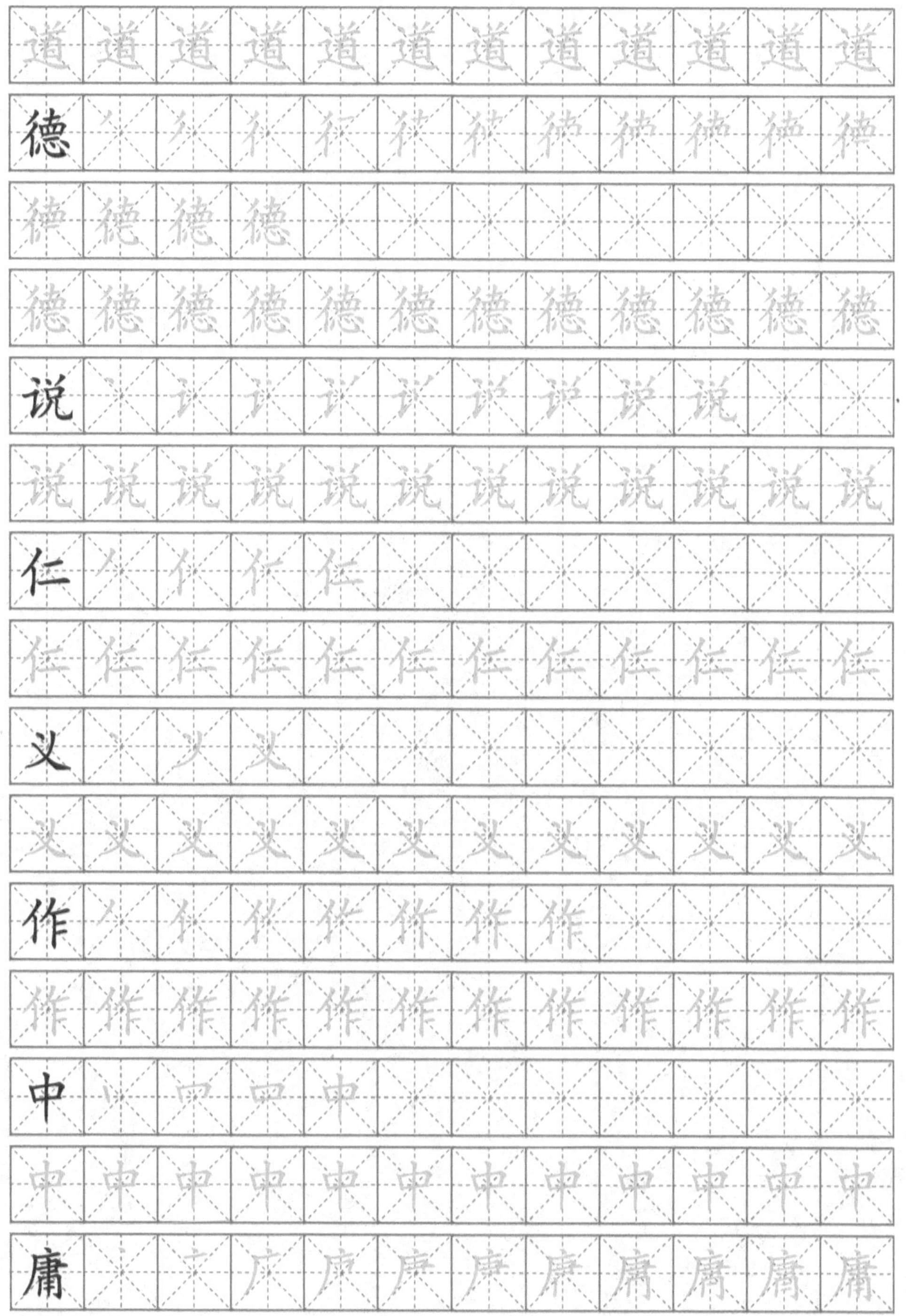

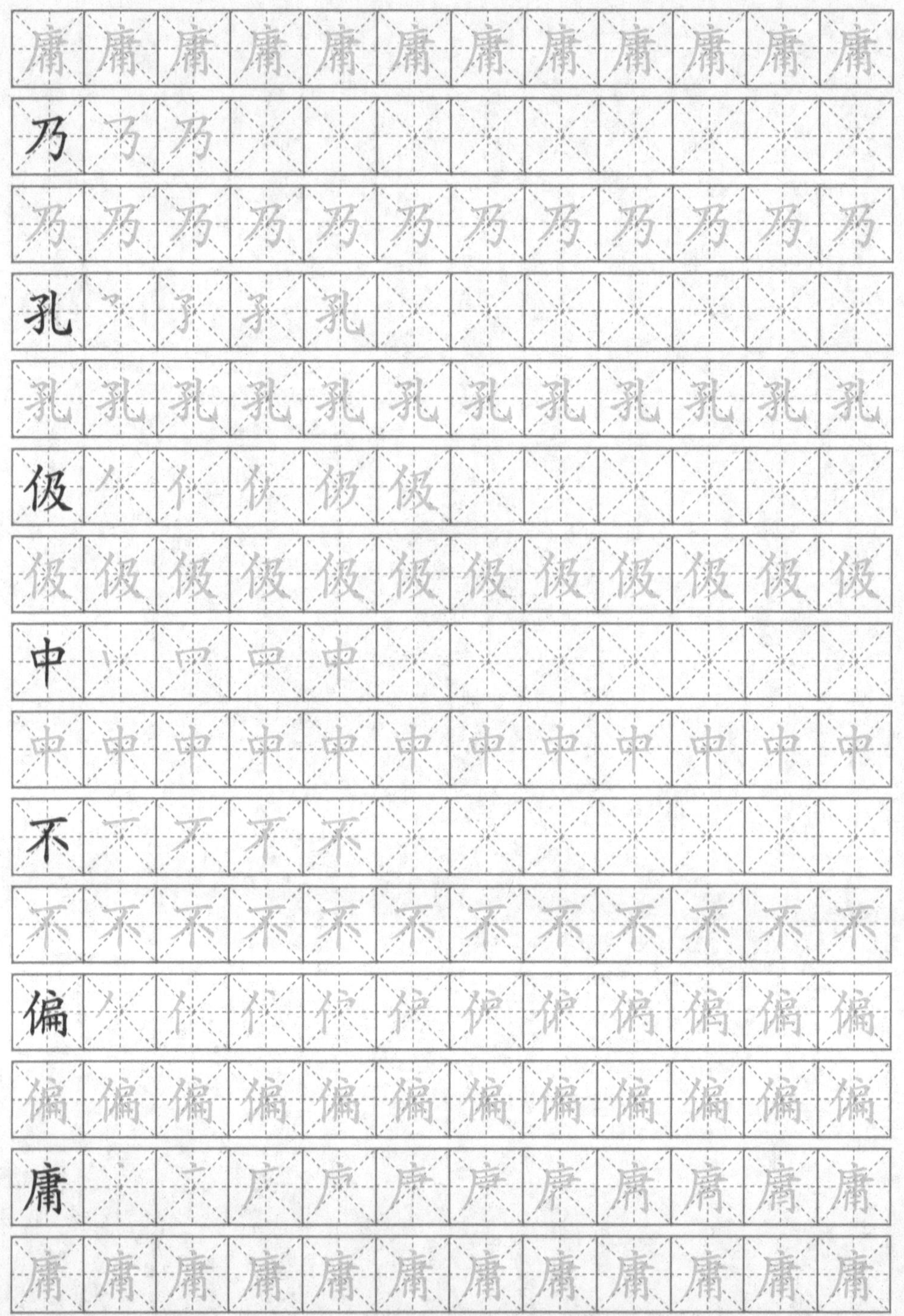

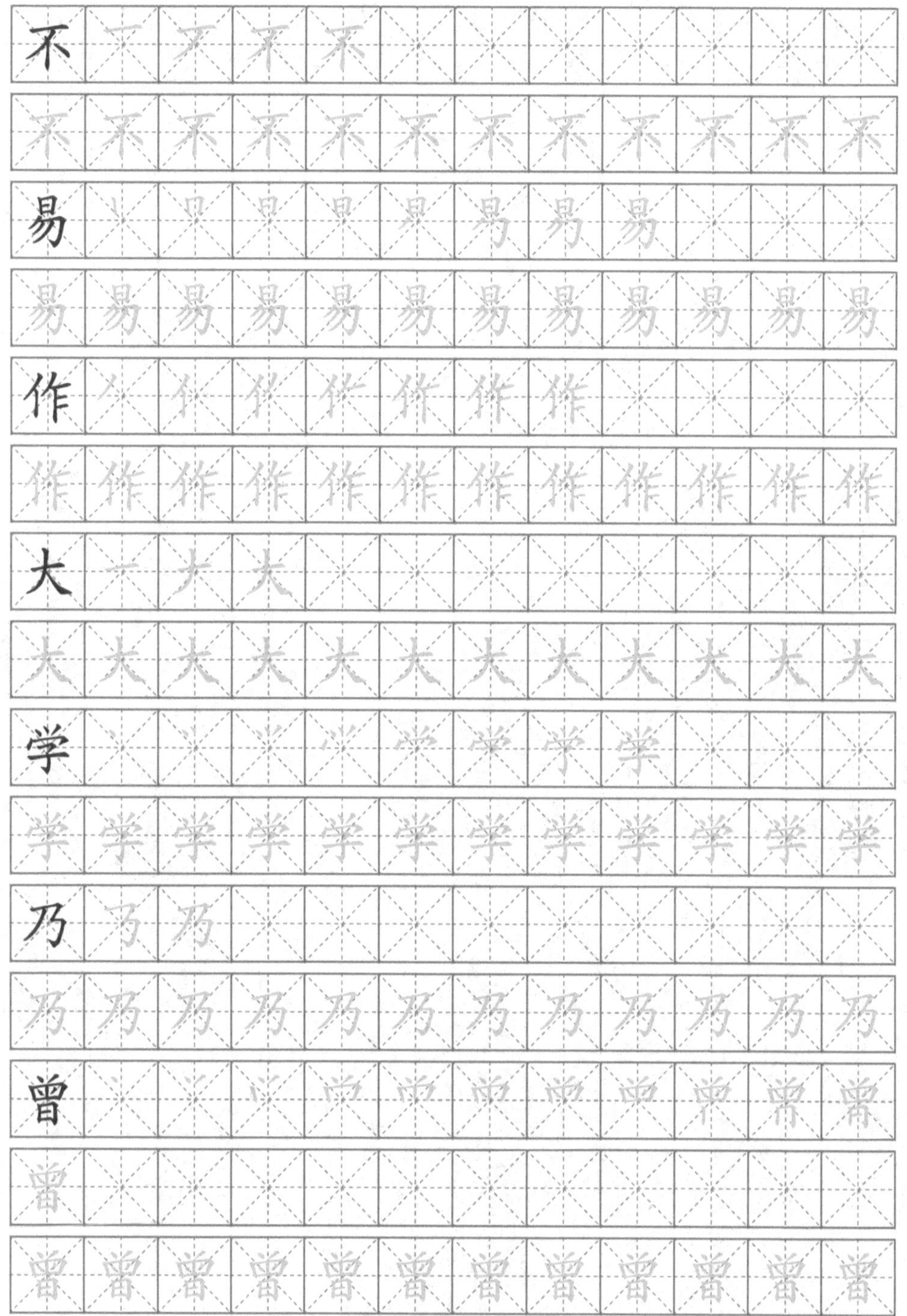

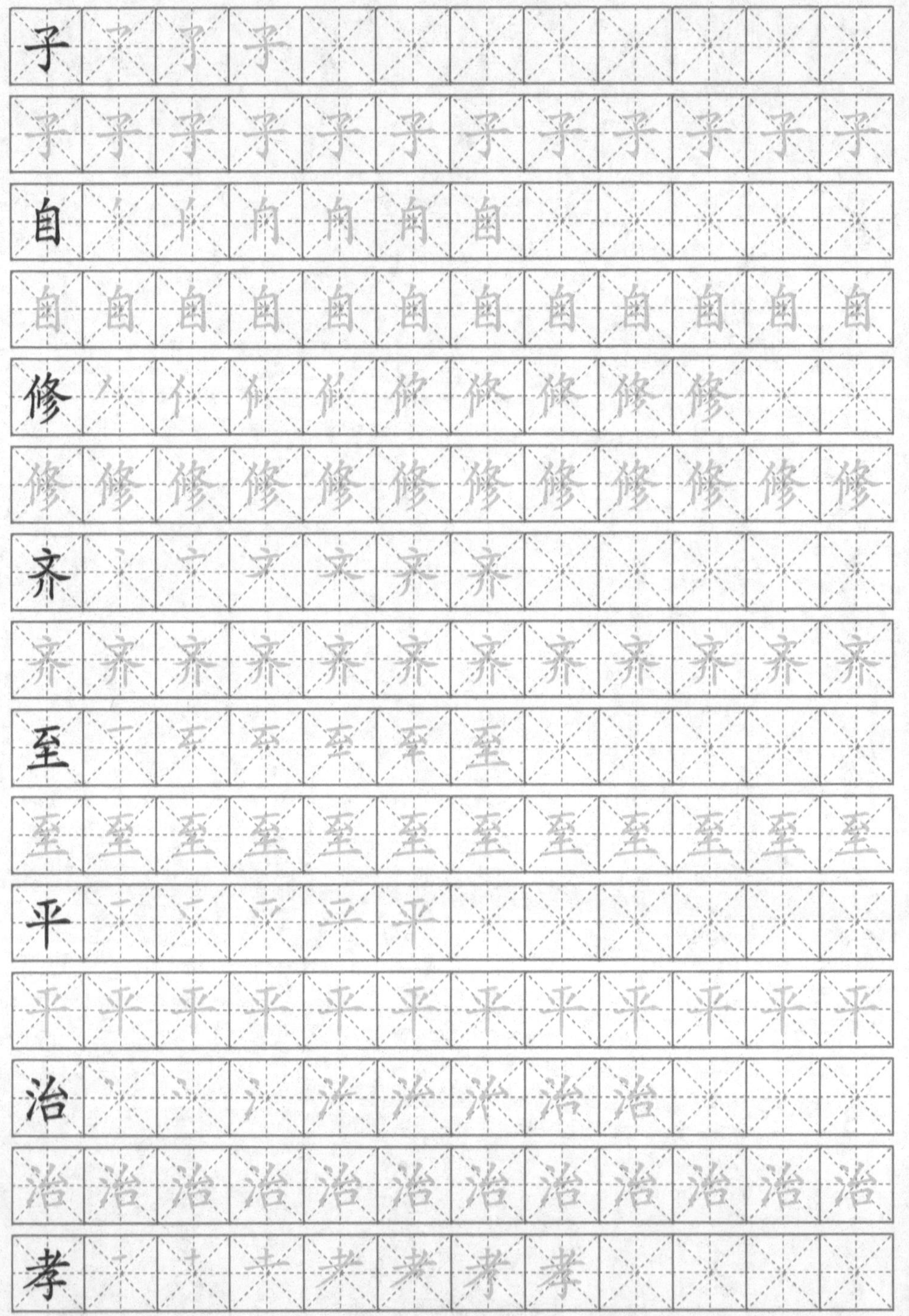

子
自
修
齐
至
平
治
孝

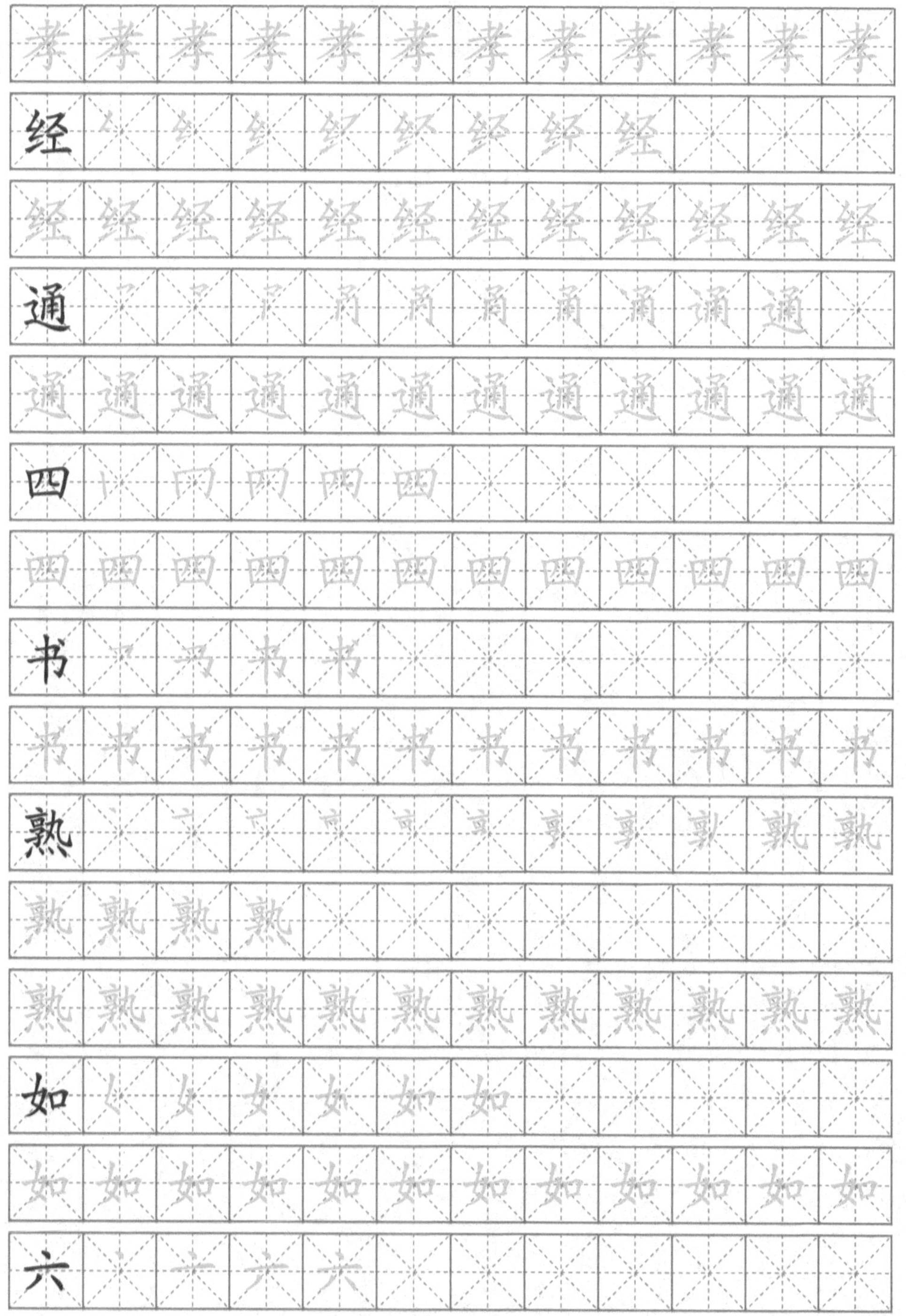

孝 孝 孝 孝 孝 孝 孝 孝 孝 孝 孝

经 经 经 经 经 经 经 经

经 经 经 经 经 经 经 经 经 经 经 经

通 通 通 通 通 通 通 通 通 通 通

通 通 通 通 通 通 通 通 通 通 通 通

四 四 四 四 四 四

四 四 四 四 四 四 四 四 四 四 四 四

书 书 书 书

书 书 书 书 书 书 书 书 书 书 书 书

熟 熟 熟 熟 熟 熟 熟 熟 熟 熟 熟

熟 熟 熟 熟

熟 熟 熟 熟 熟 熟 熟 熟 熟 熟 熟 熟

如 如 如 如 如 如

如 如 如 如 如 如 如 如 如 如 如 如

六 六 六 六

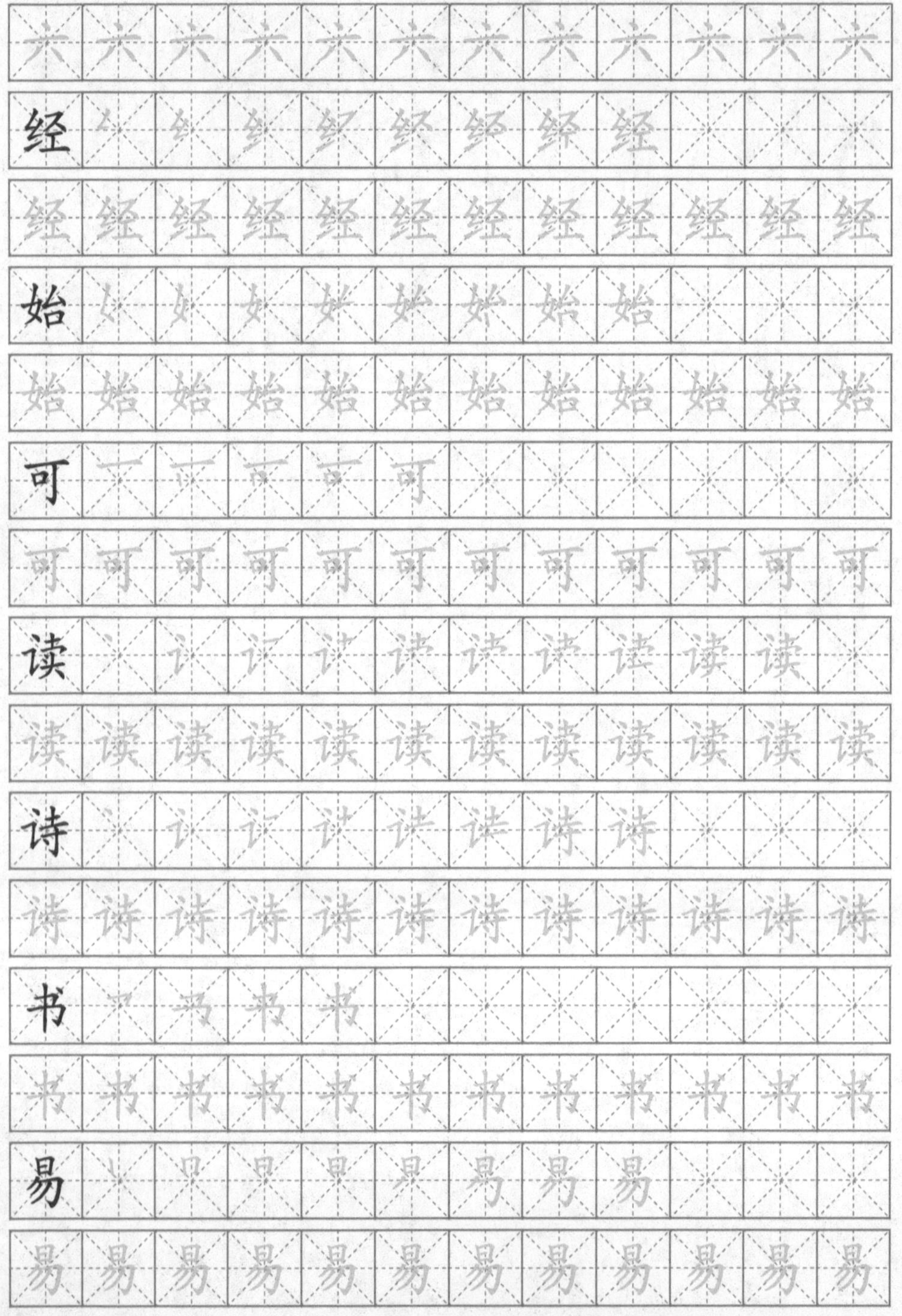

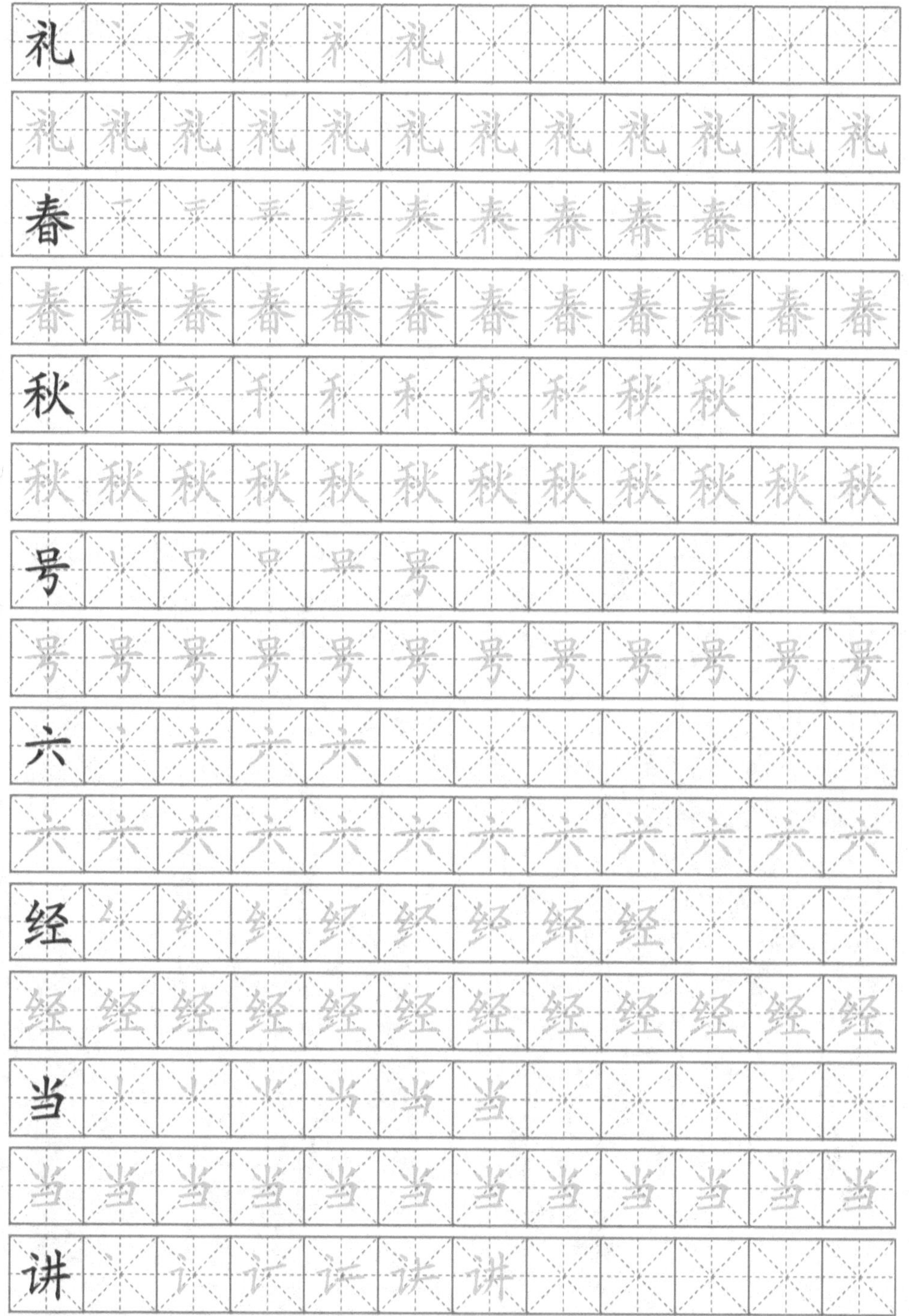

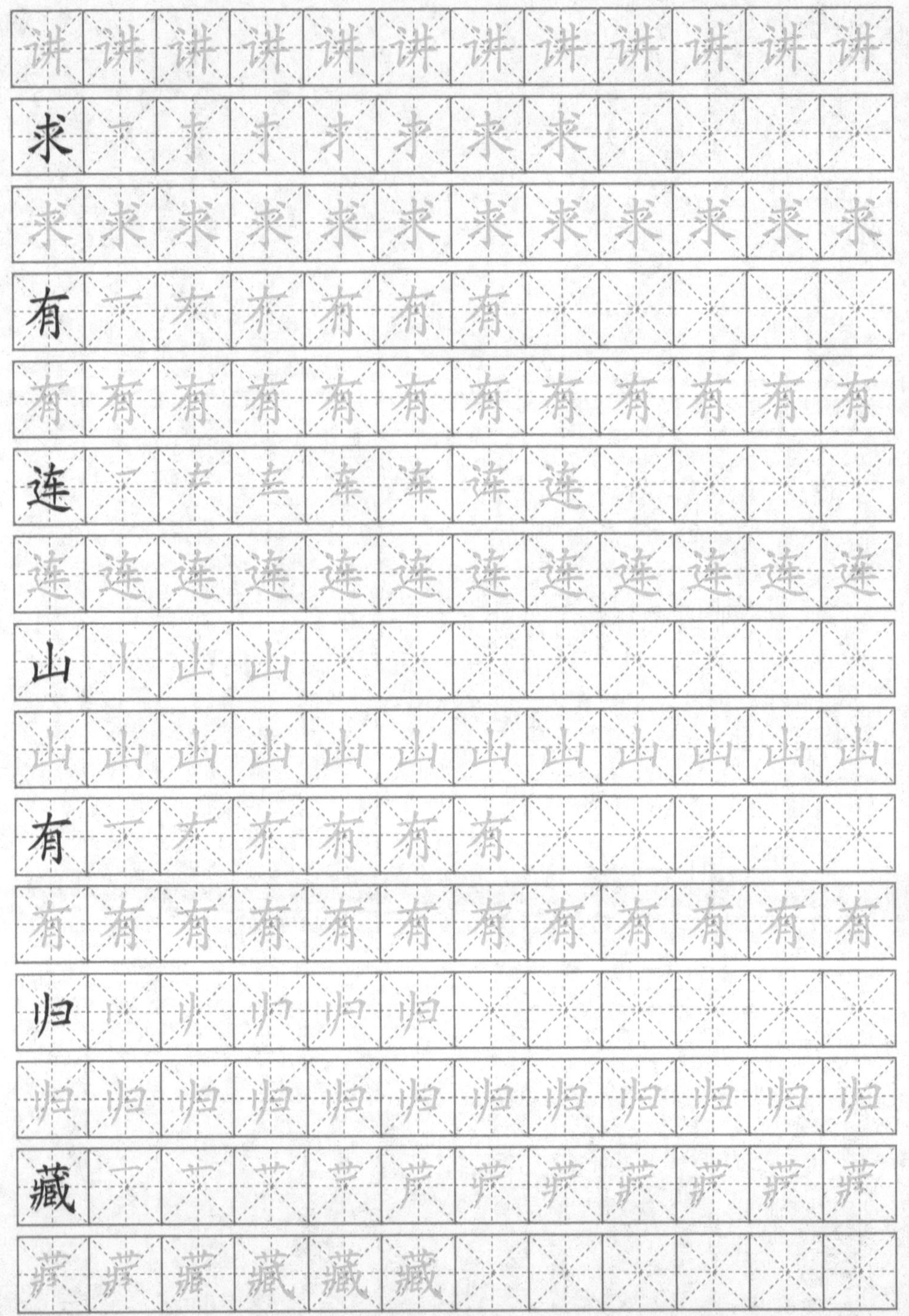

讲

求

有

连

山

有

归

藏

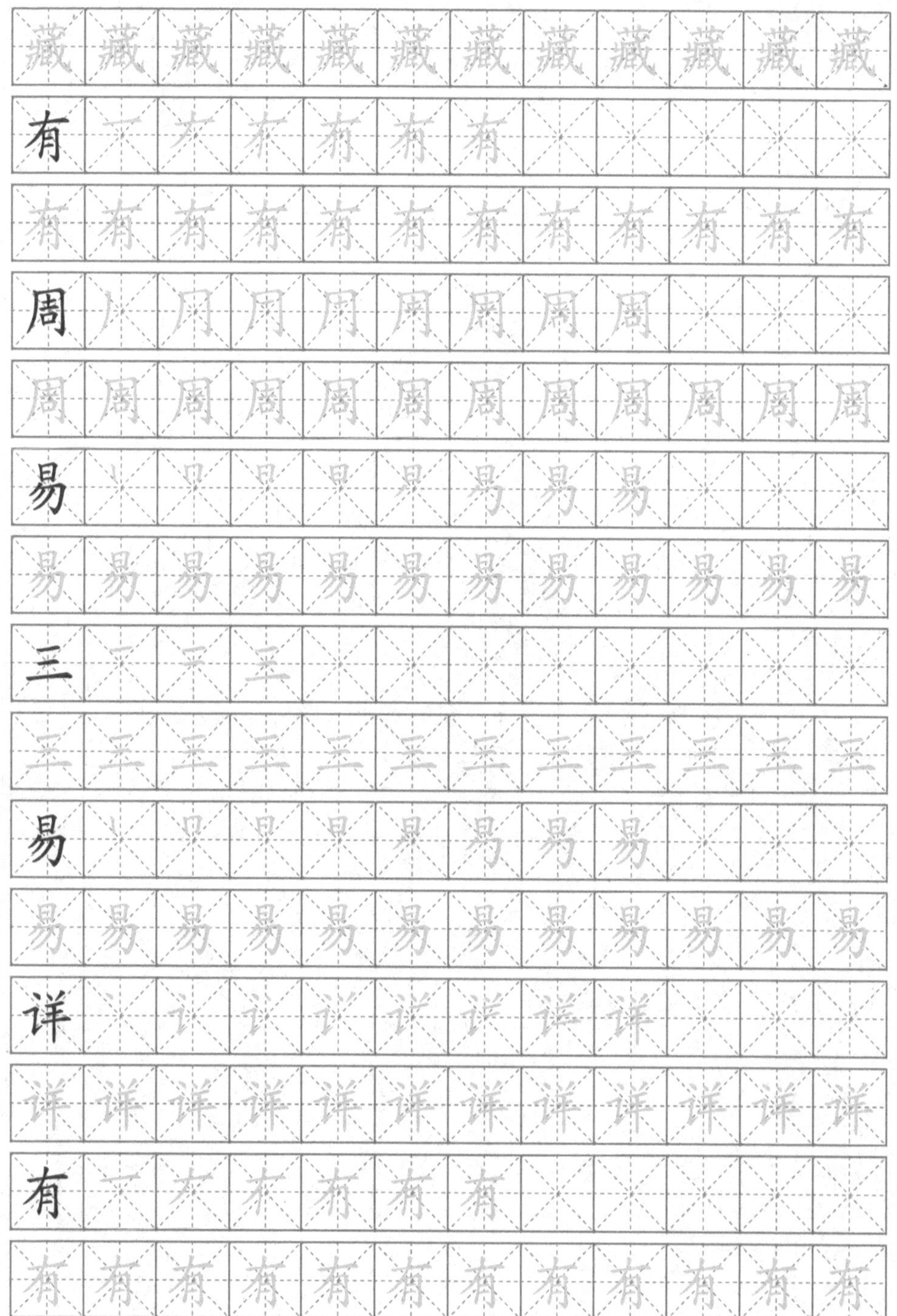

藏
有
周
易
三
易
详
有

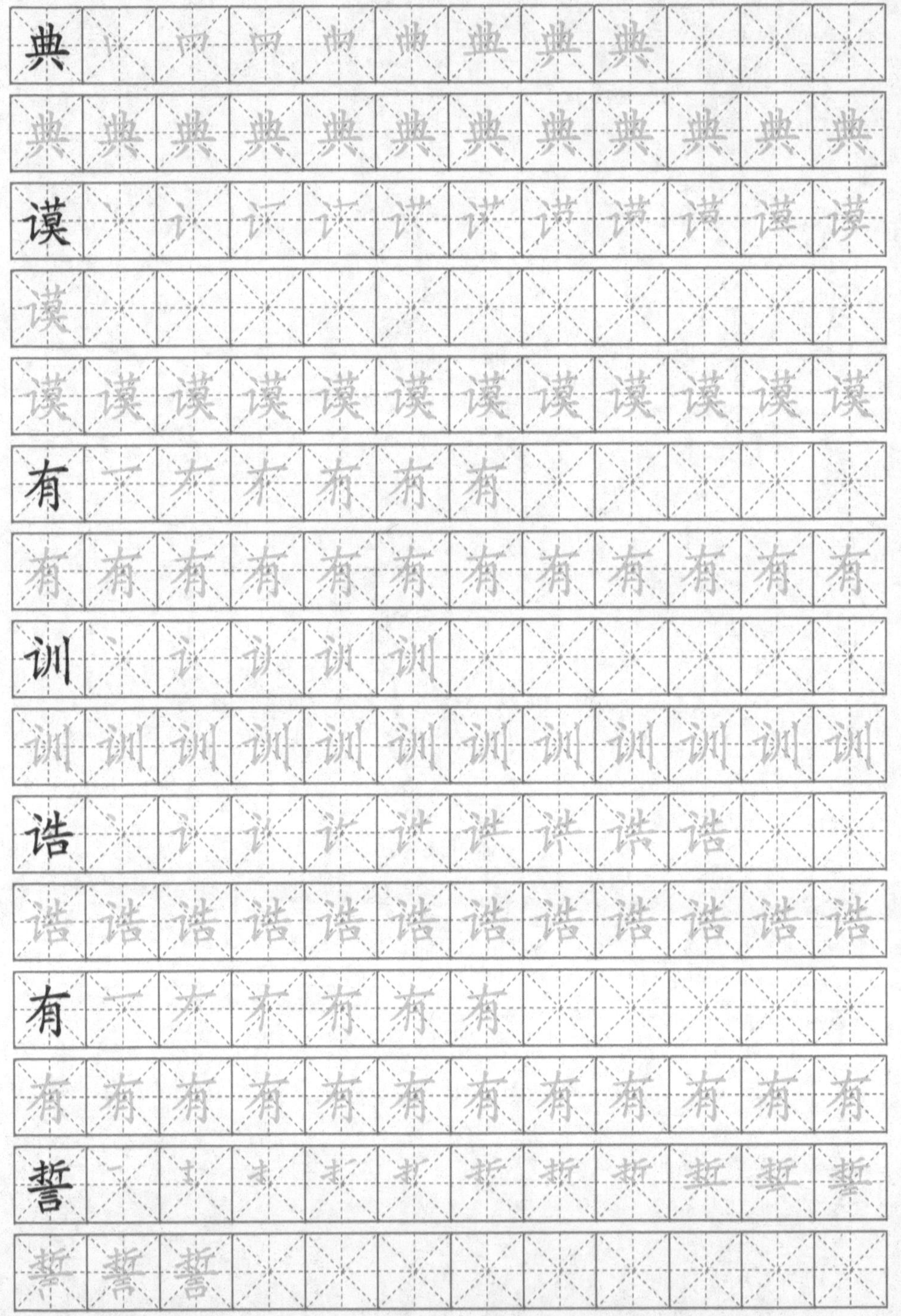

典
谟
有
训
诰
有
誓

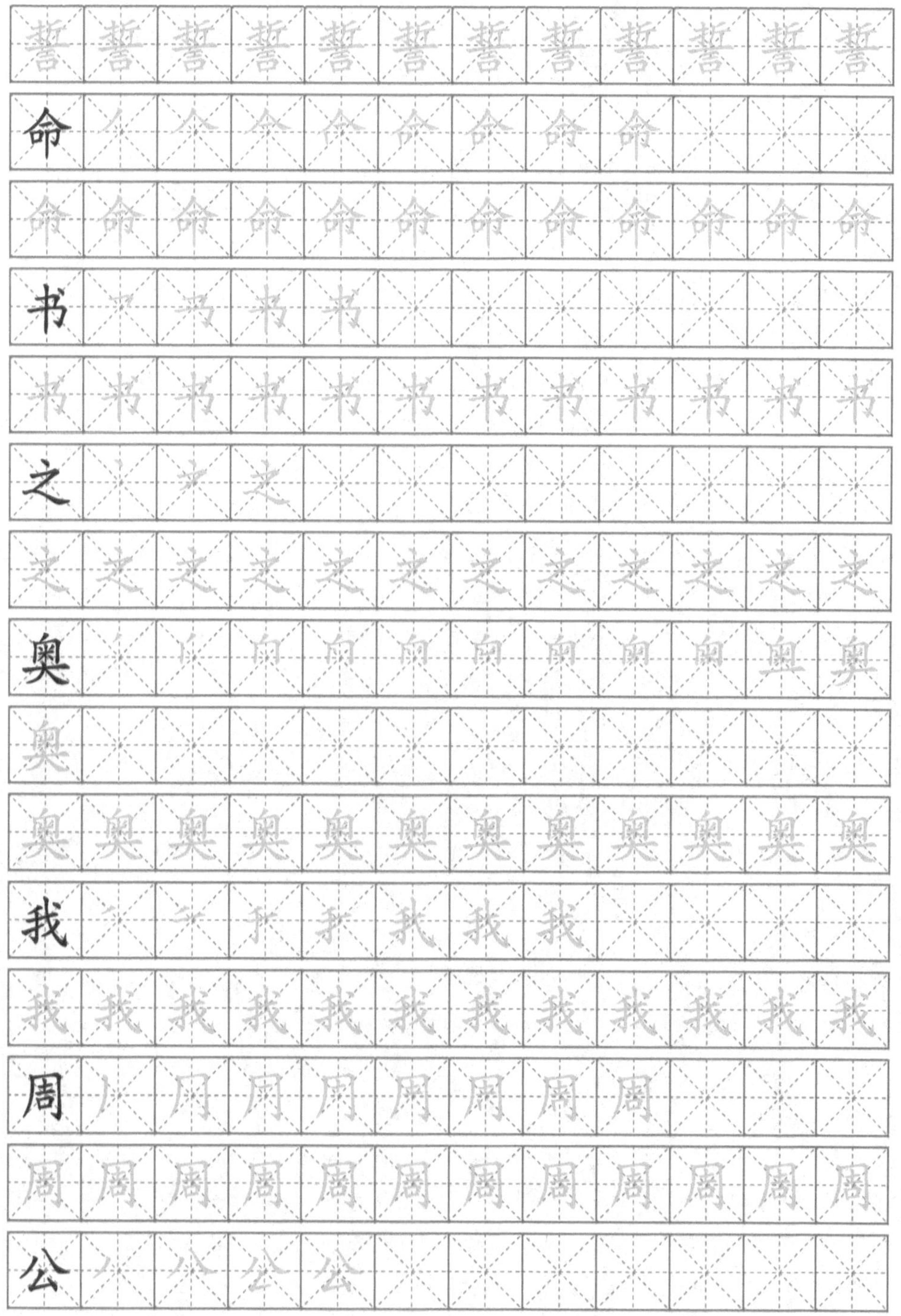

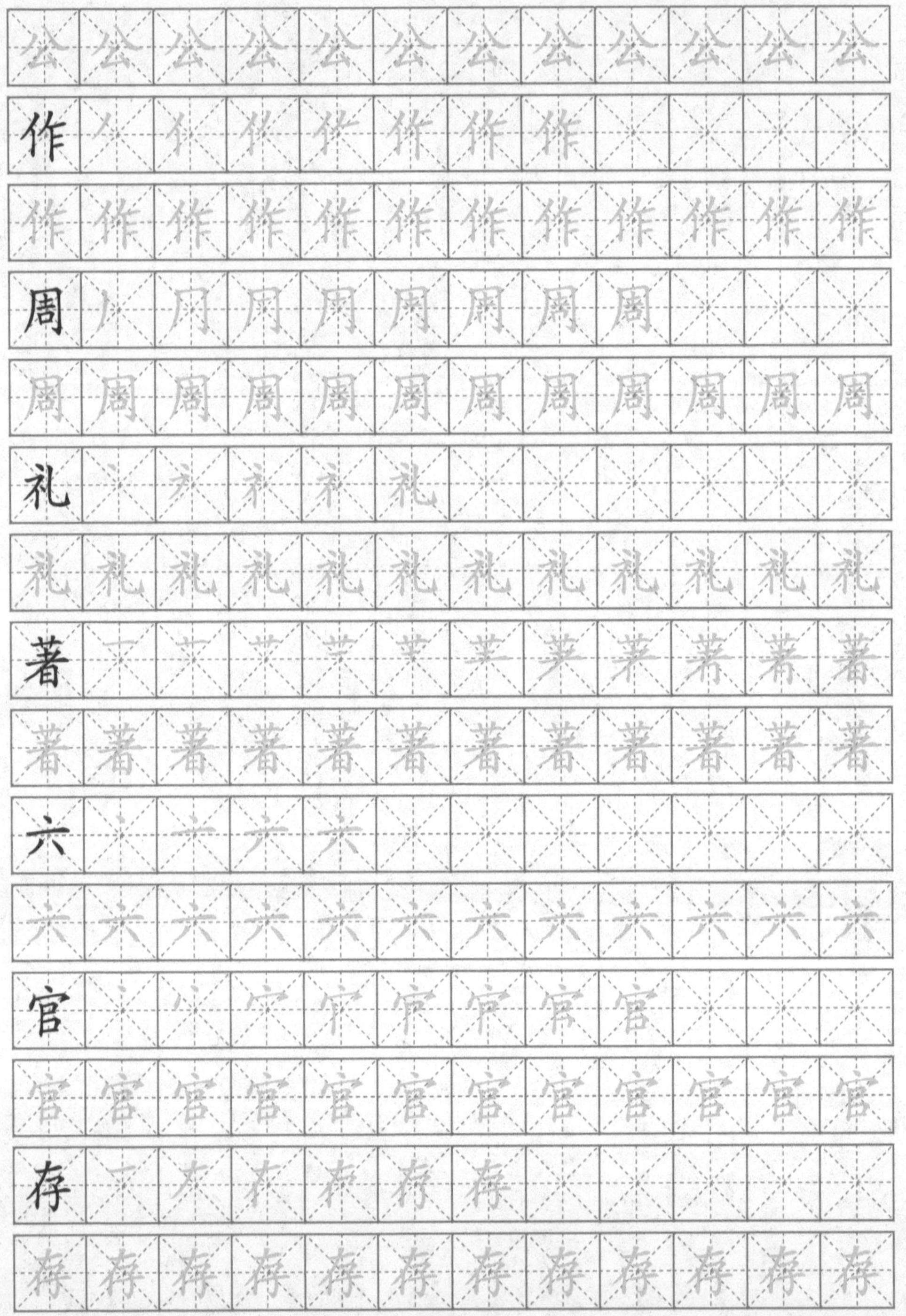

公
作
周
礼
著
六
官
存

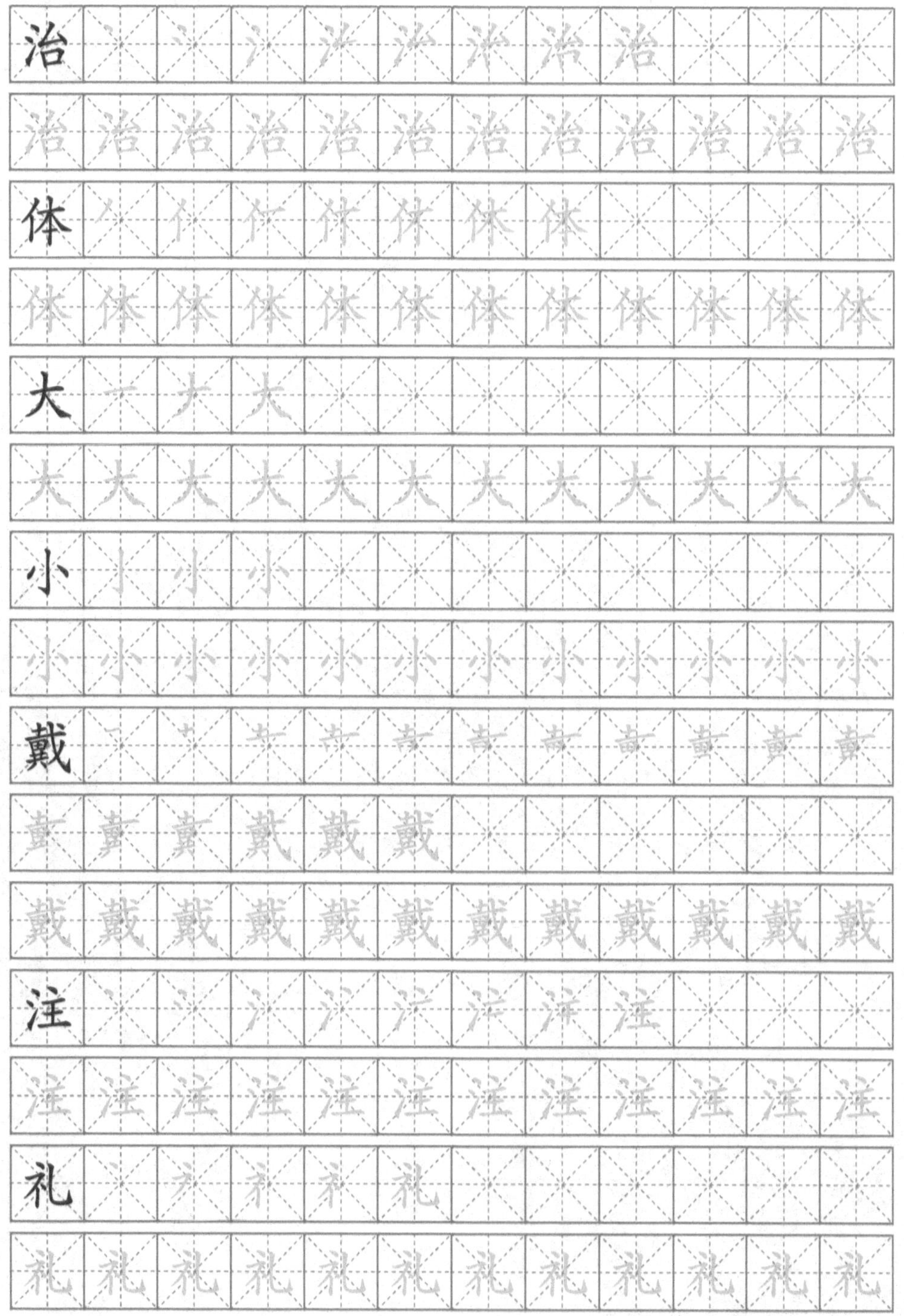

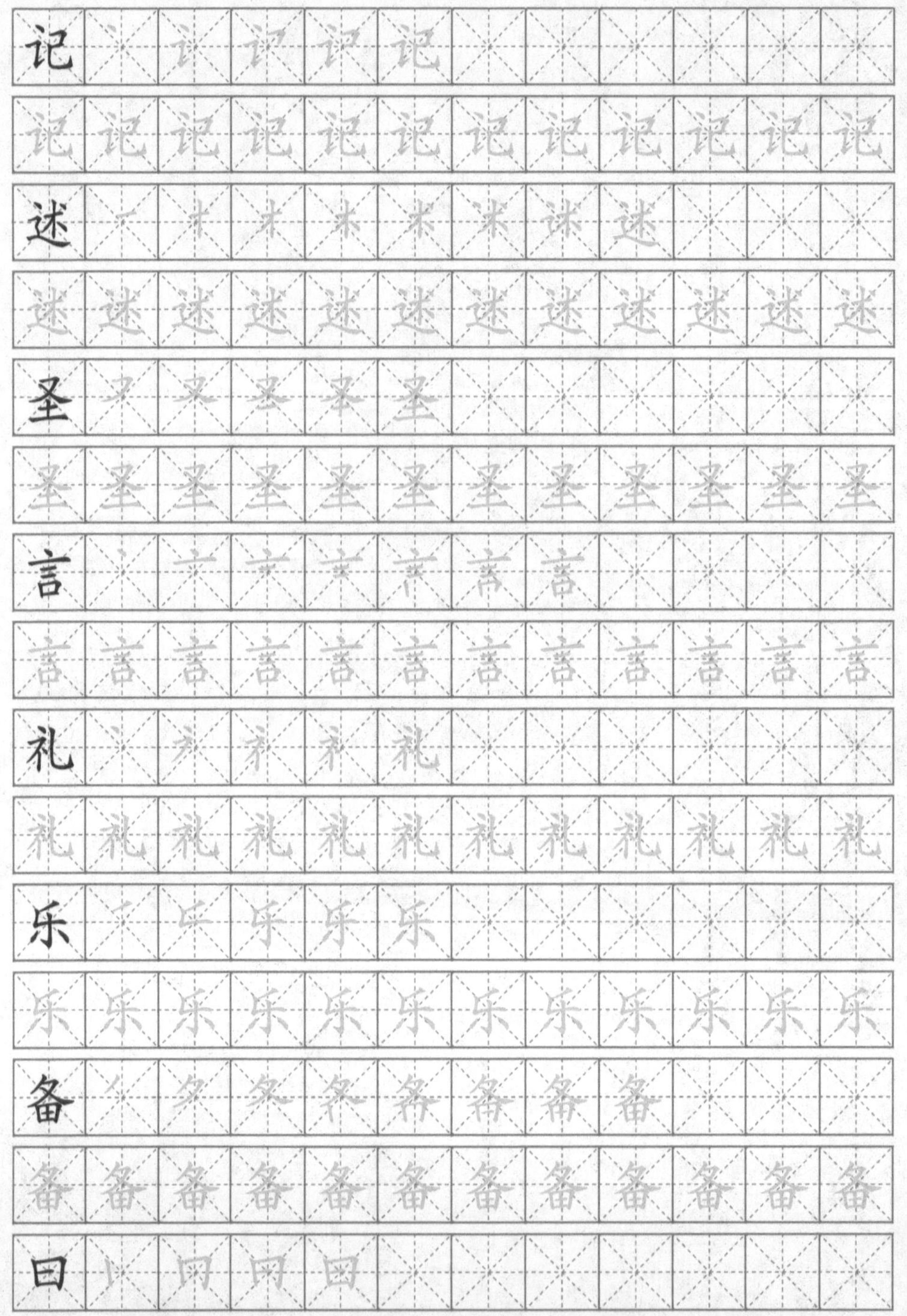

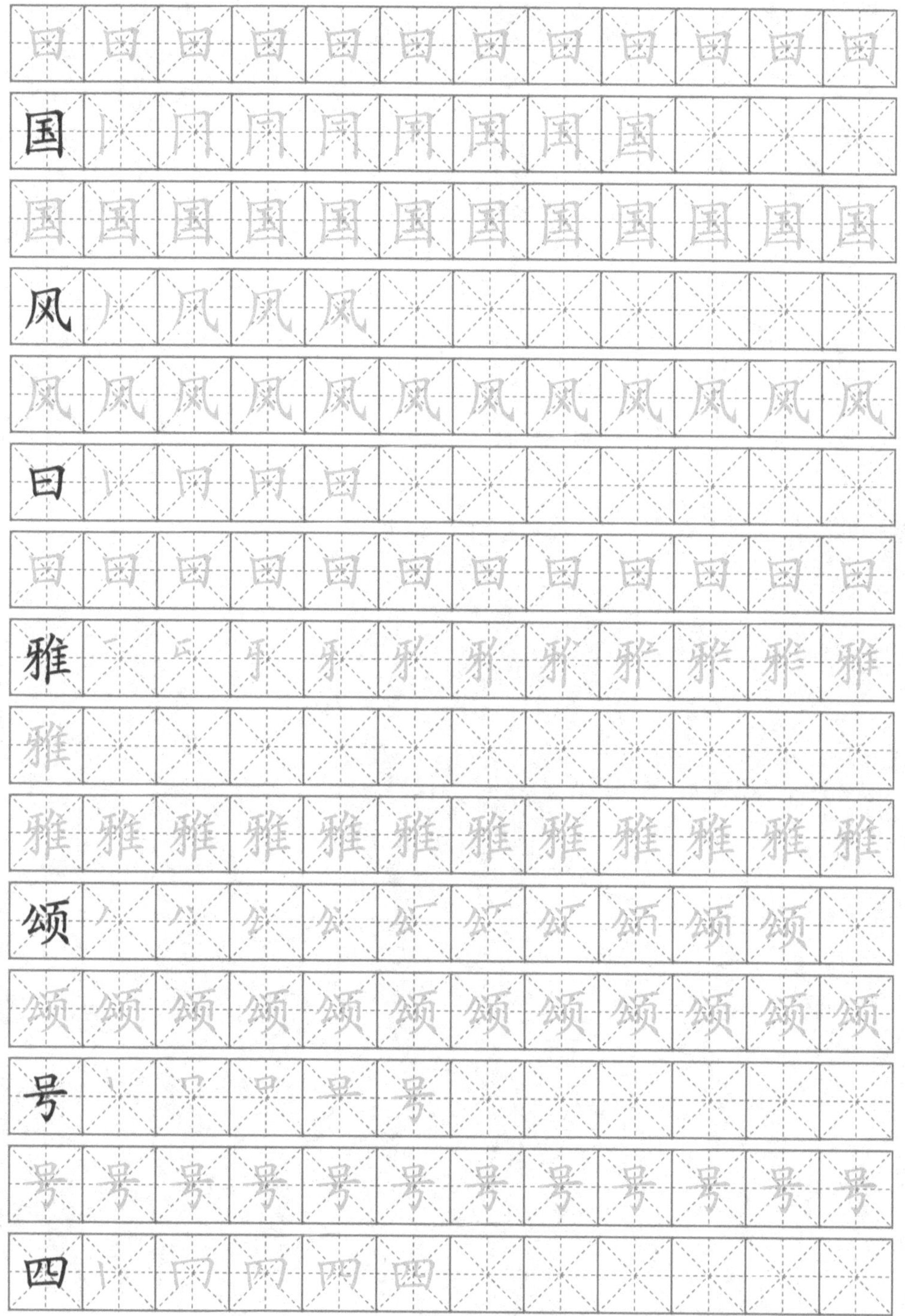

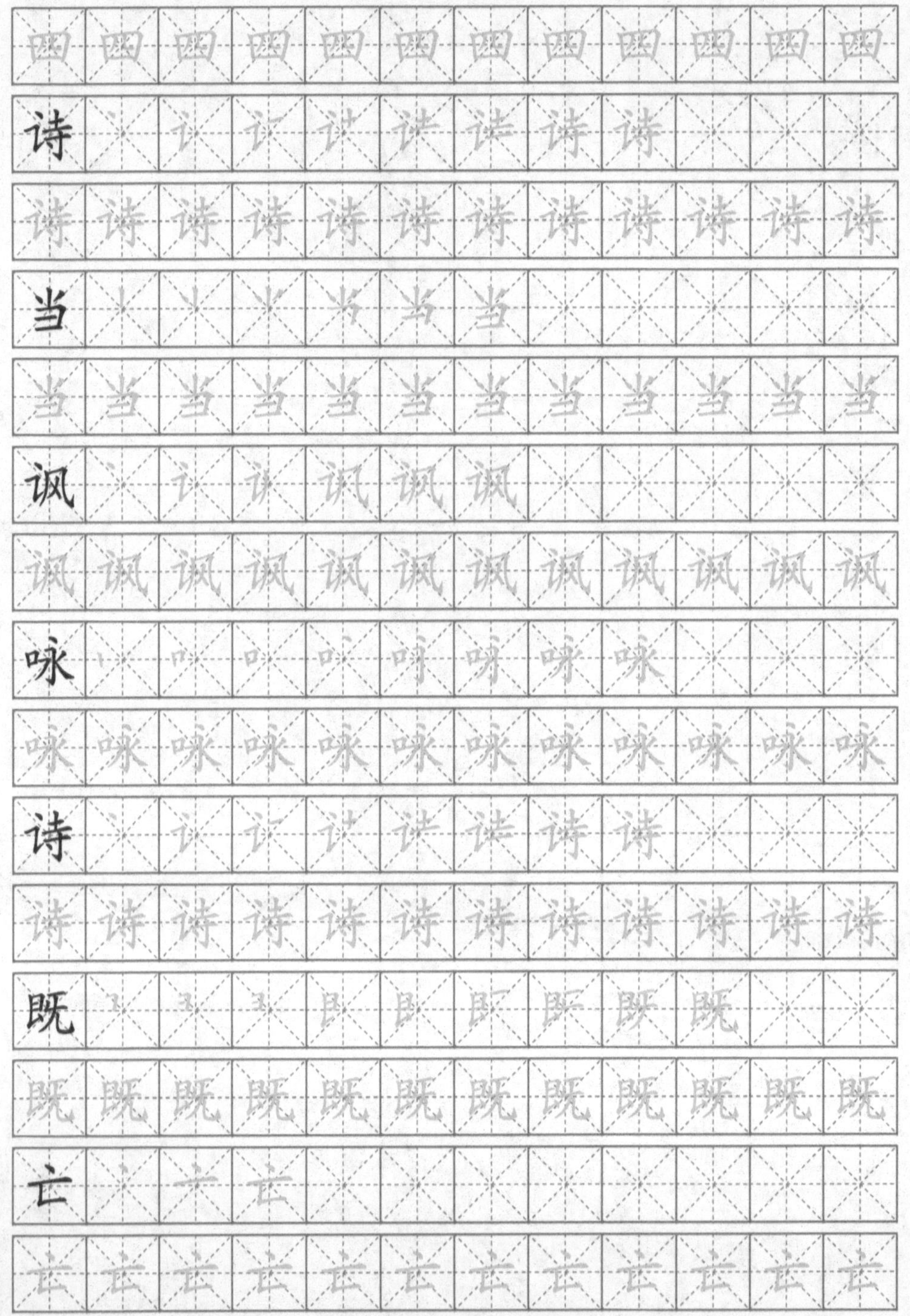

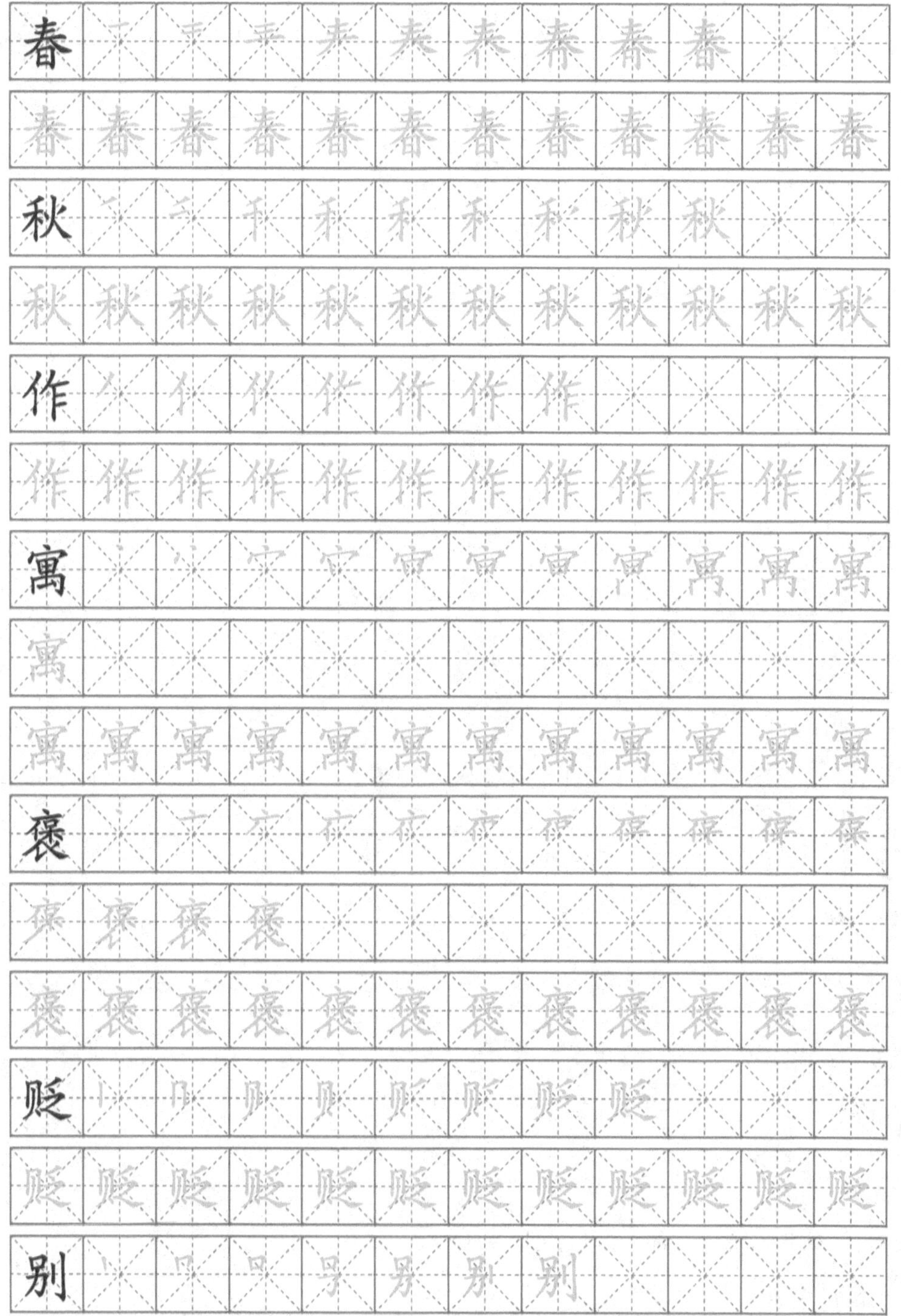

春
秋
作
寓
褒
贬
剐

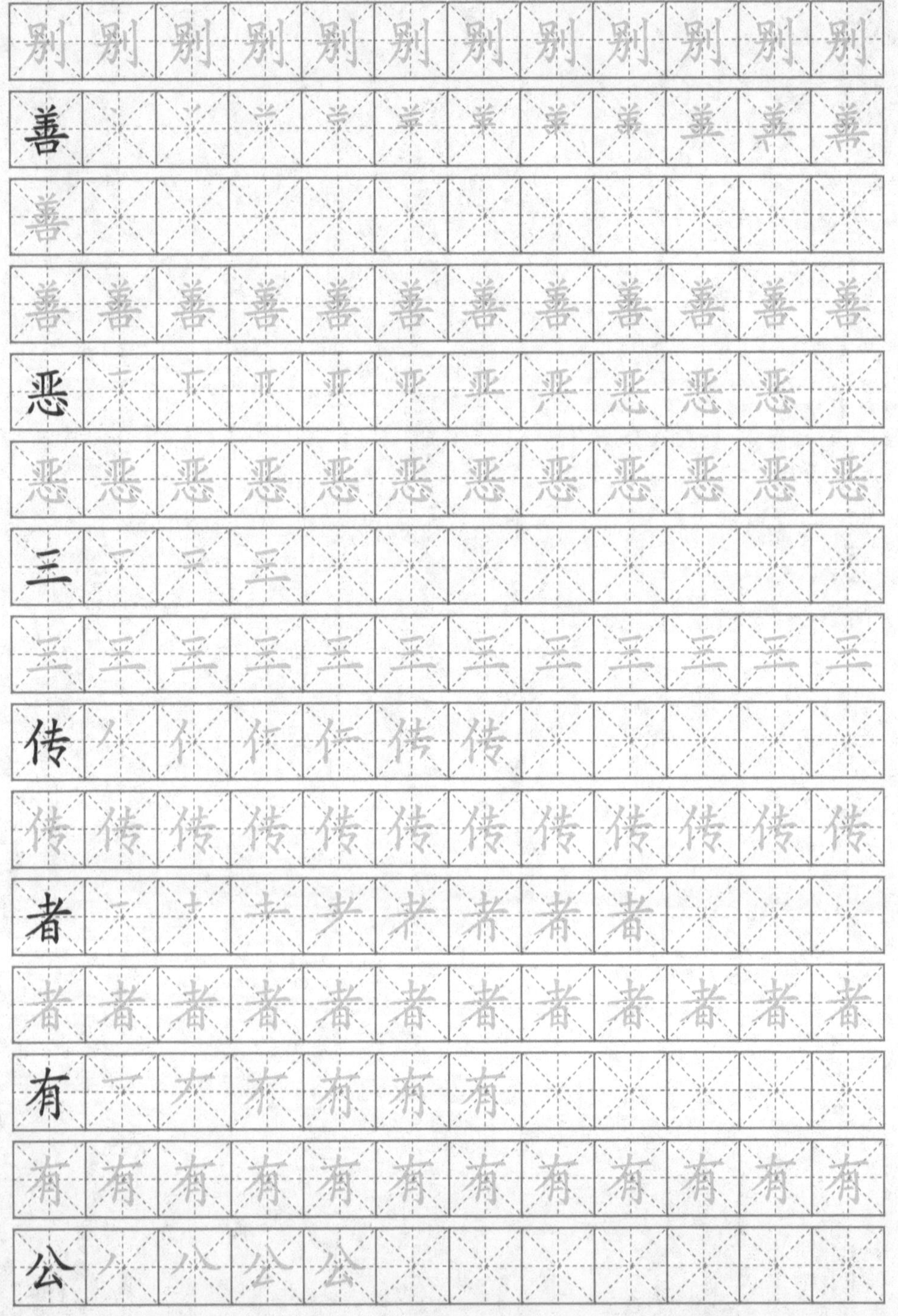

别 别 别 别 别 别 别 别 别 别 别 别
善
善
善 善 善 善 善 善 善 善 善 善 善 善
恶
恶 恶 恶 恶 恶 恶 恶 恶 恶 恶 恶 恶
三
三 三 三 三 三 三 三 三 三 三 三 三
传
传 传 传 传 传 传 传 传 传 传 传 传
者
者 者 者 者 者 者 者 者 者 者 者 者
有
有 有 有 有 有 有 有 有 有 有 有 有
公

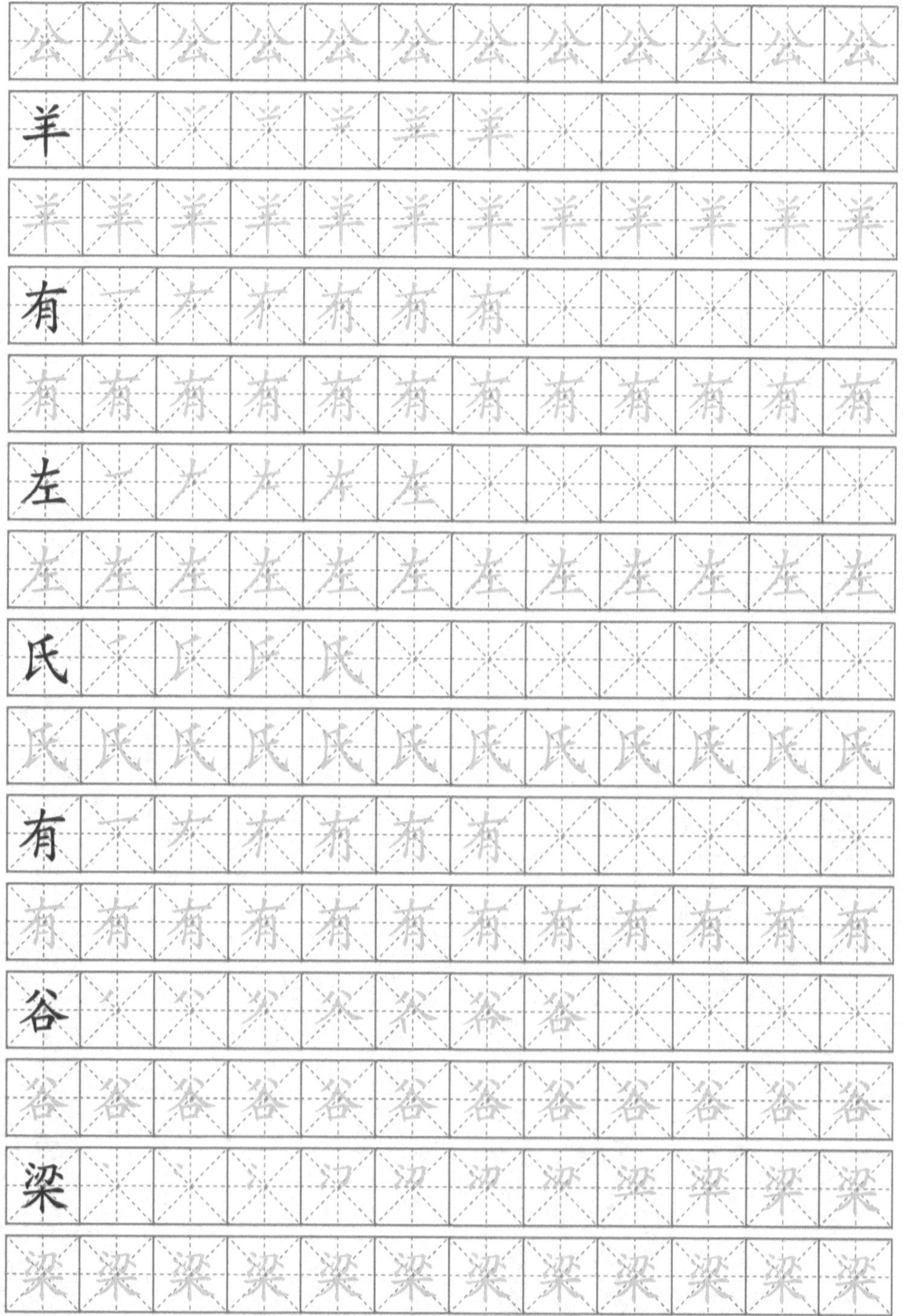

公
羊
有
左
氏
有
谷
梁

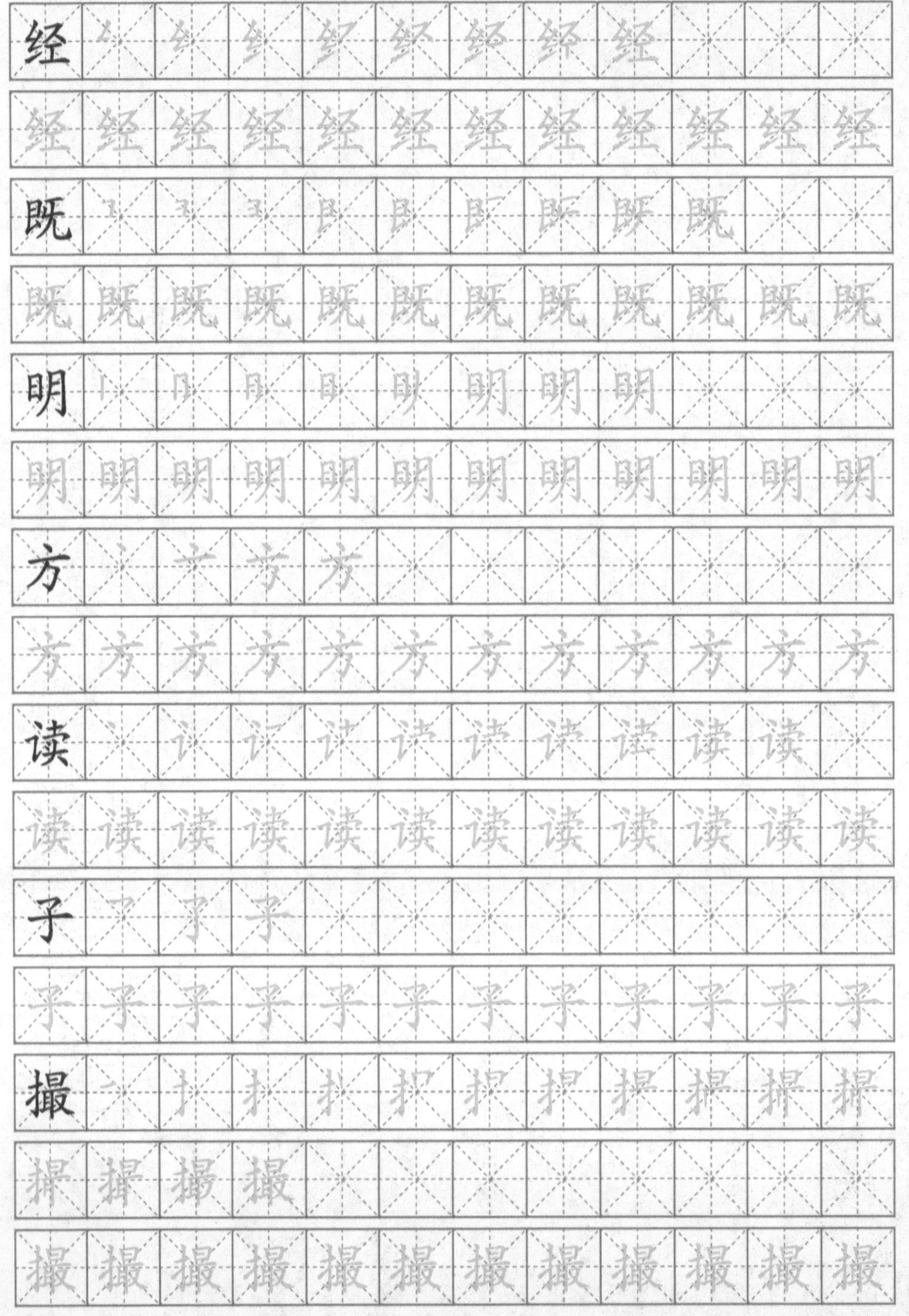

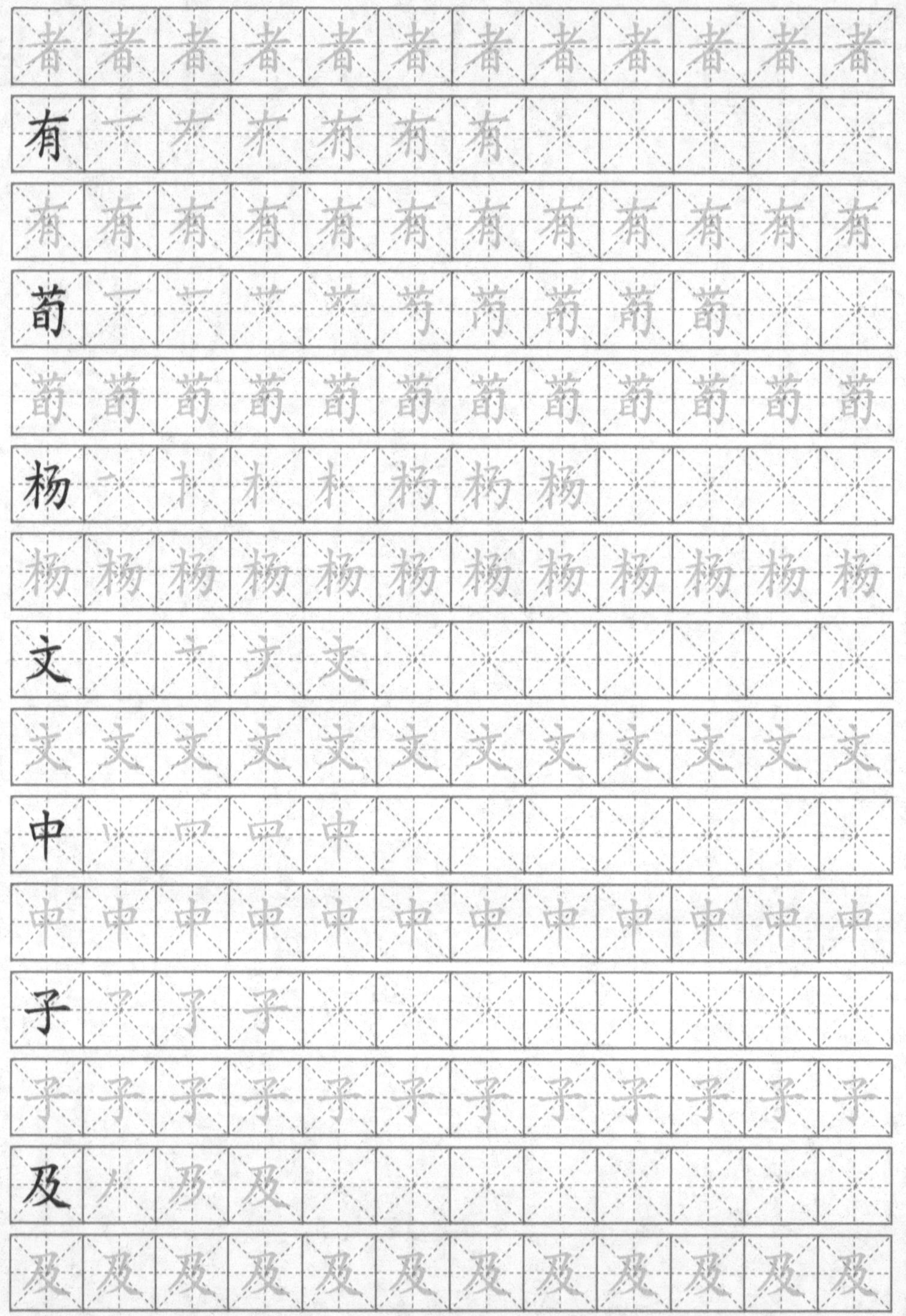

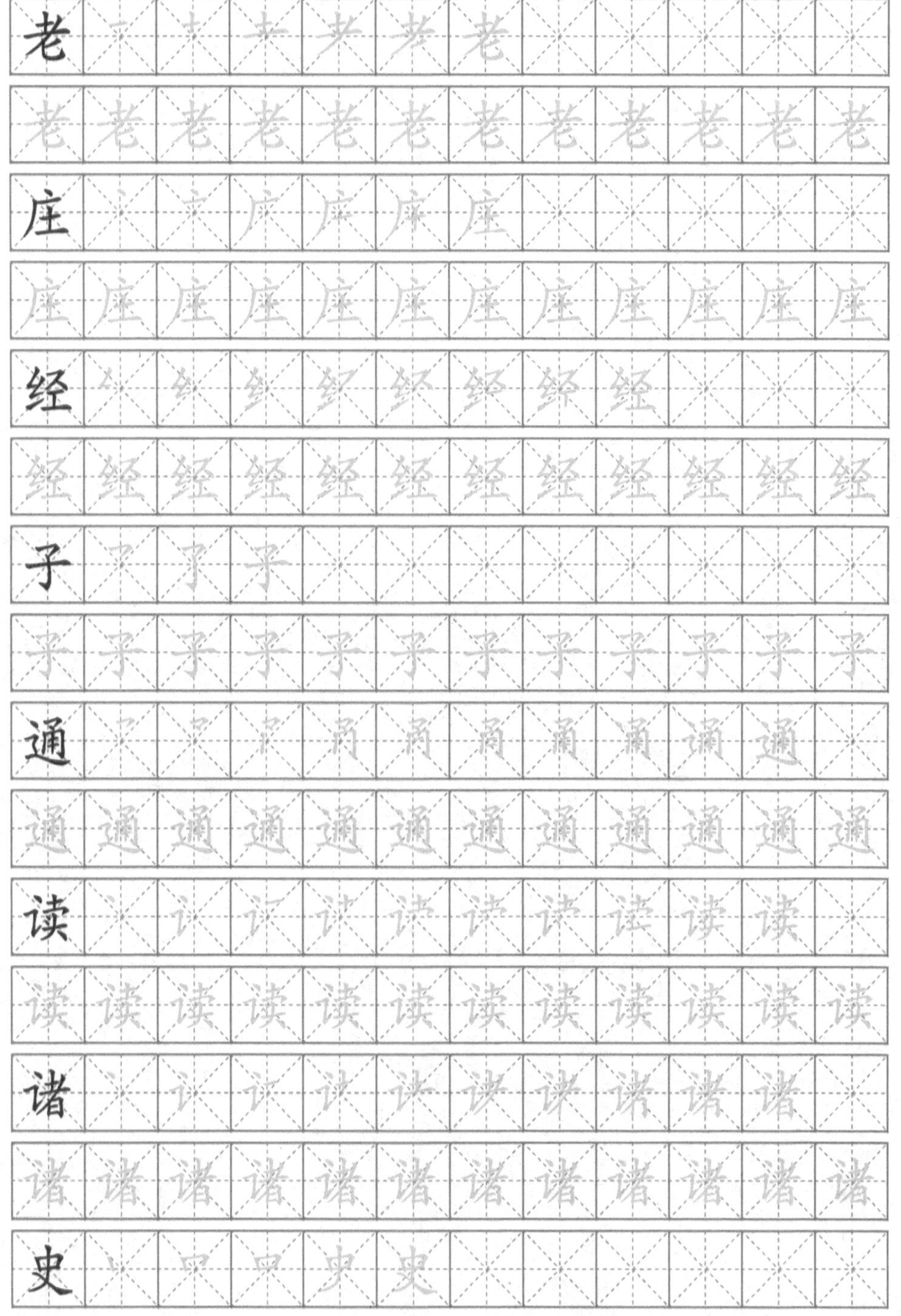

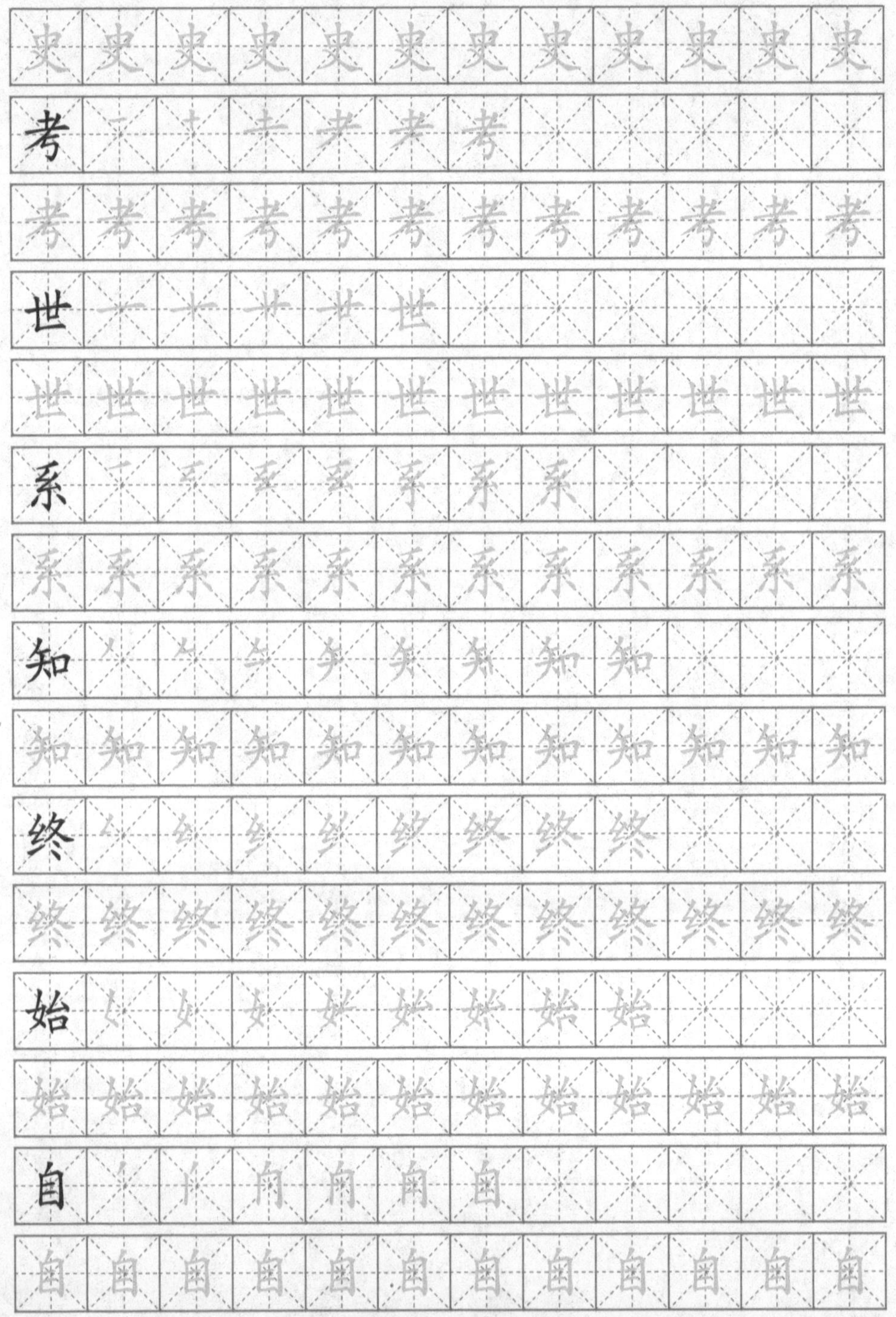

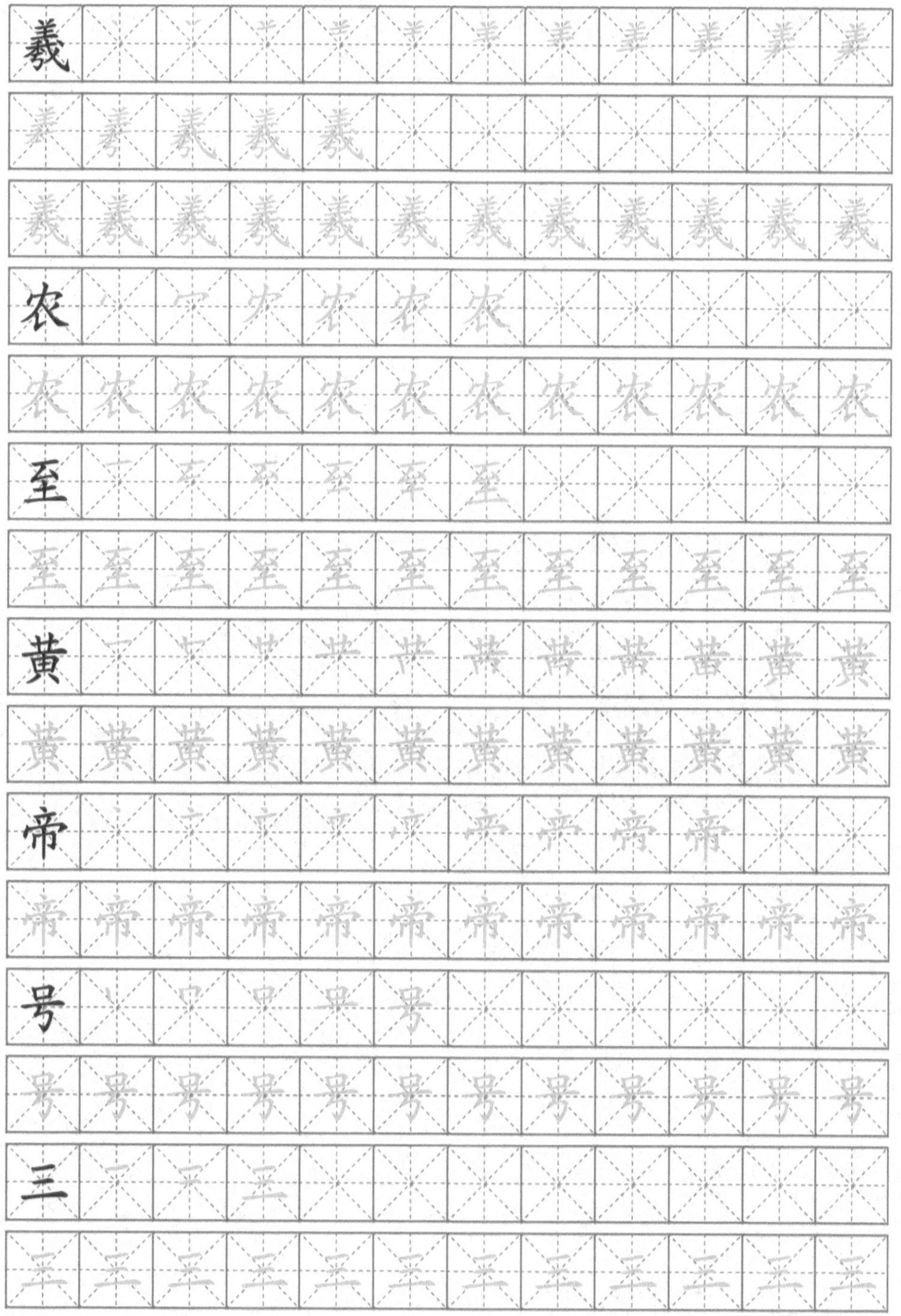

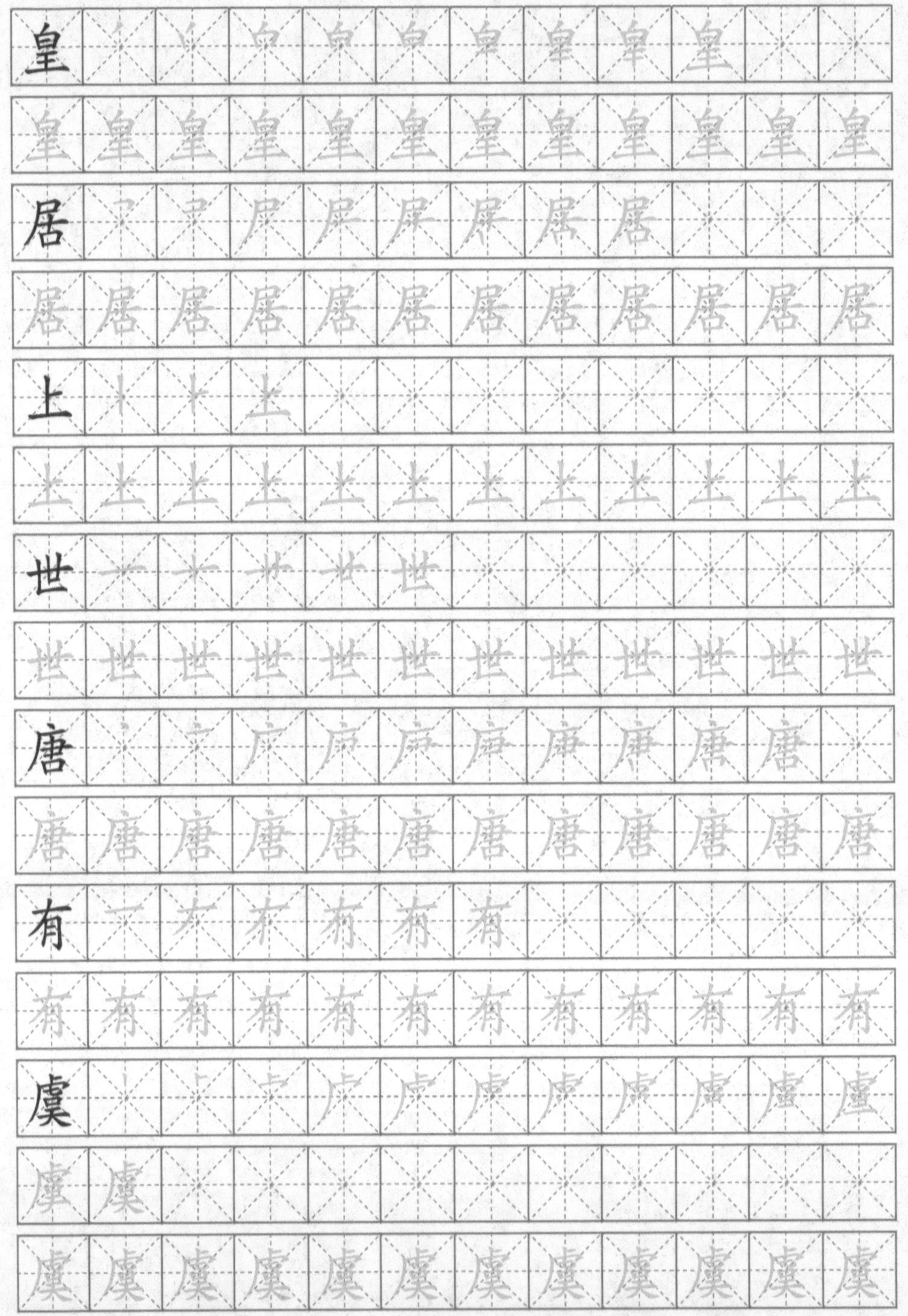

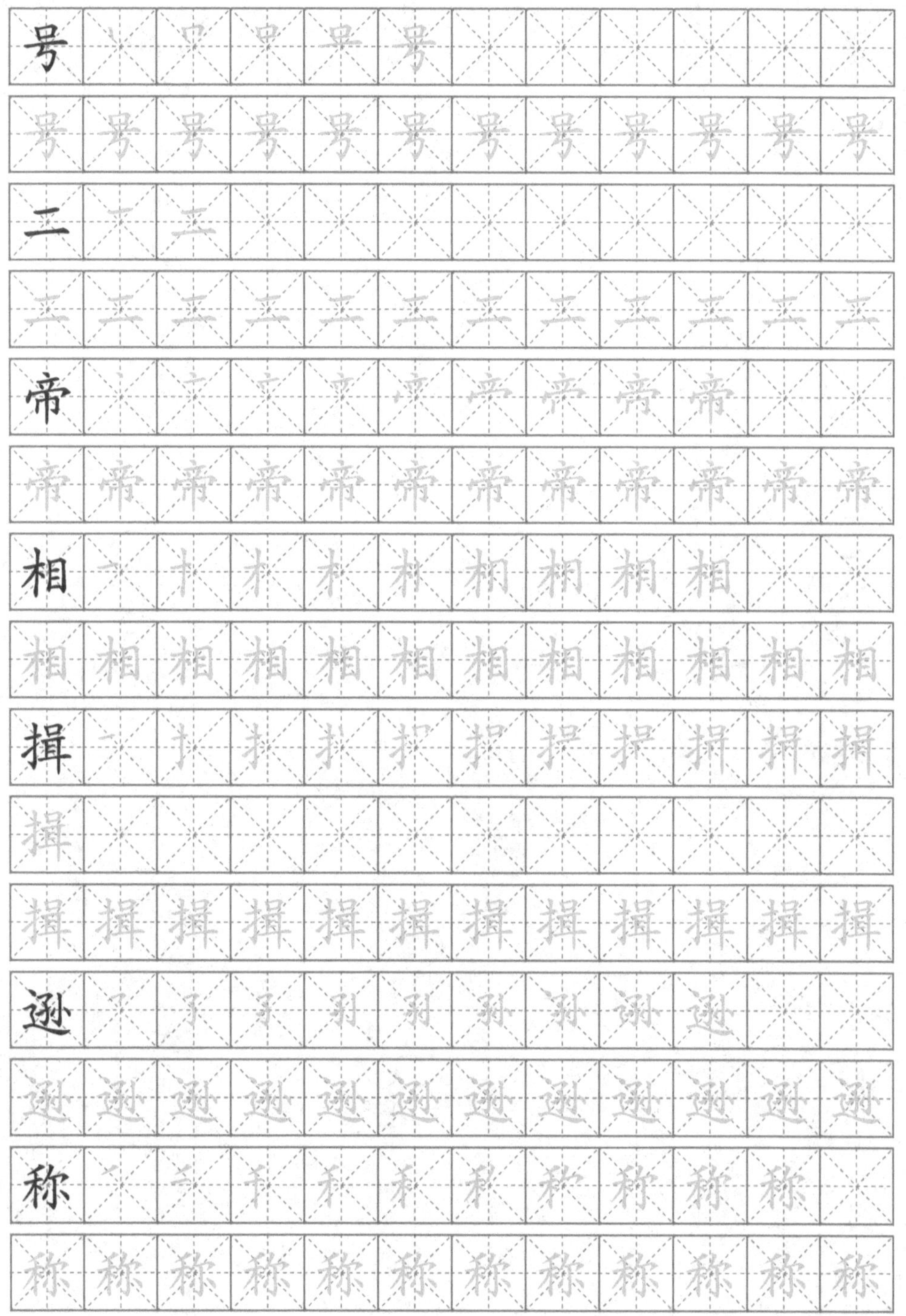

号
二
帝
相
揖
逊
称

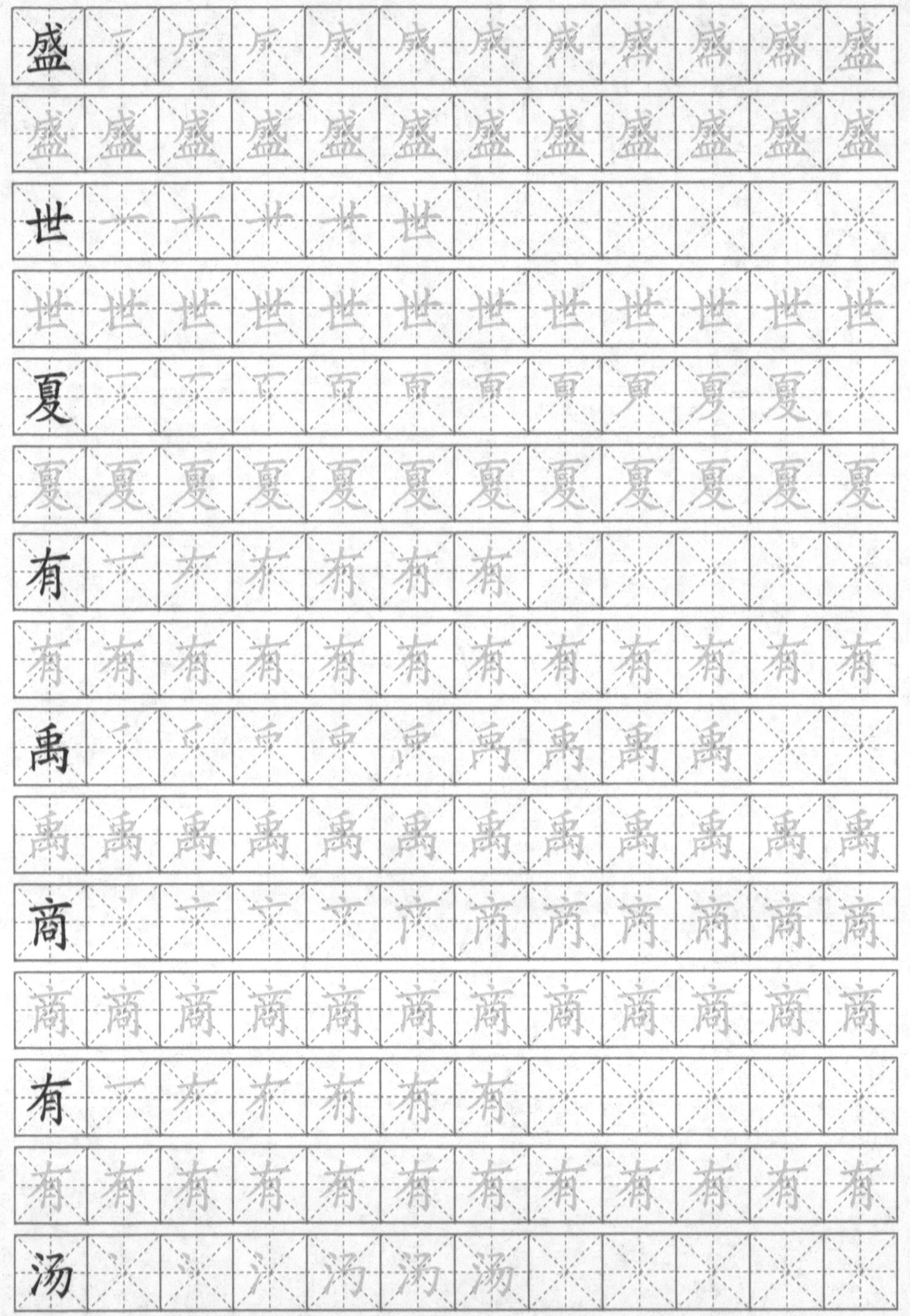

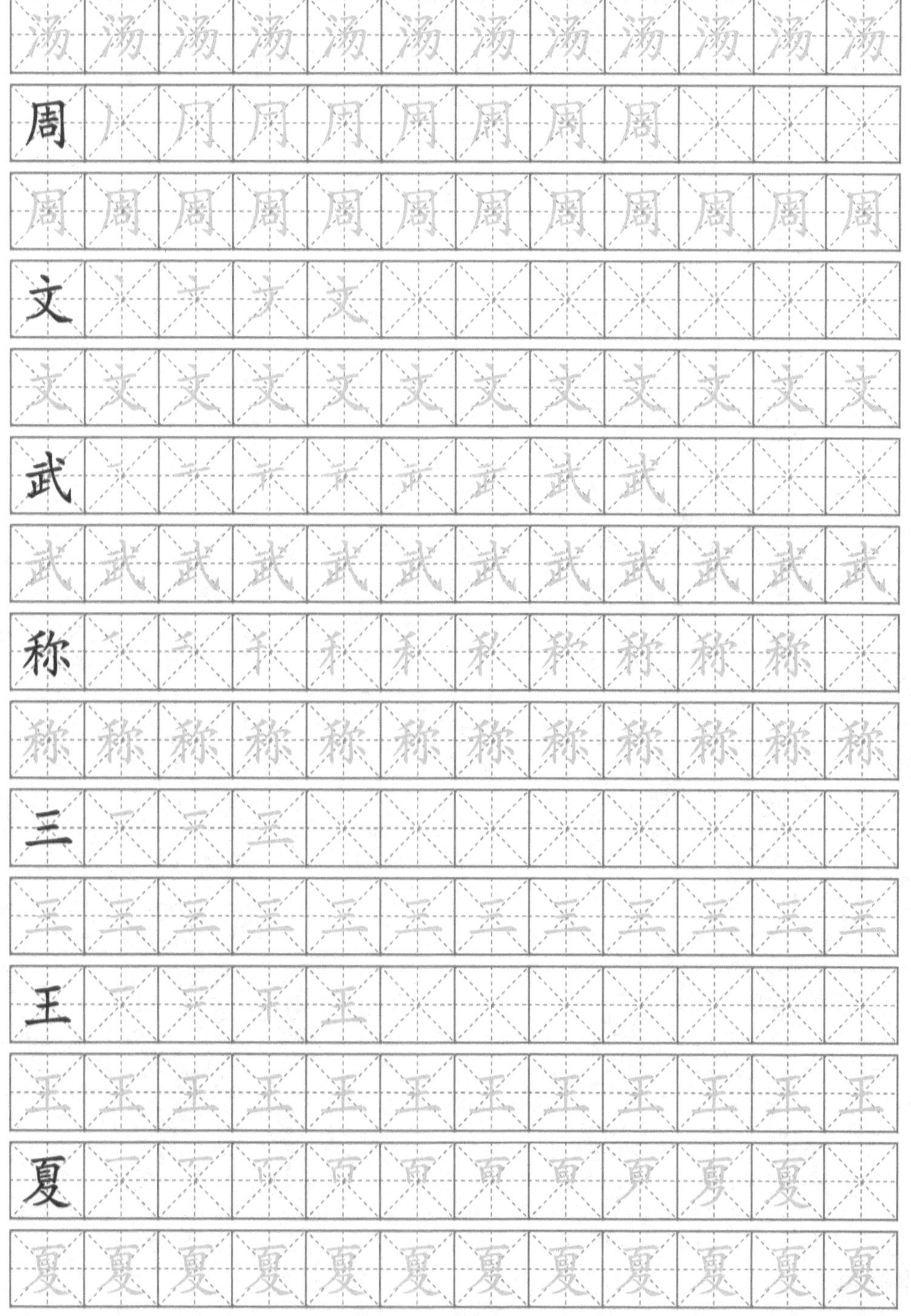

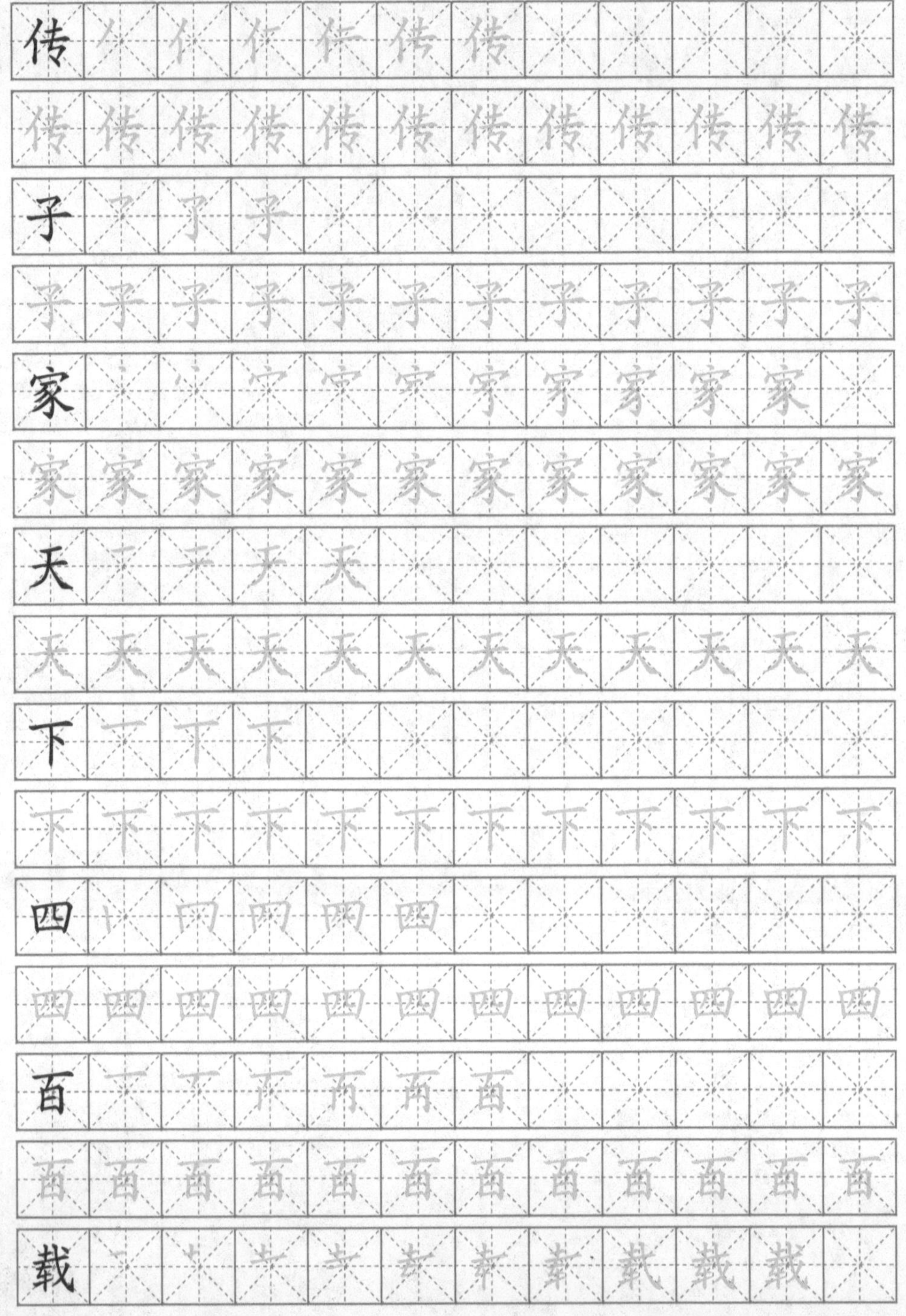

传
子
家
天
下
四
百
载

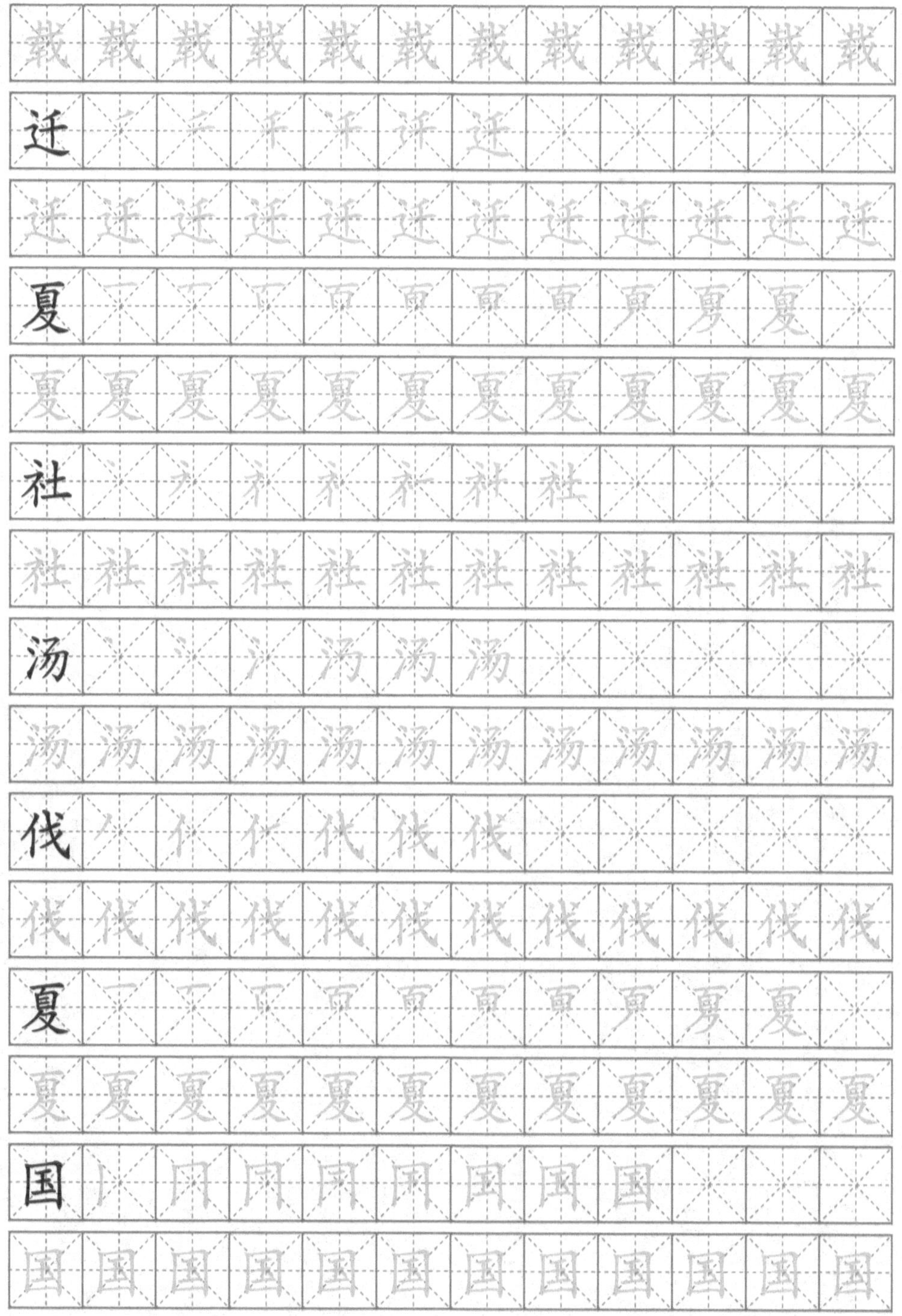

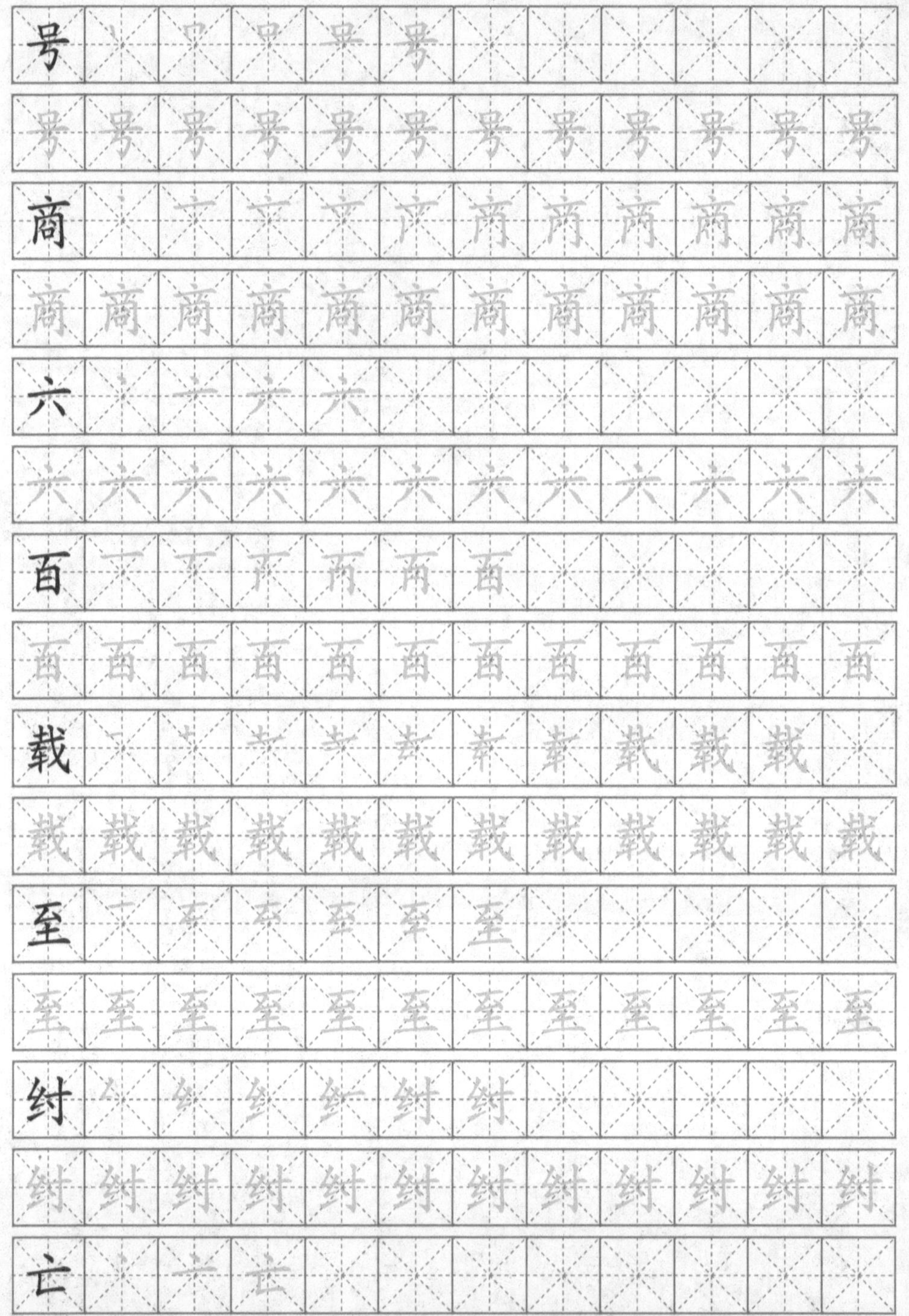

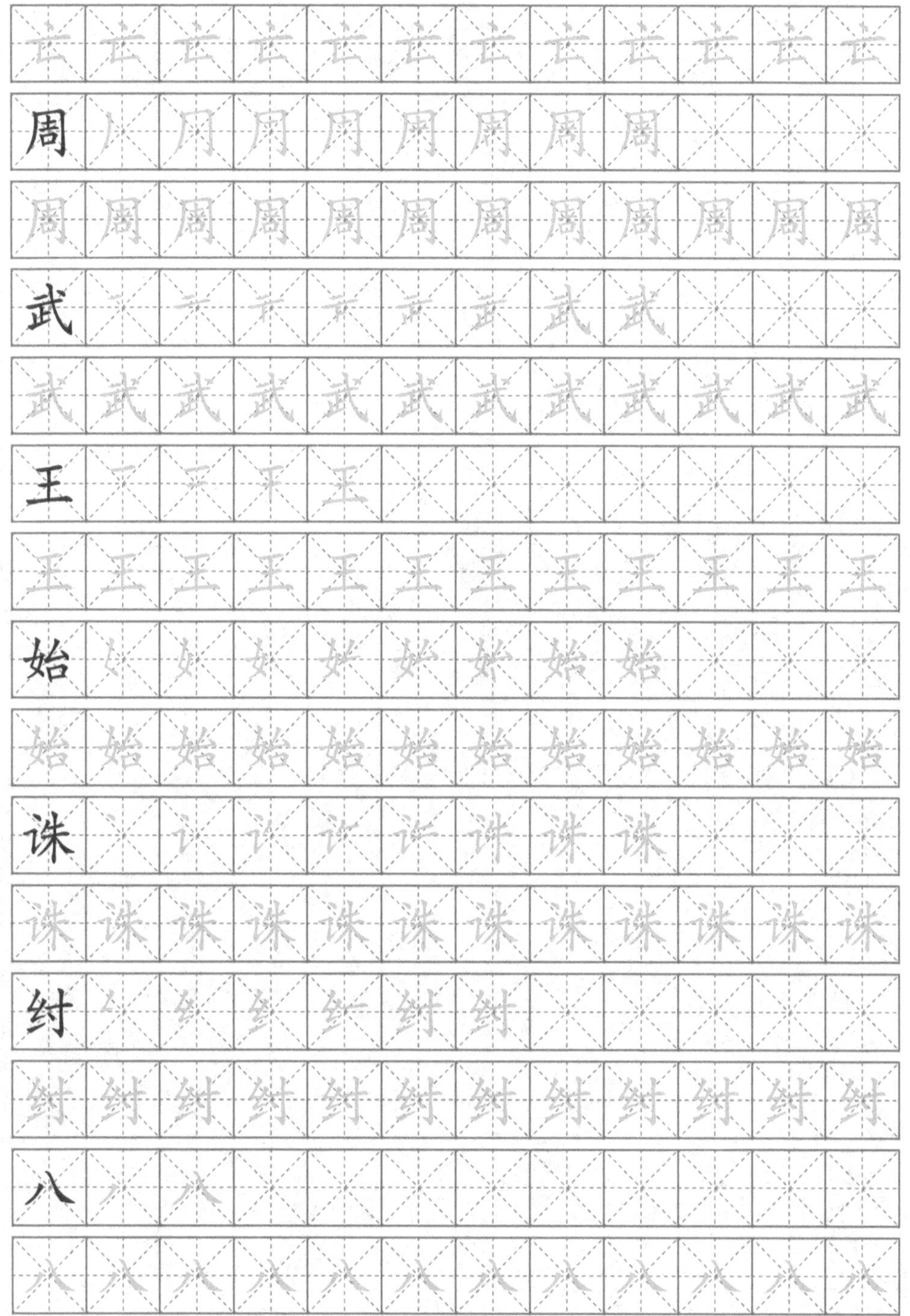

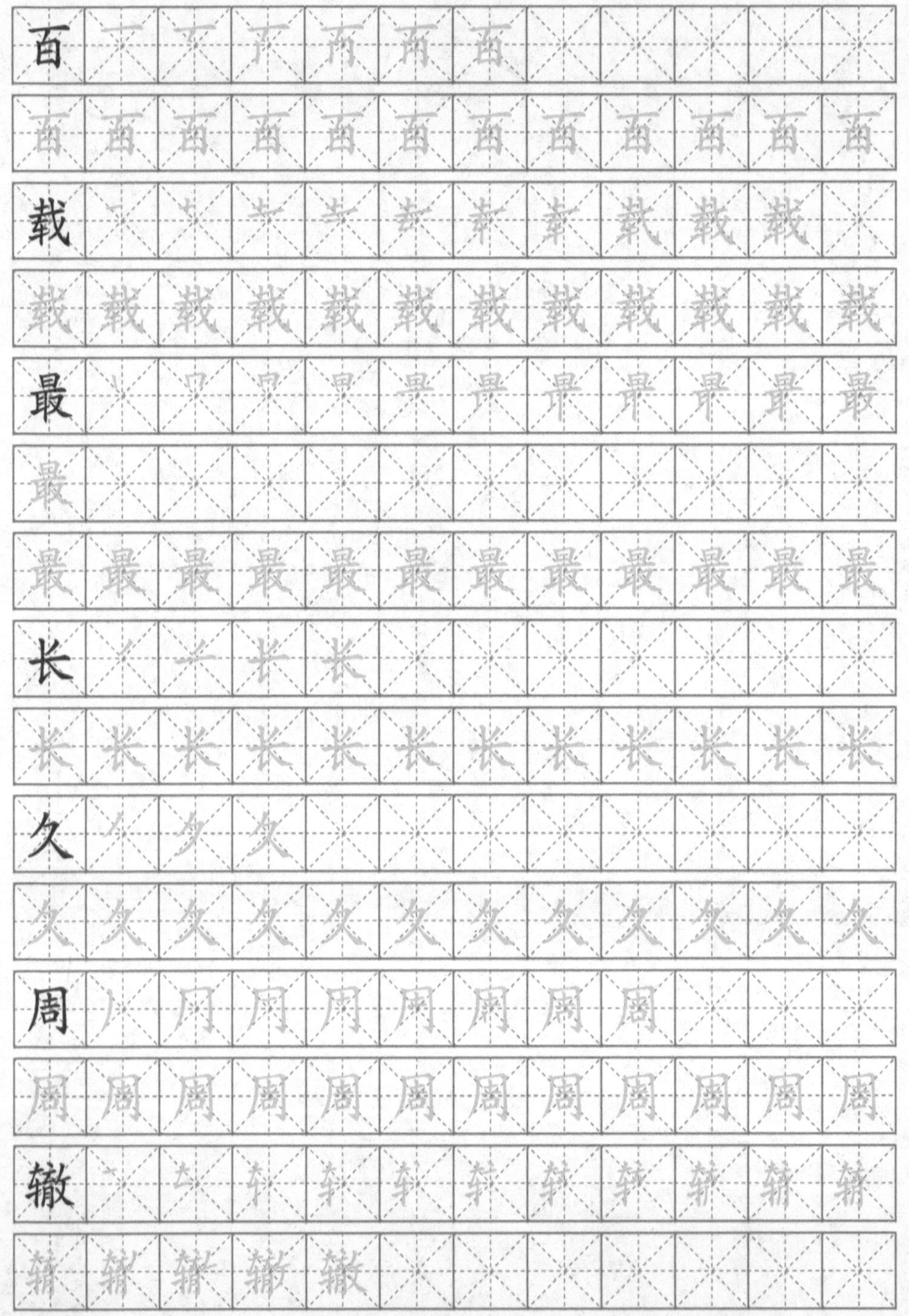

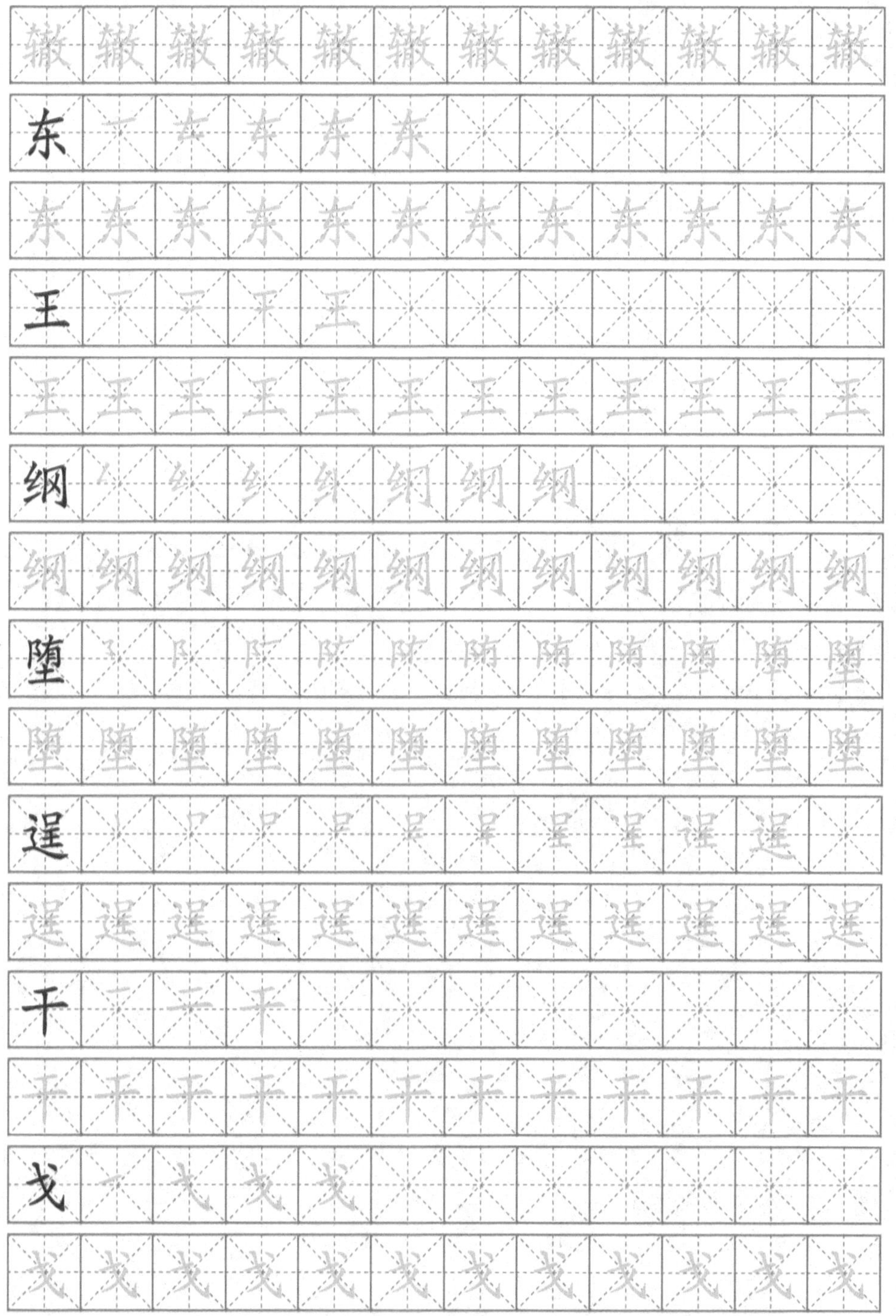

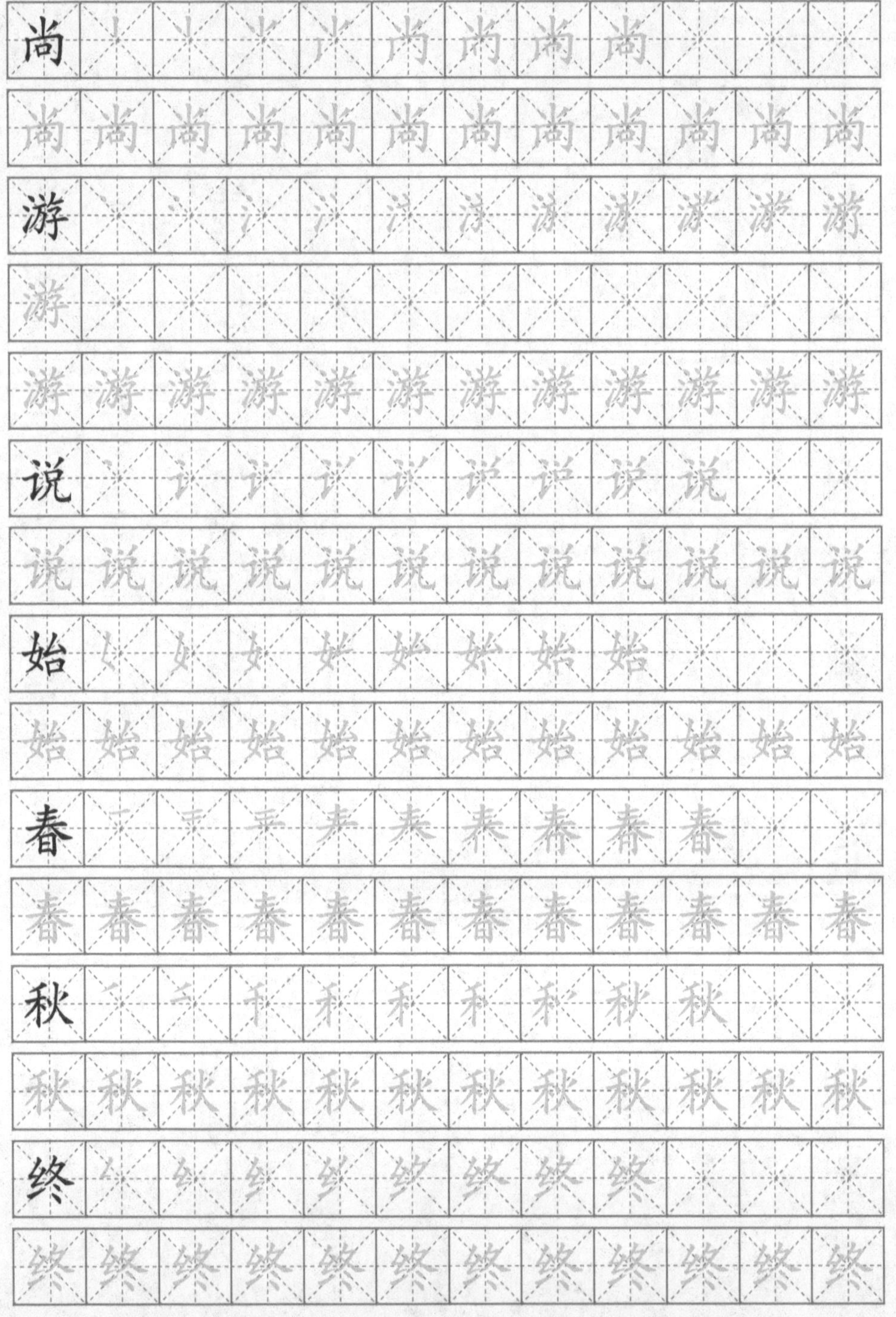

尚
游
说
始
春
秋
终

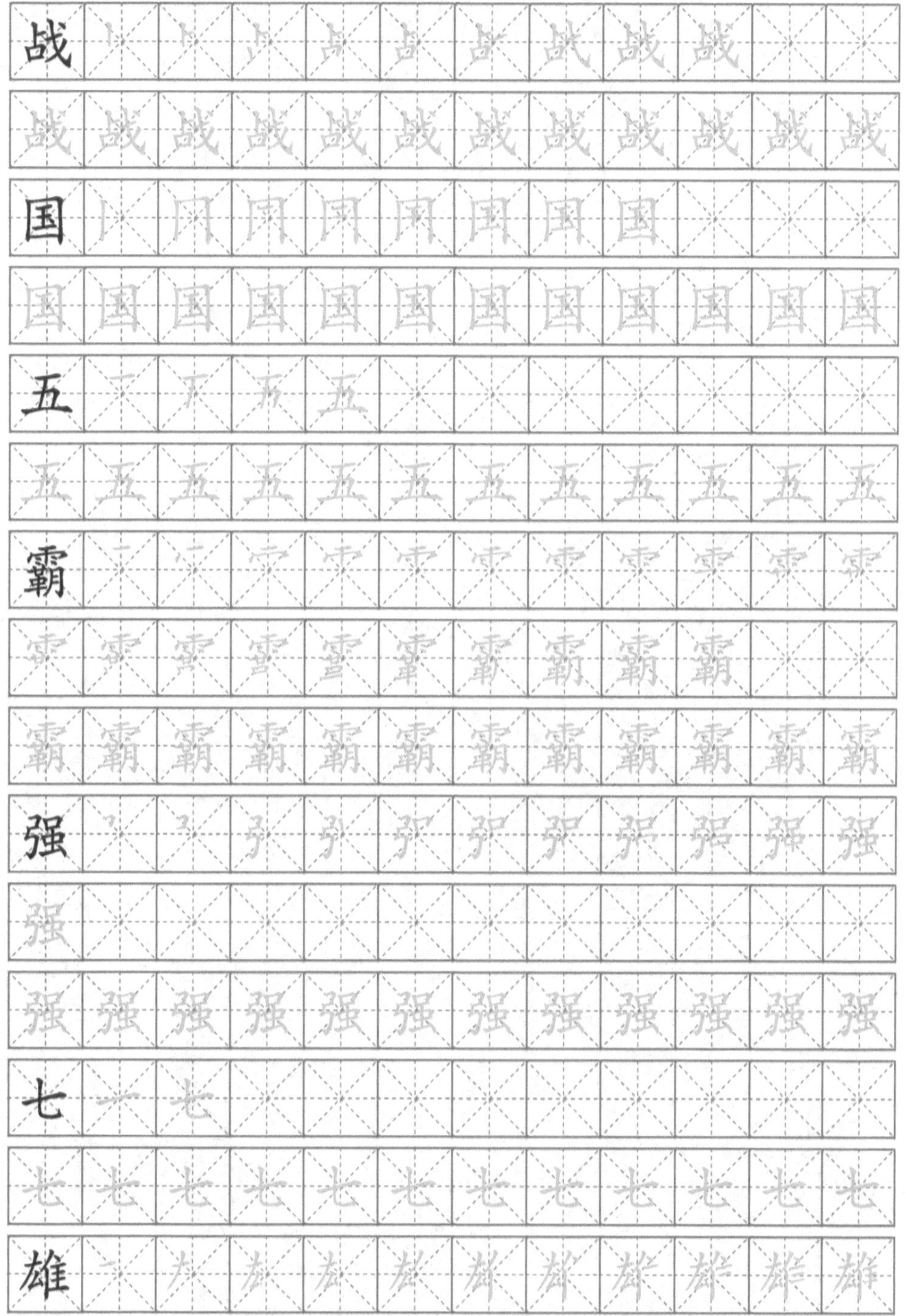

战
国
五
霸
强
七
雄

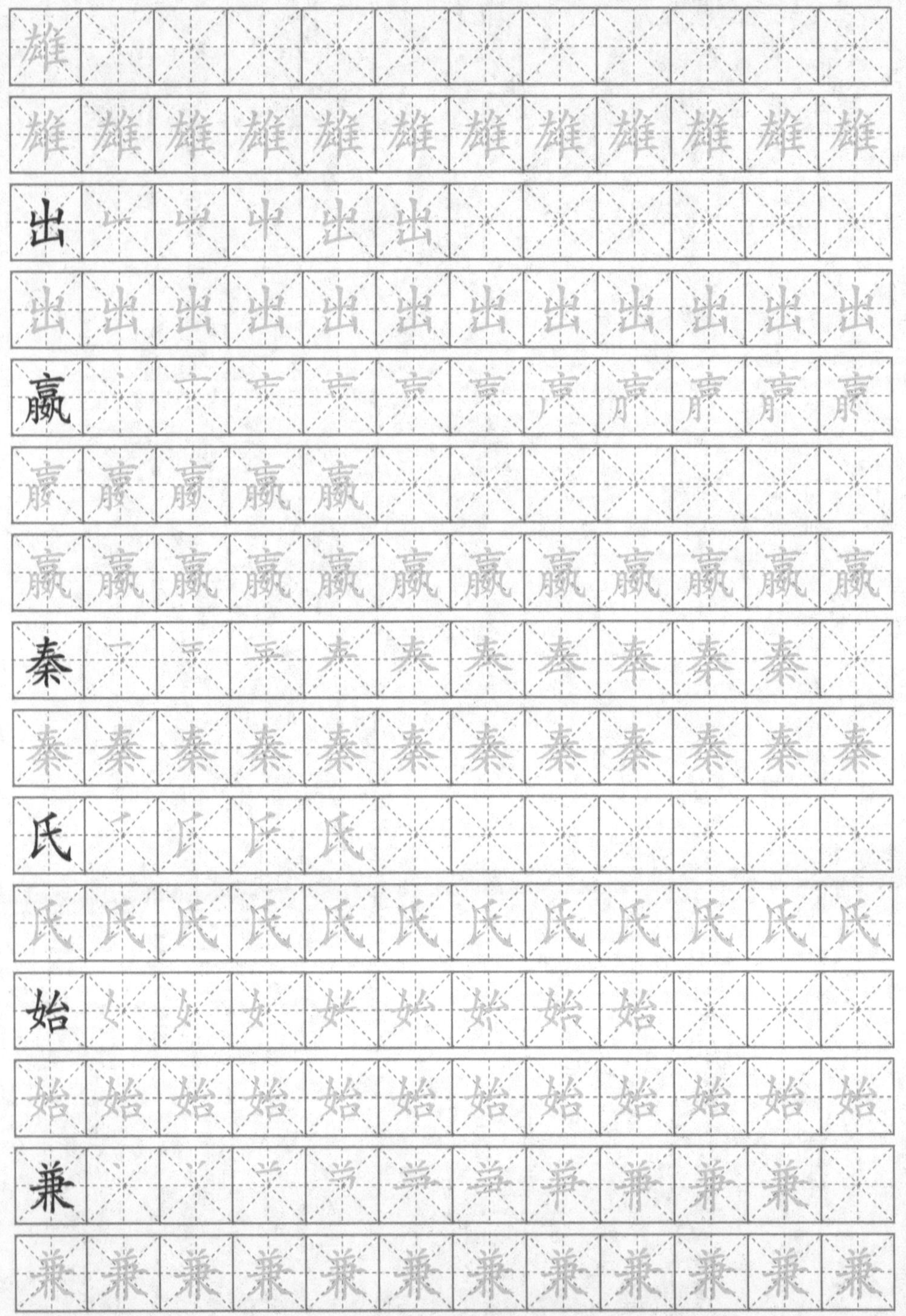

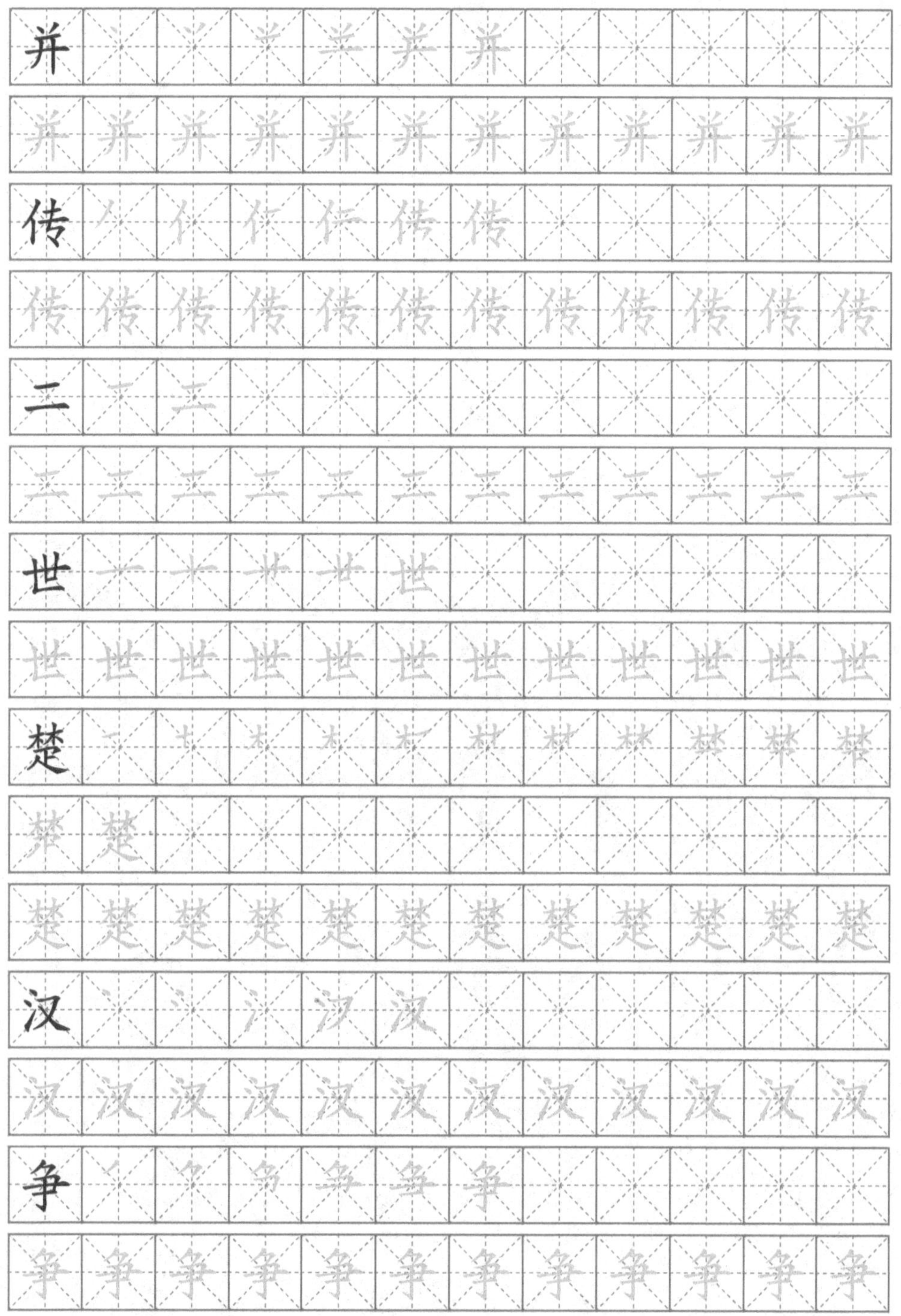

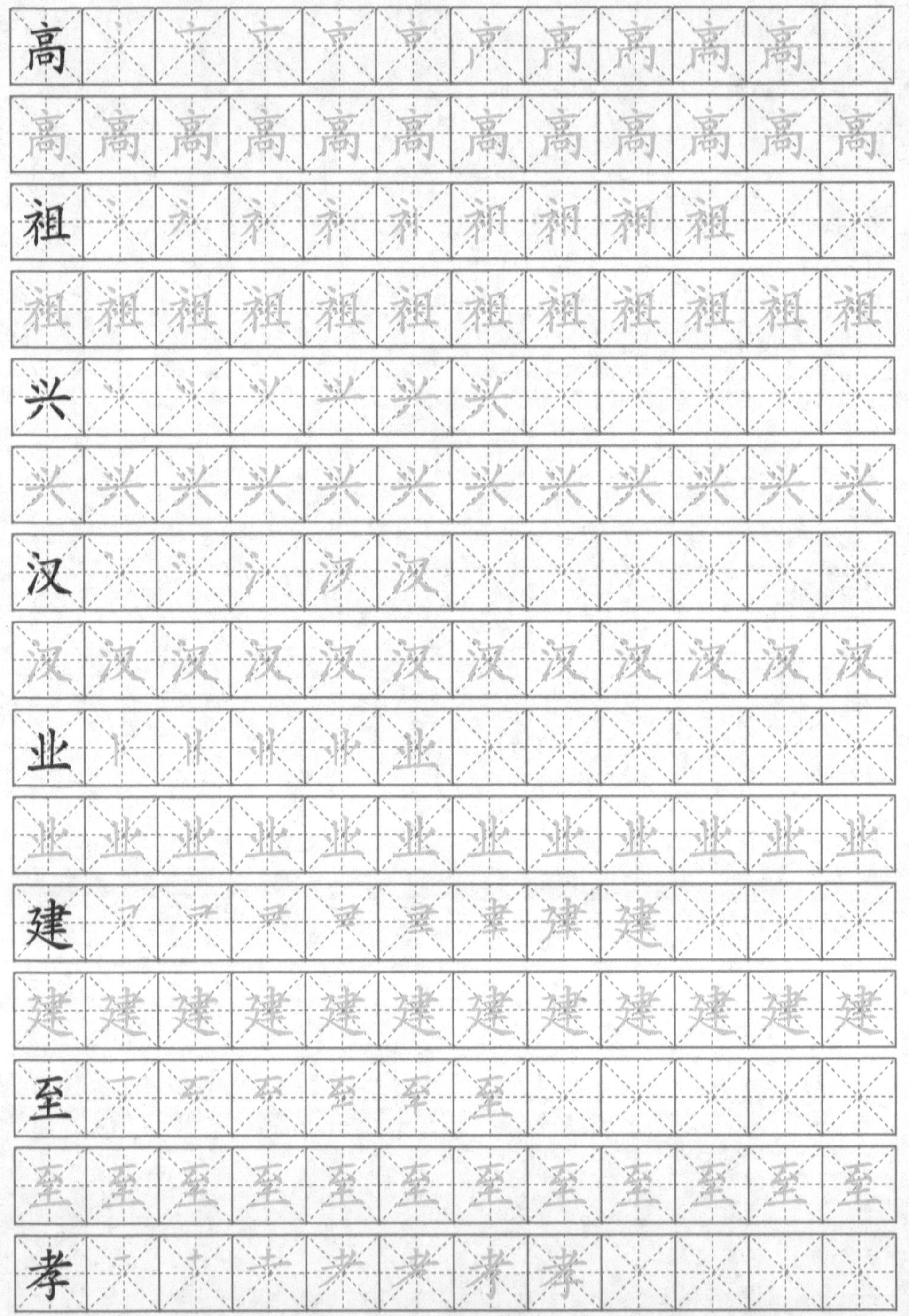

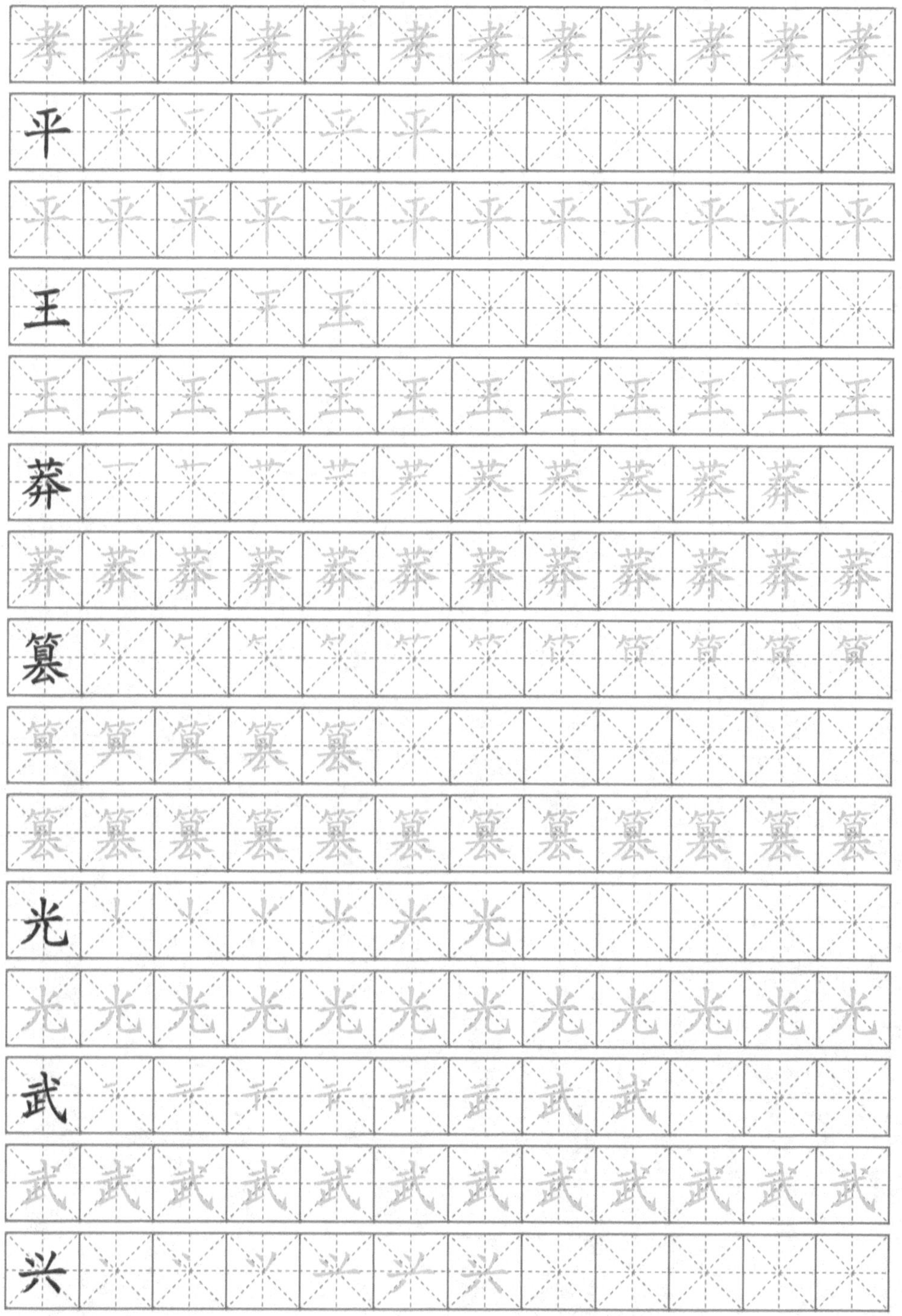

莽
平
王
莽
篡
光
武
兴

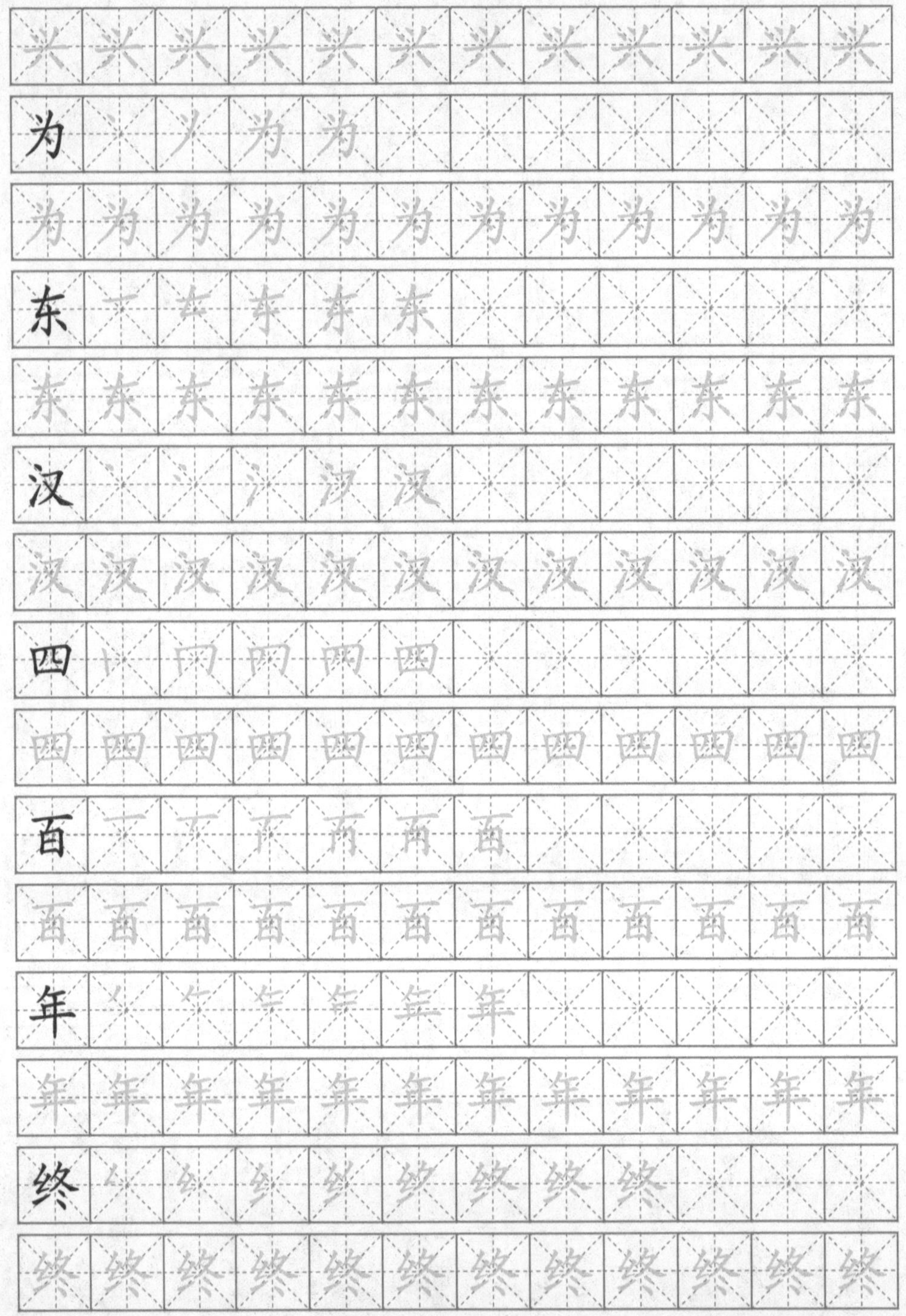兴
为
东
汉
四
百
年
终

于
献
魏
蜀
吴
争

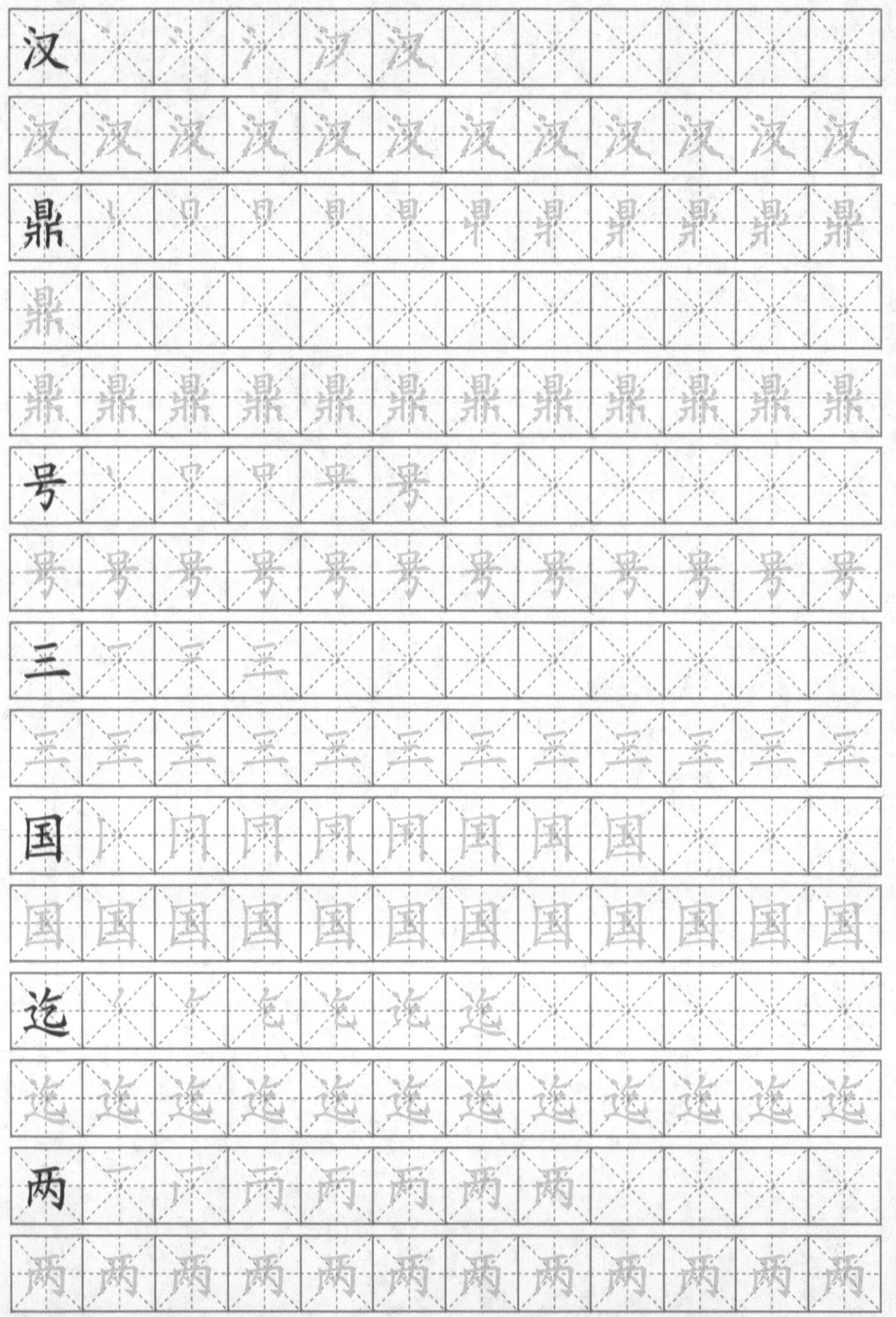

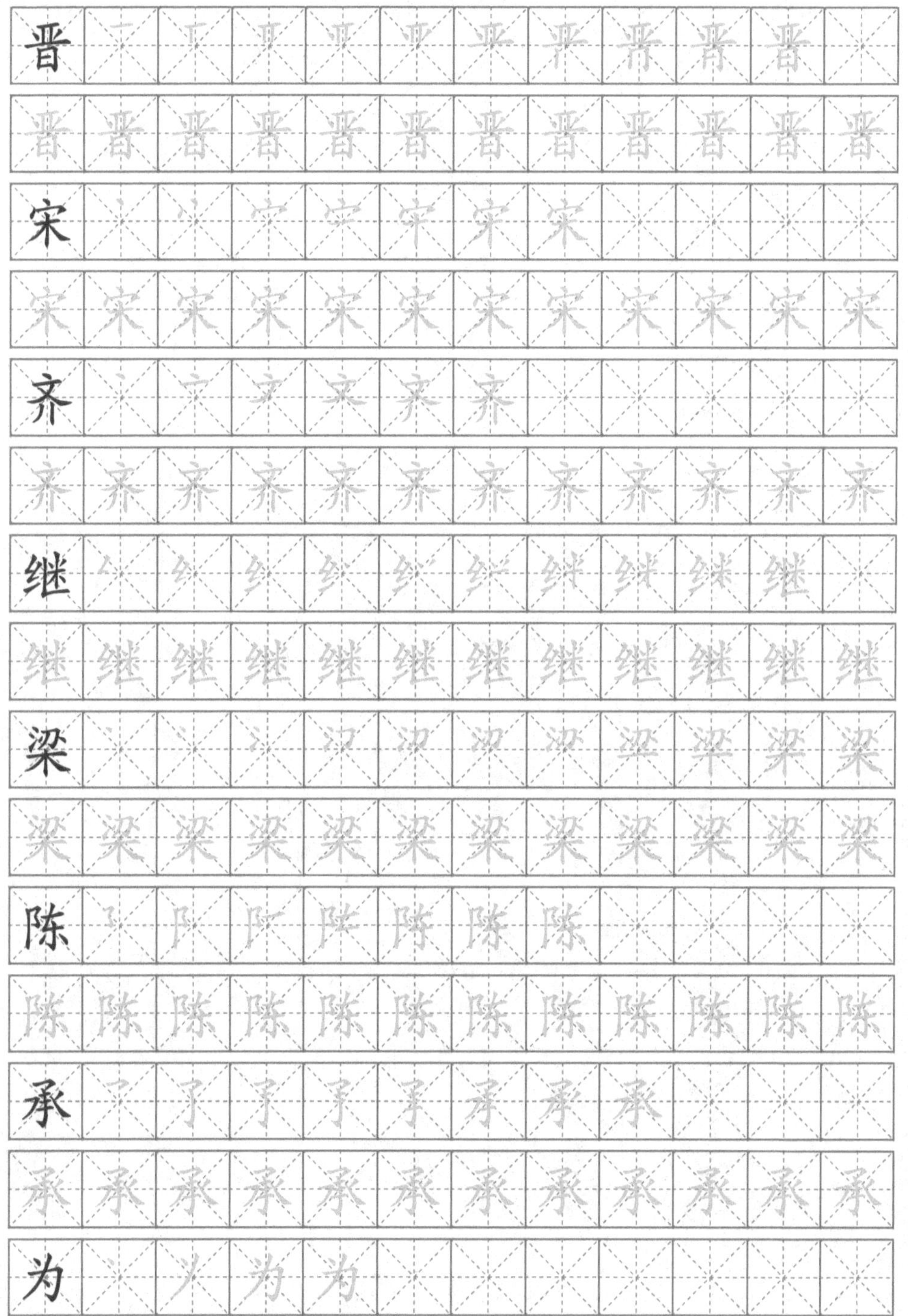

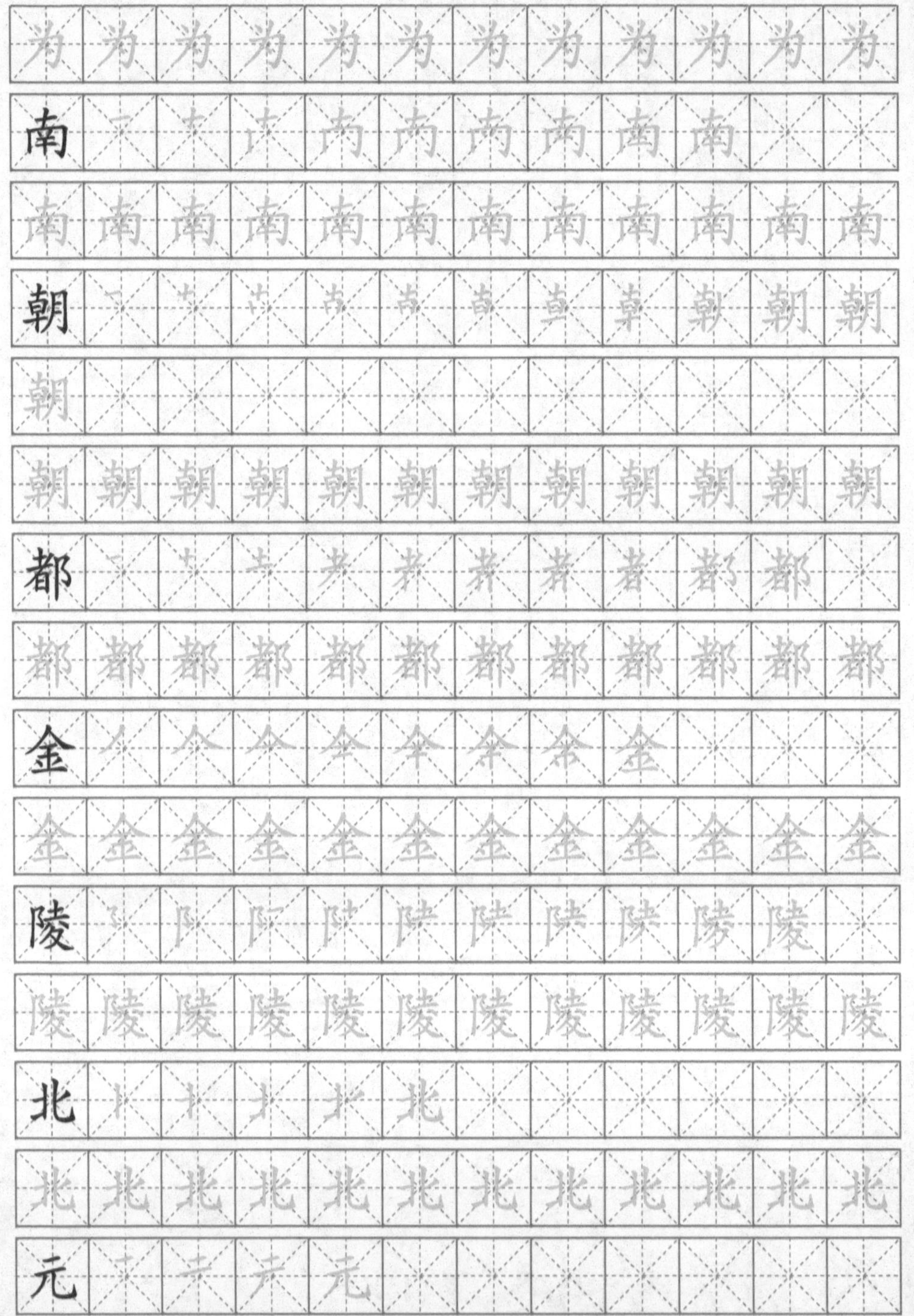

为 为 为 为 为 为 为 为 为 为 为
南 一 十 广 南 南 南 南 南 南
南 南 南 南 南 南 南 南 南 南 南 南
朝 一 十 十 吉 吉 直 卓 朝 朝 朝
朝
朝 朝 朝 朝 朝 朝 朝 朝 朝 朝 朝 朝
都 一 十 土 产 者 者 者 都 都 都
都 都 都 都 都 都 都 都 都 都 都 都
金 人 个 今 全 全 全 金 金
金 金 金 金 金 金 金 金 金 金 金 金
陵 阝 阝 阝 陕 陕 陕 陵 陵
陵 陵 陵 陵 陵 陵 陵 陵 陵 陵 陵 陵
北 一 十 才 北 北
北 北 北 北 北 北 北 北 北 北 北 北
元 一 二 元 元

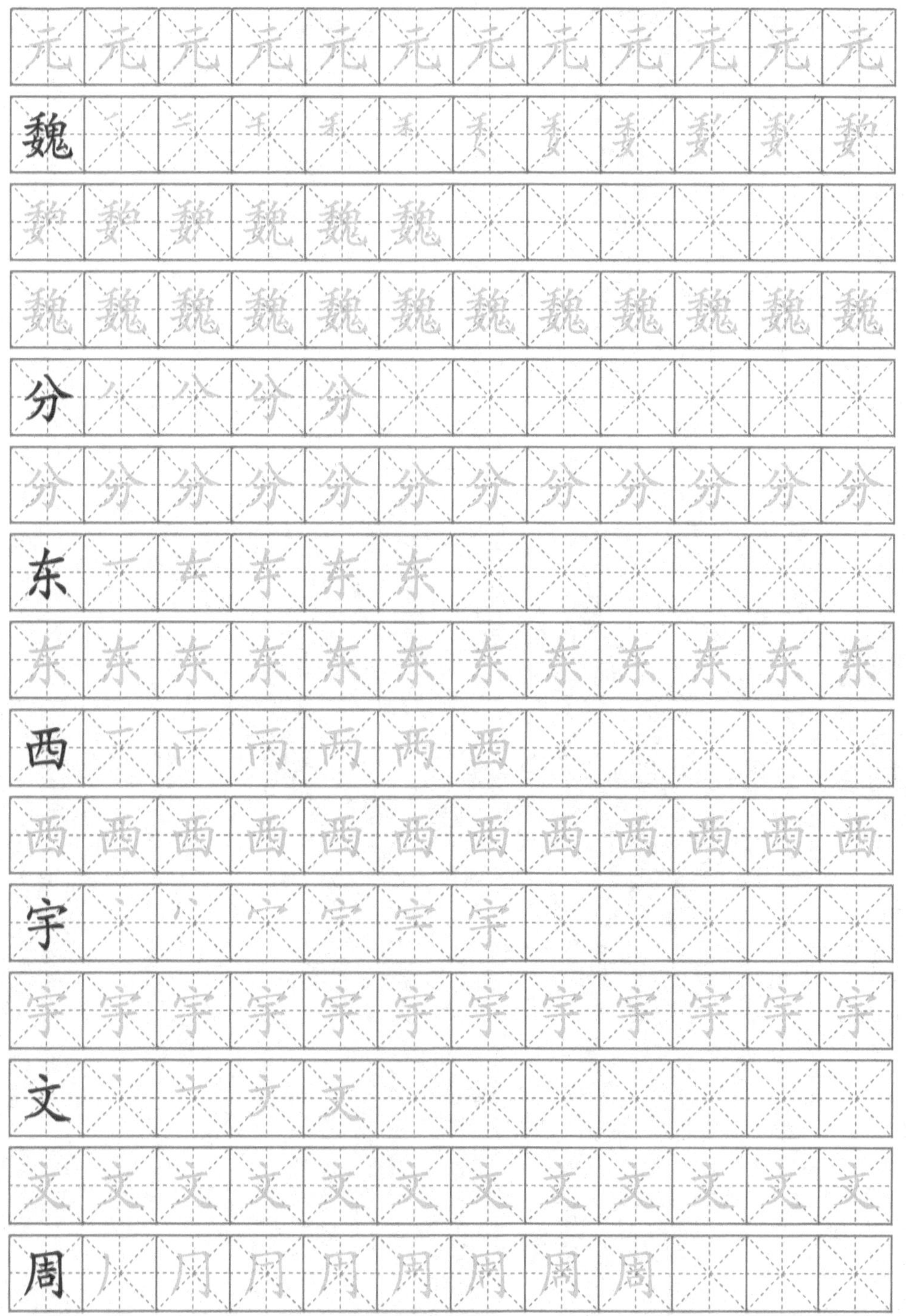

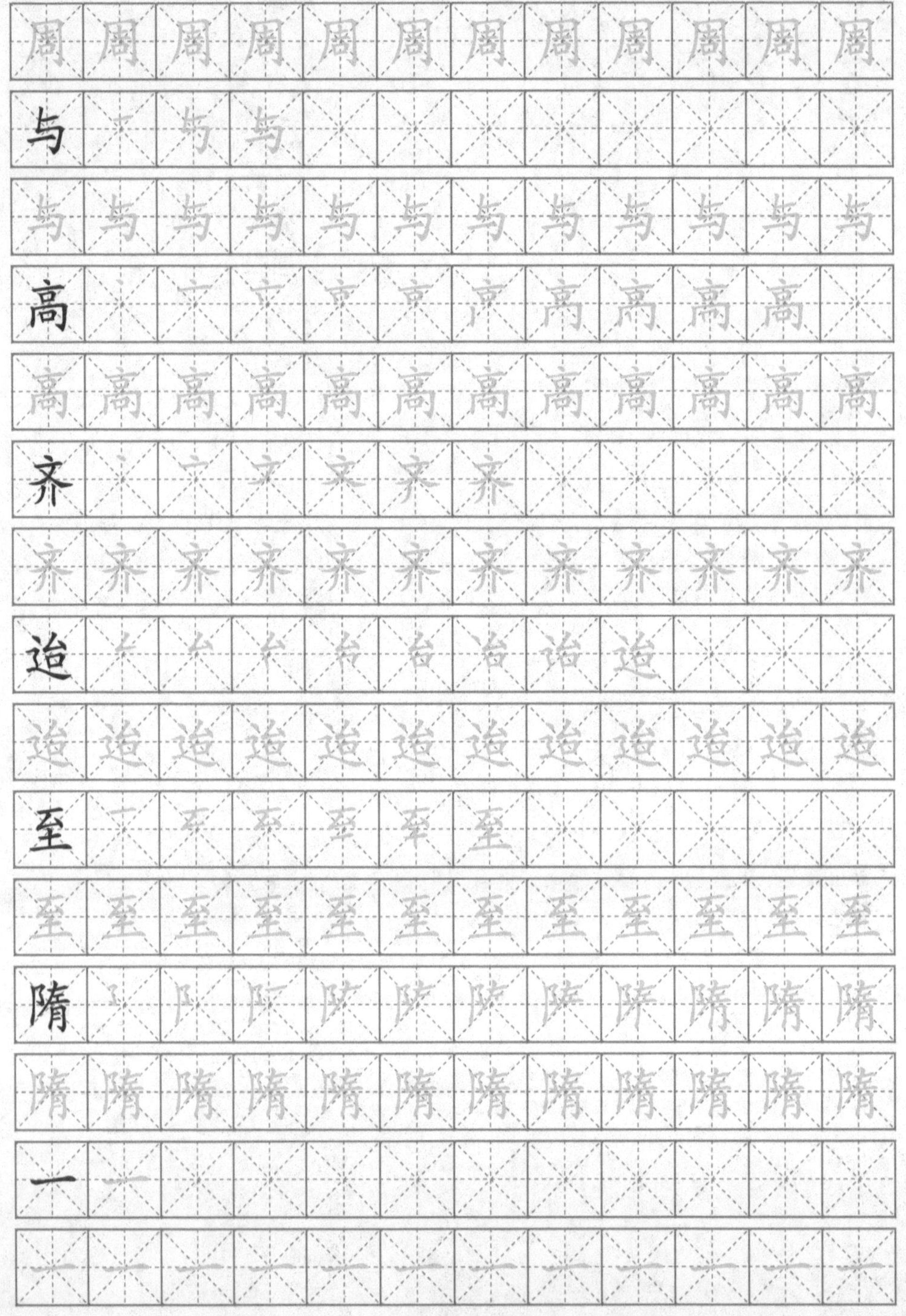

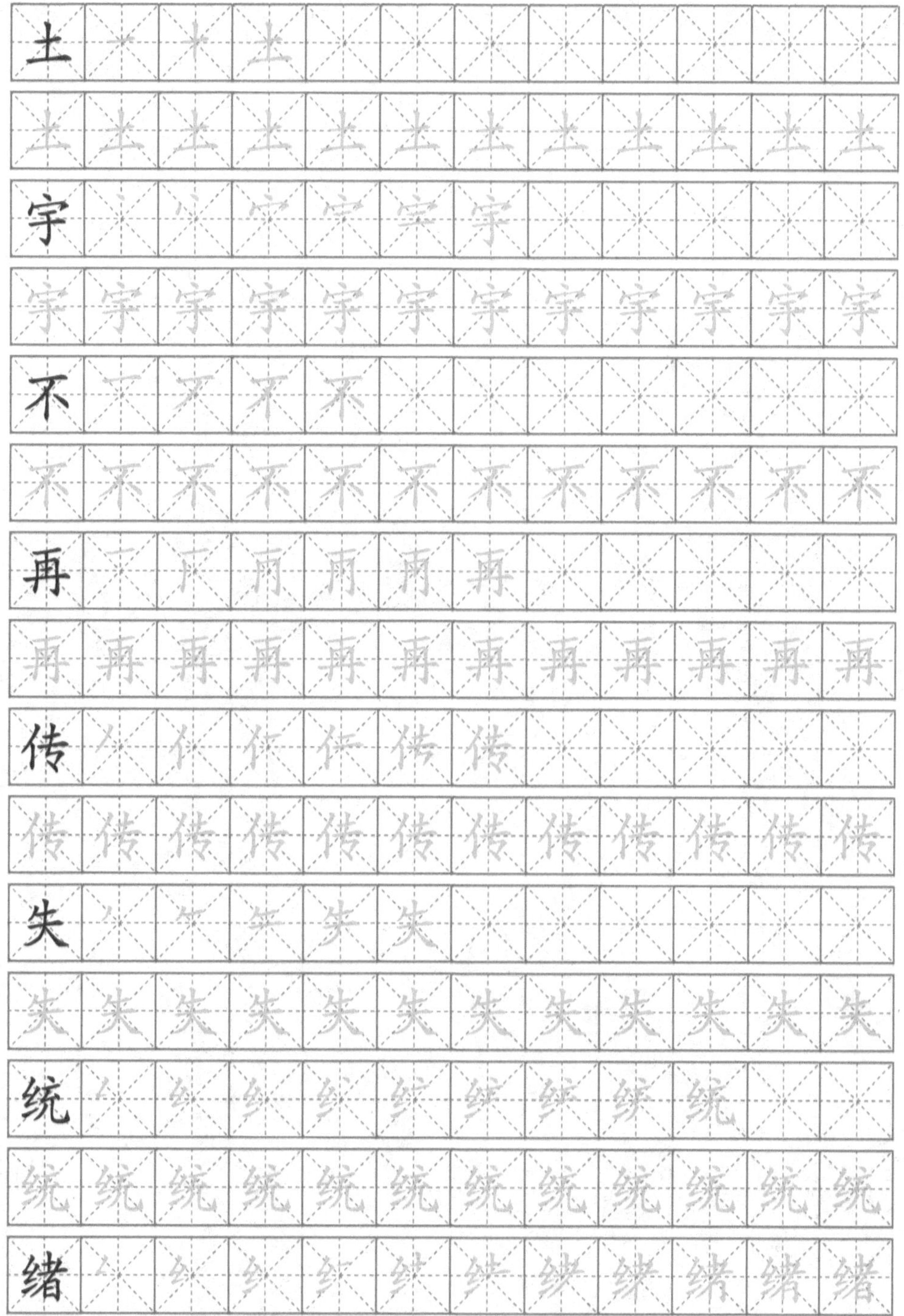

土
宇
不
再
传
失
统
绪

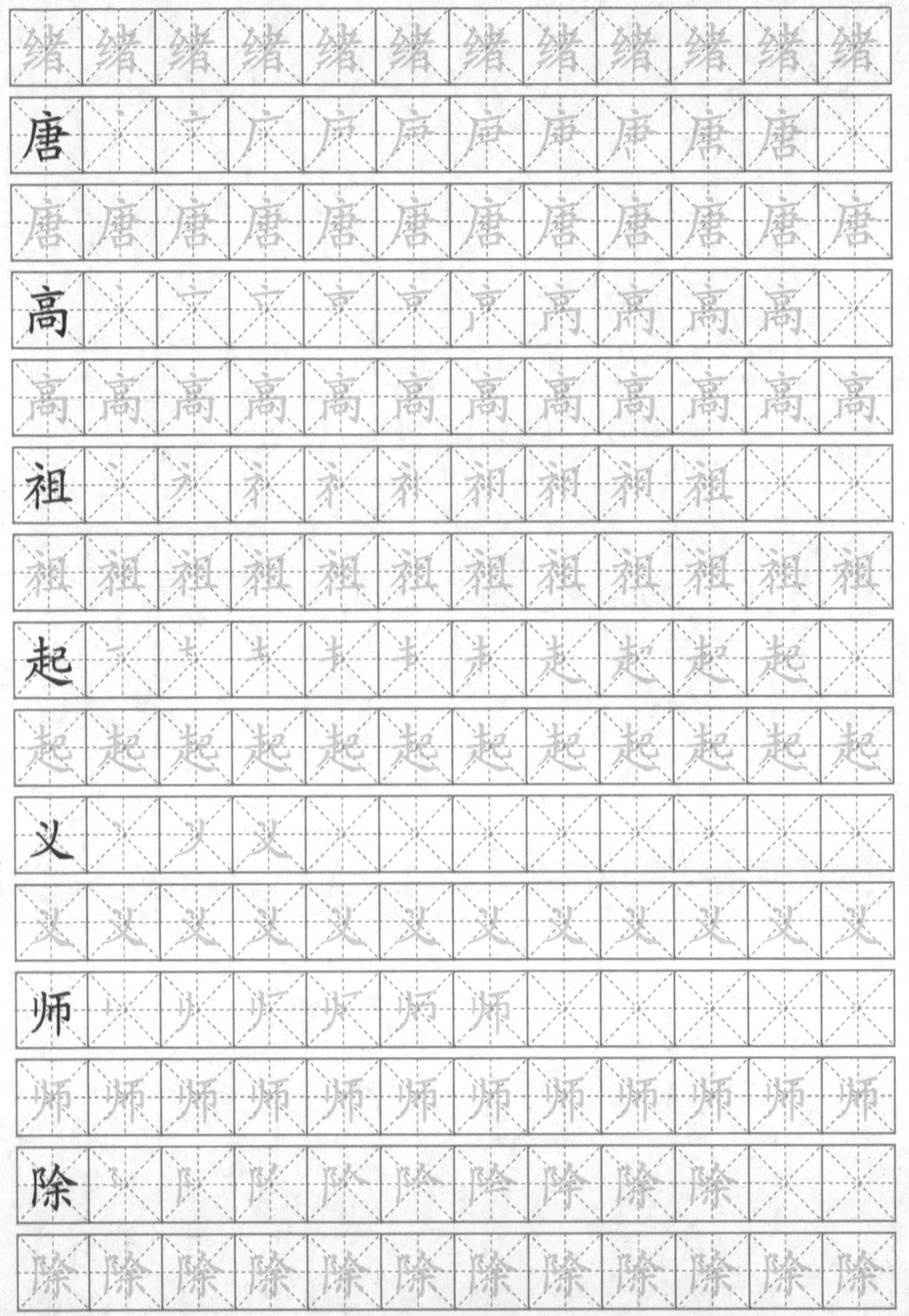

绪

唐

高

祖

起

义

师

除

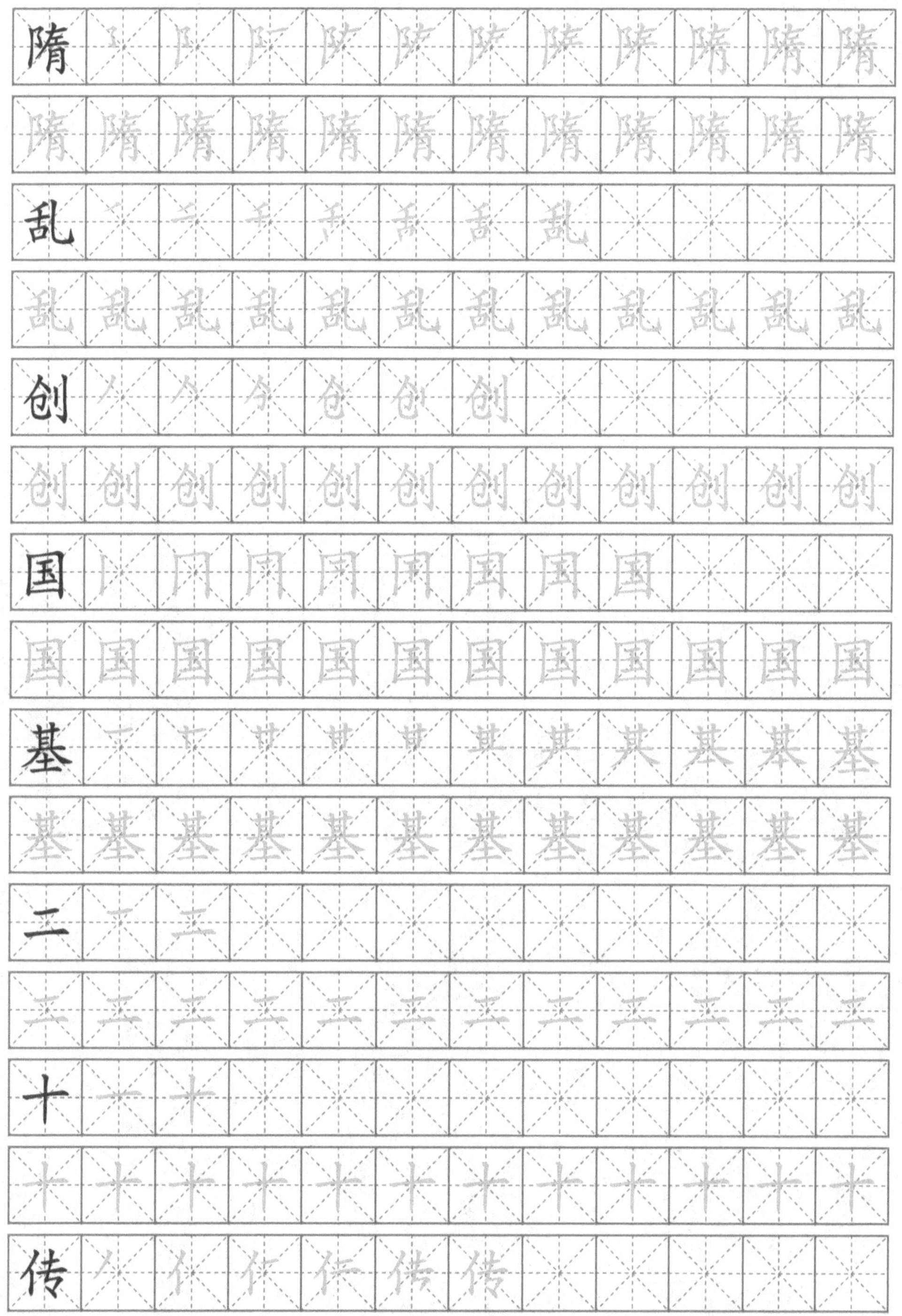

隋

乱

创

国

基

二

十

传

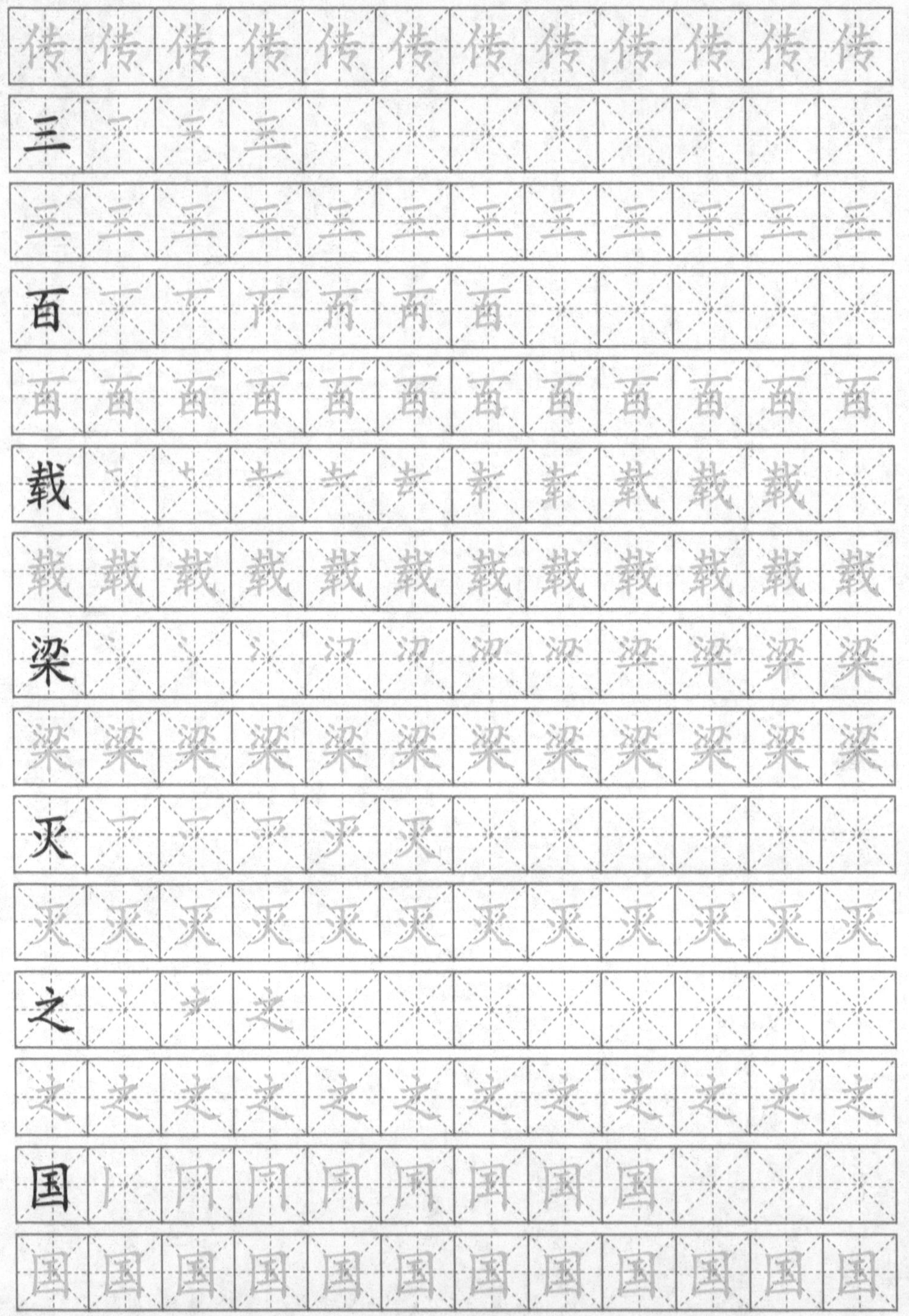

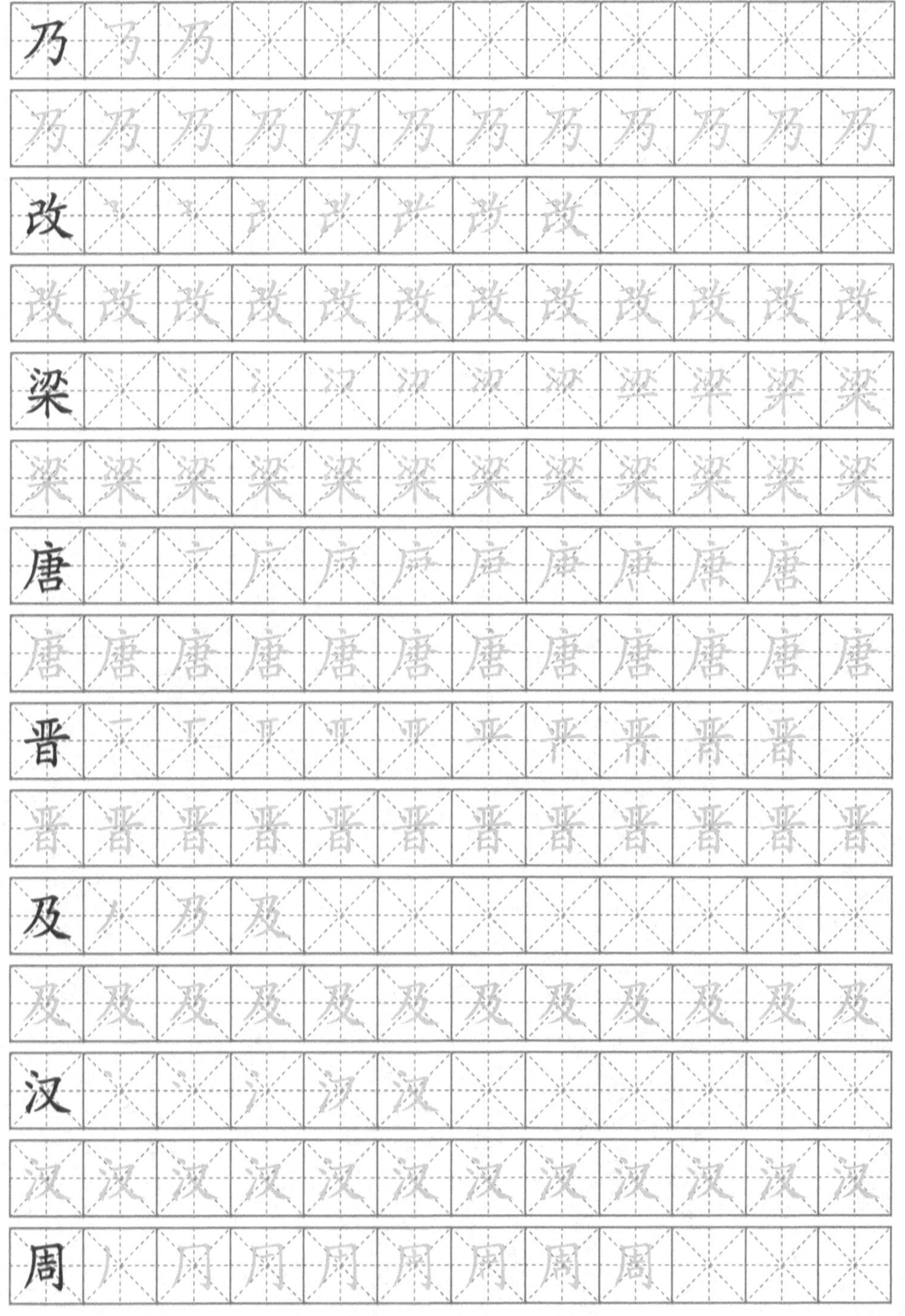

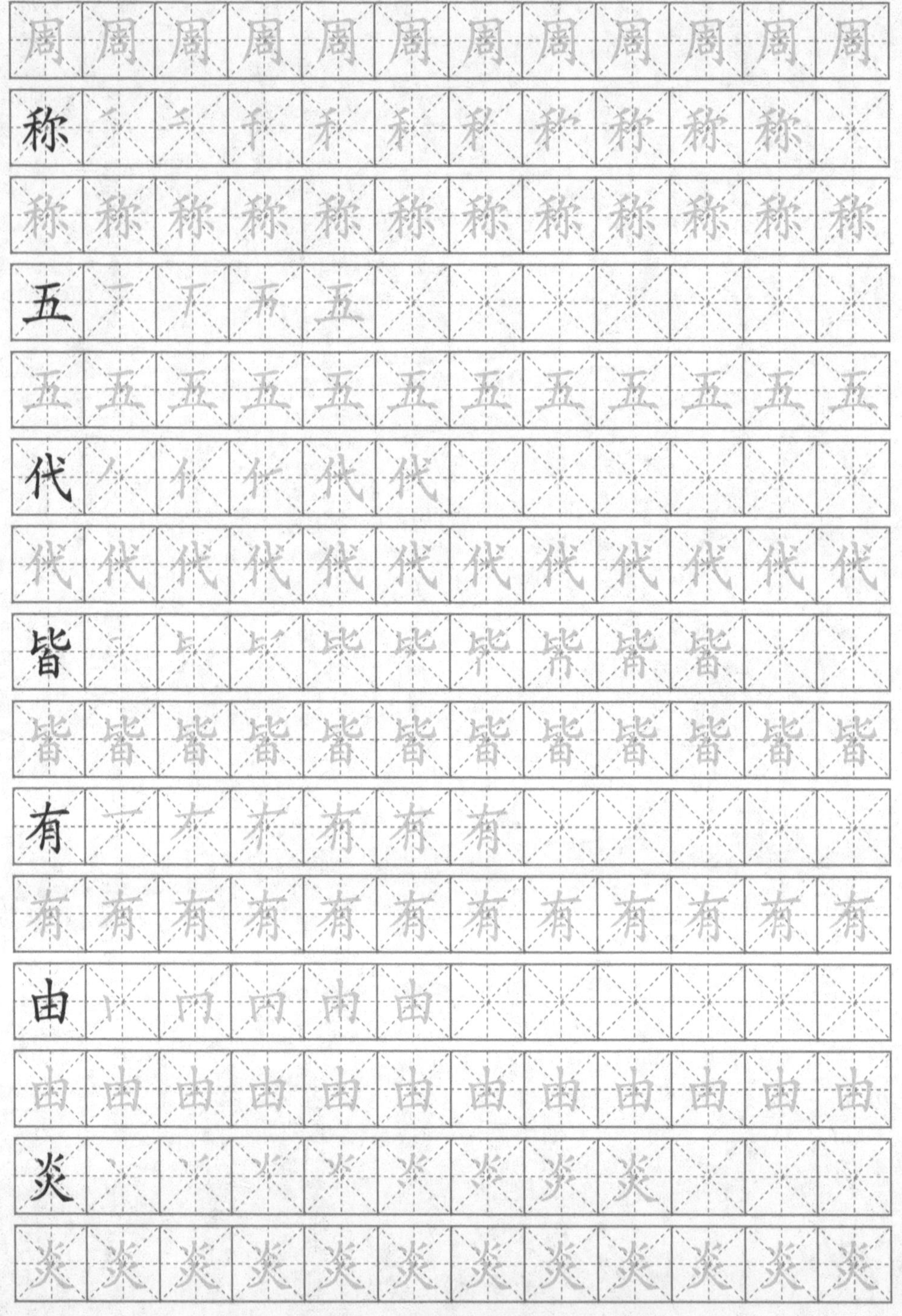

周 周 周 周 周 周 周 周 周 周 周

称 一 二 千 禾 禾 称 称 称 称
称 称 称 称 称 称 称 称 称 称 称

五 一 丁 五 五
五 五 五 五 五 五 五 五 五 五 五

代 丿 亻 代 代
代 代 代 代 代 代 代 代 代 代 代

皆 比 比 比 比 比 皆 皆
皆 皆 皆 皆 皆 皆 皆 皆 皆 皆 皆

有 一 ナ 冇 有 有 有
有 有 有 有 有 有 有 有 有 有 有

由 由 由 由 由
由 由 由 由 由 由 由 由 由 由 由

炎 炎 炎 炎 炎
炎 炎 炎 炎 炎 炎 炎 炎 炎 炎 炎

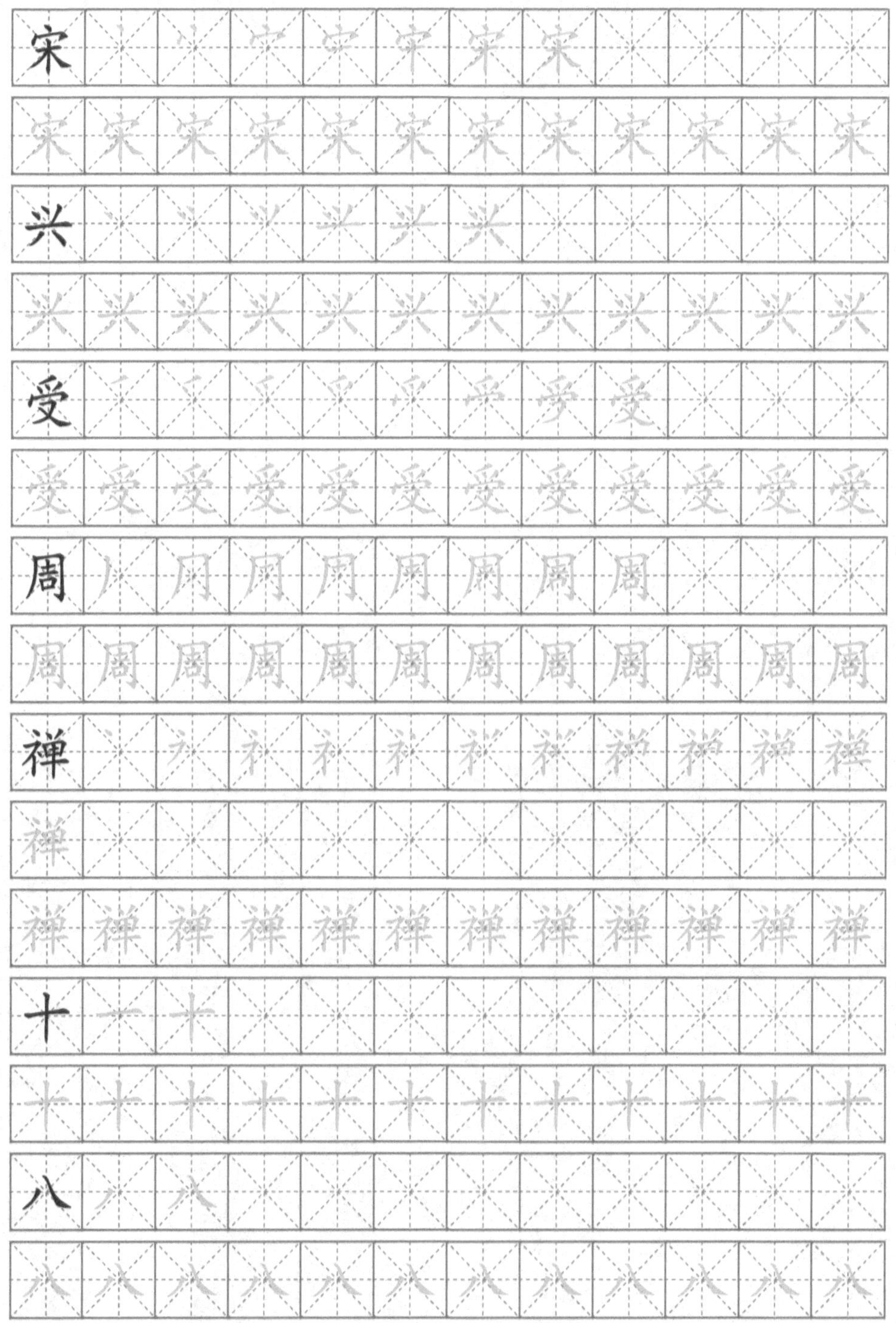

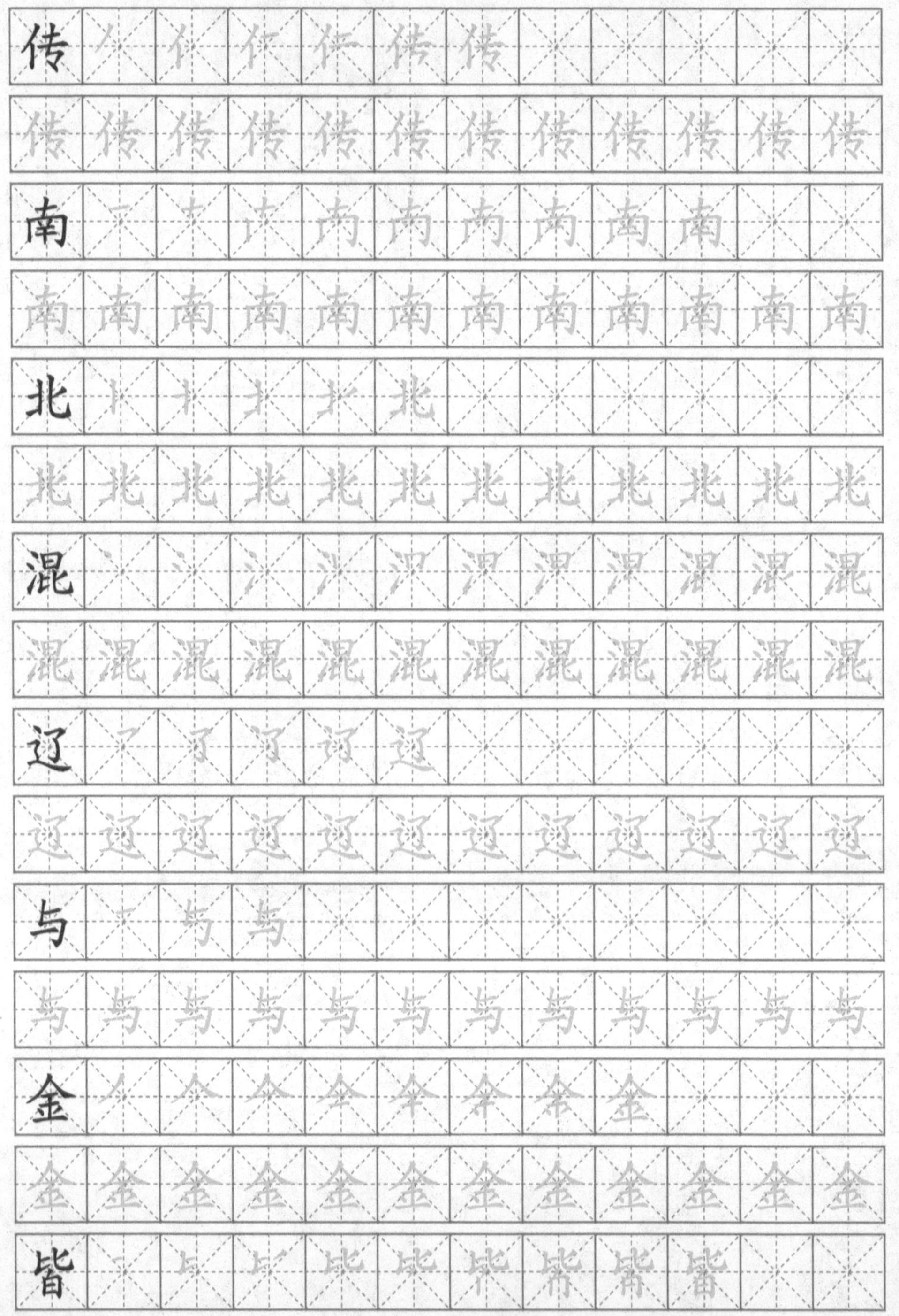

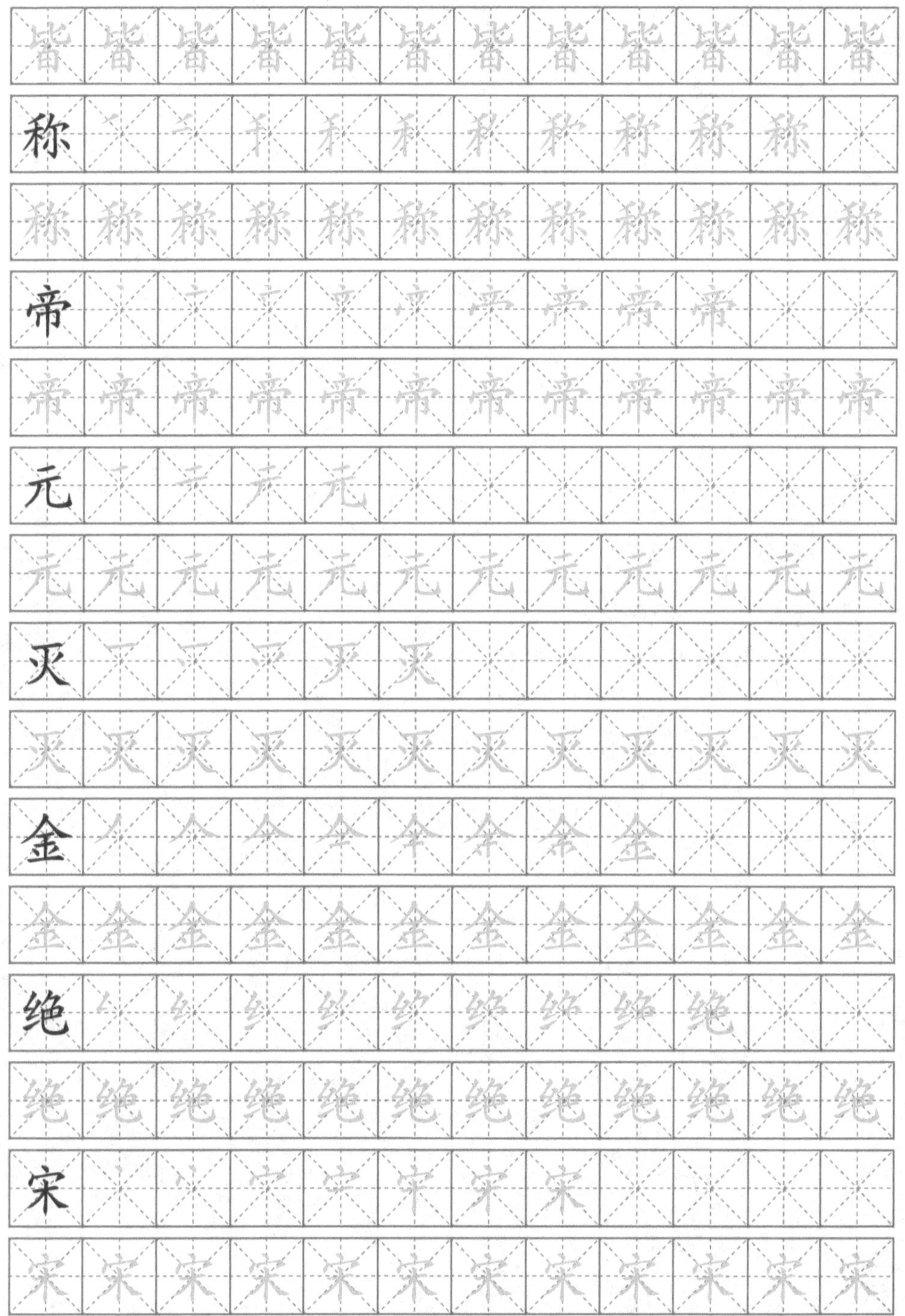

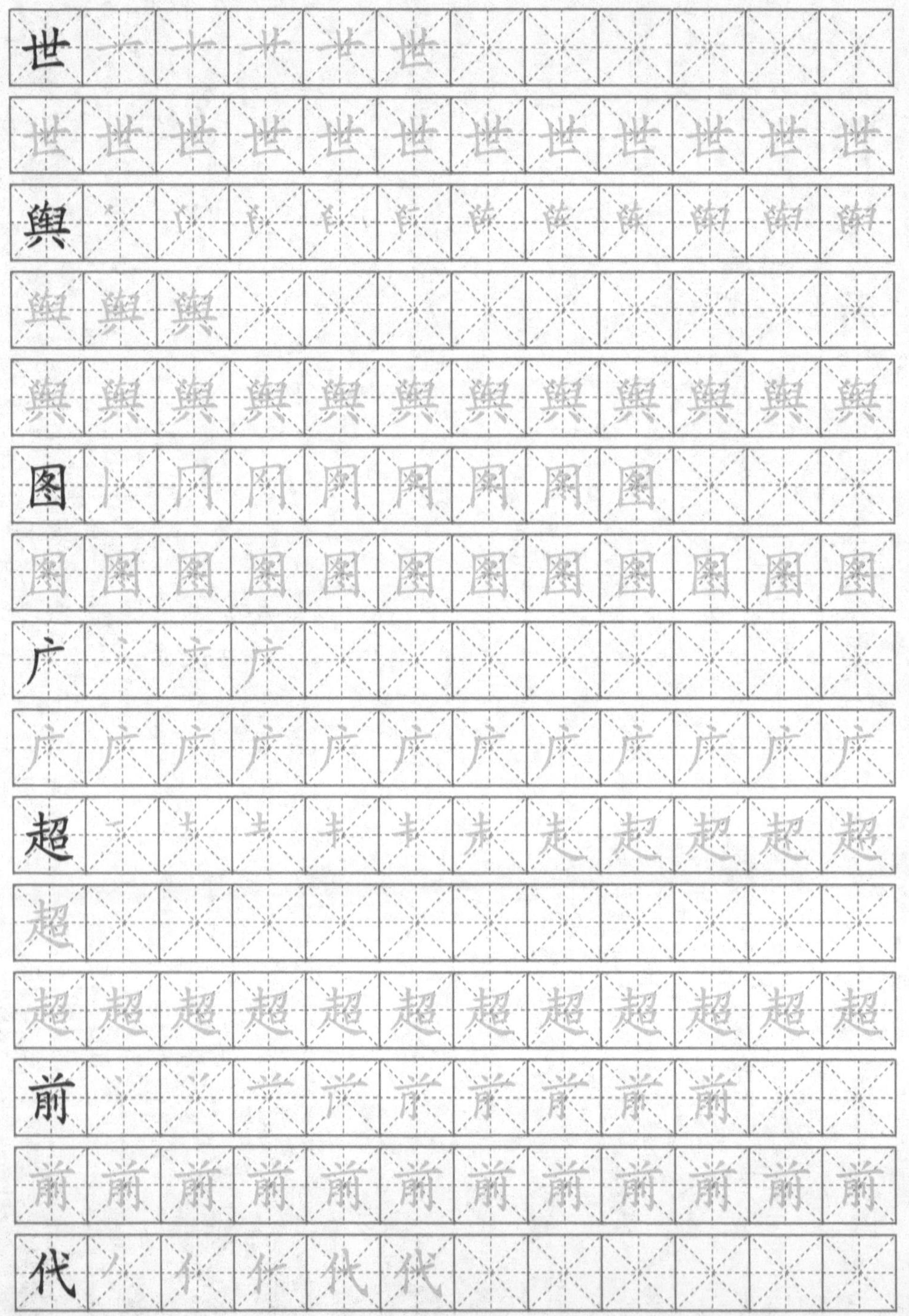

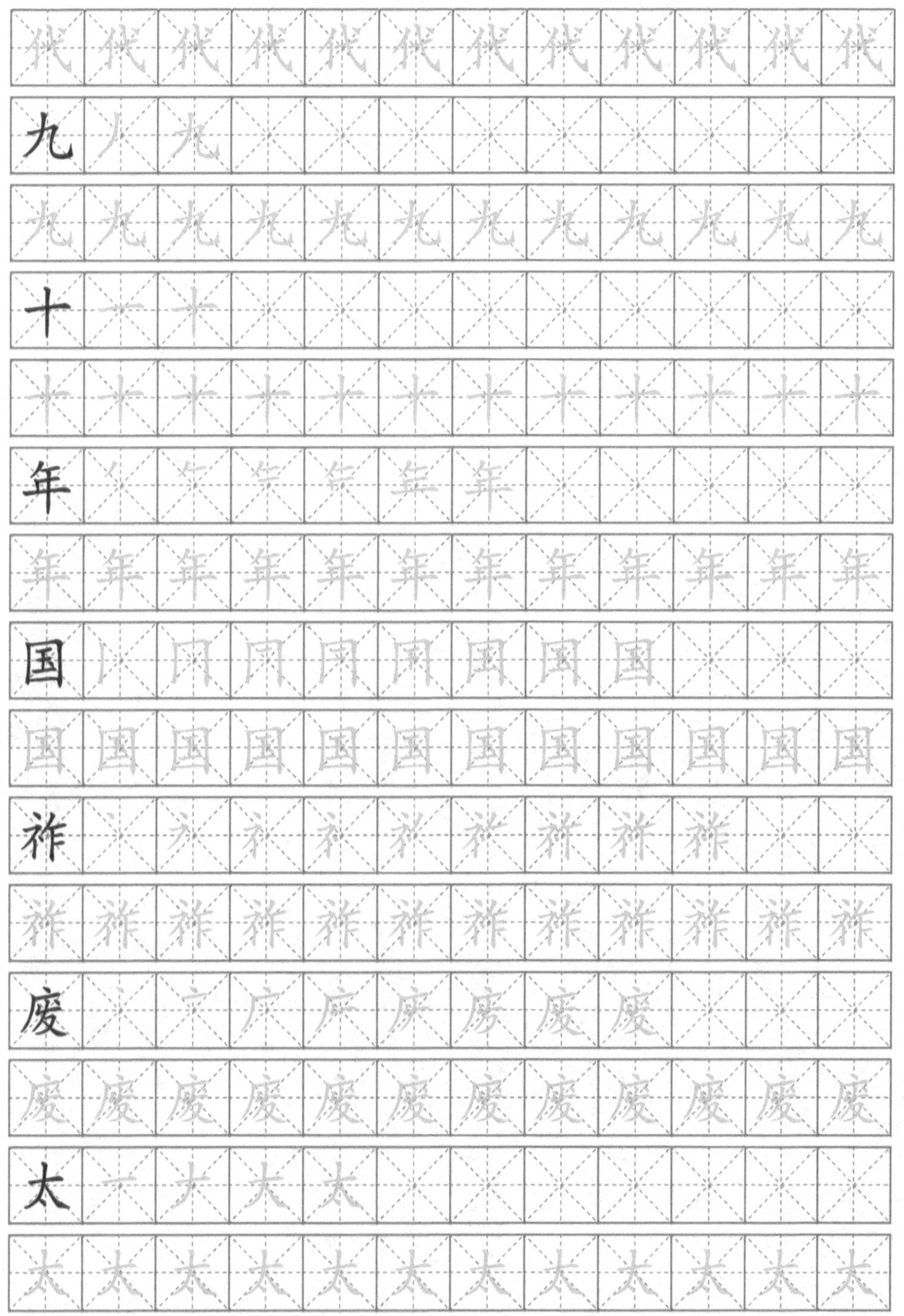

伏

九

十

年

国

祚

废

太

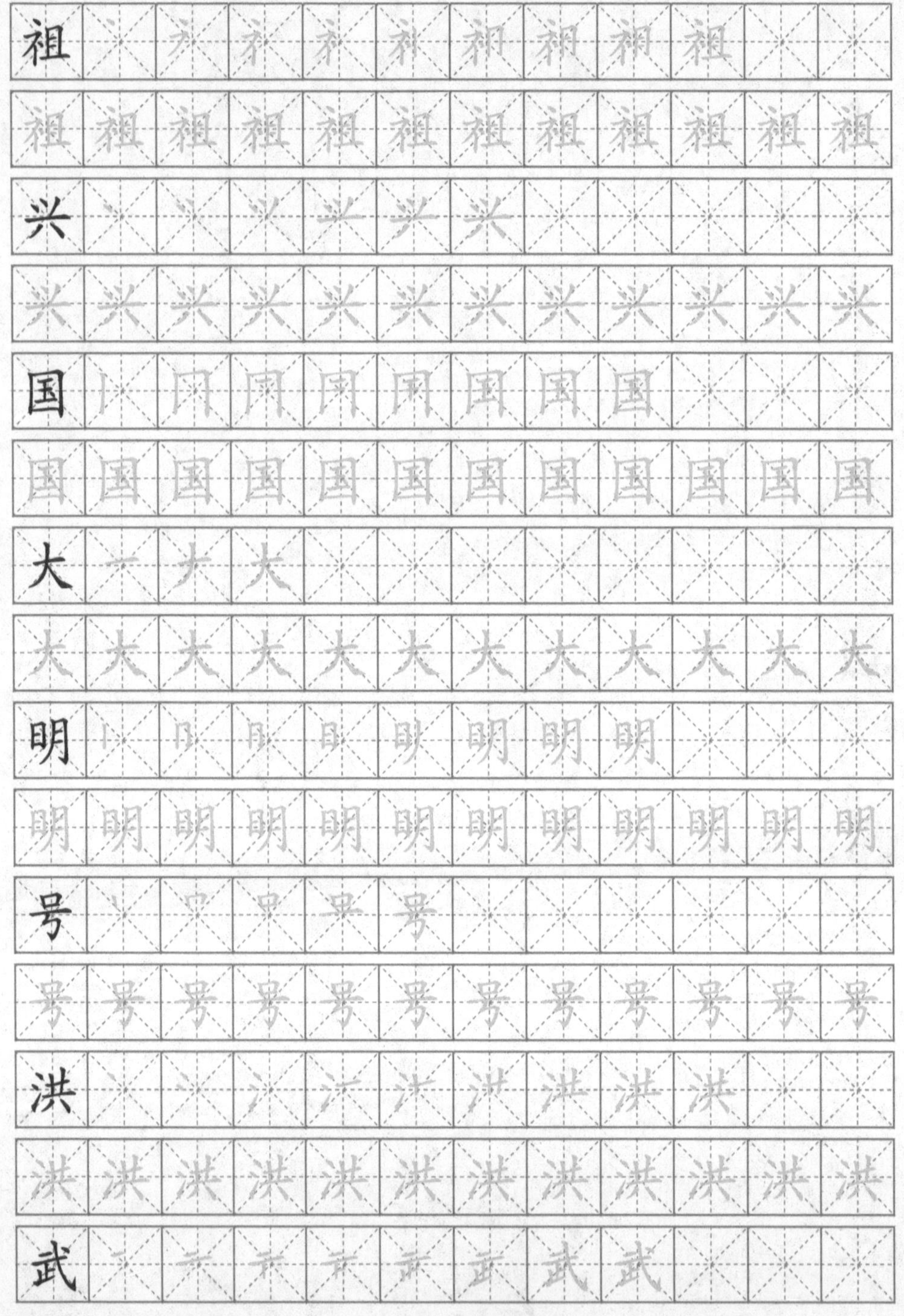

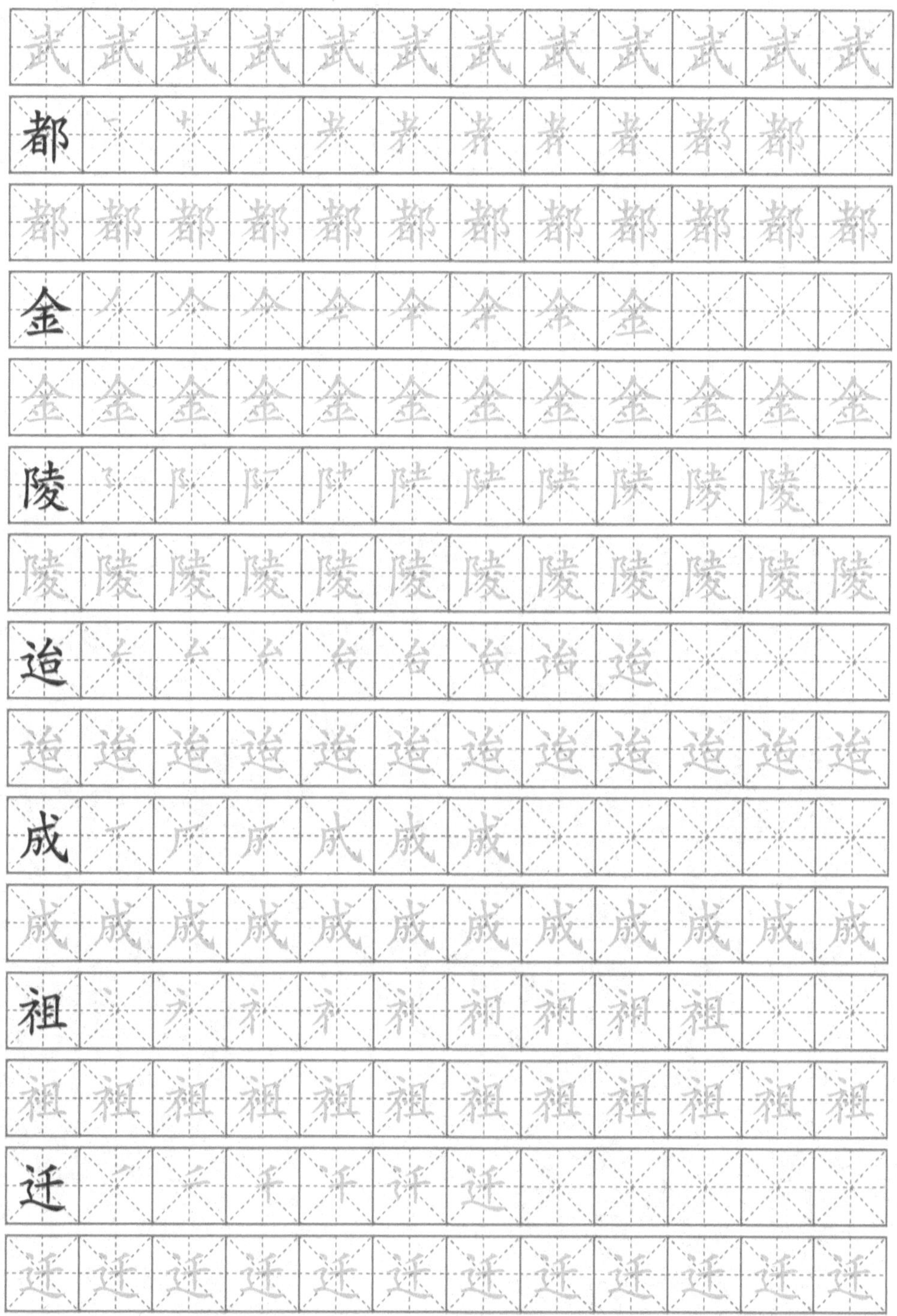

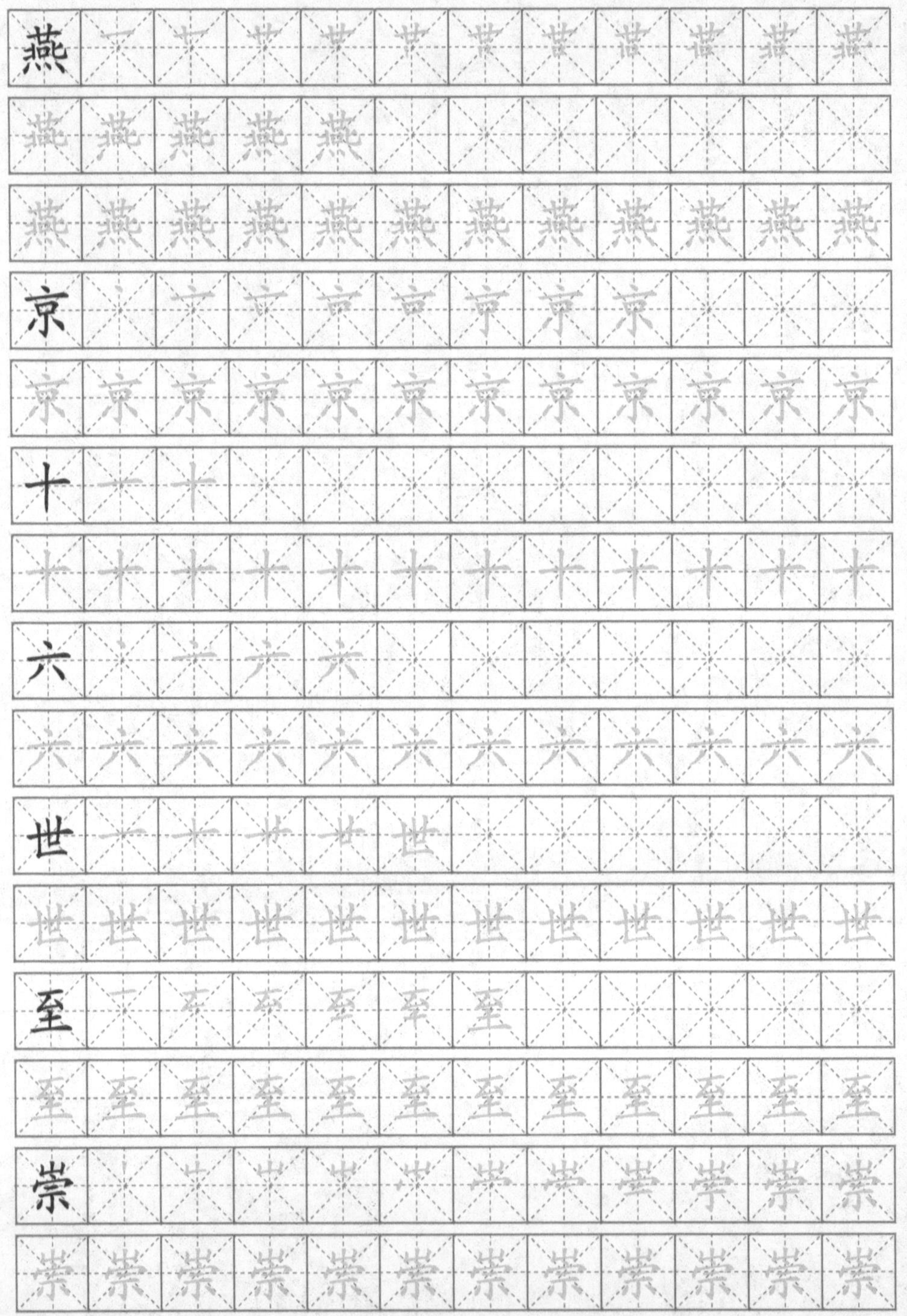

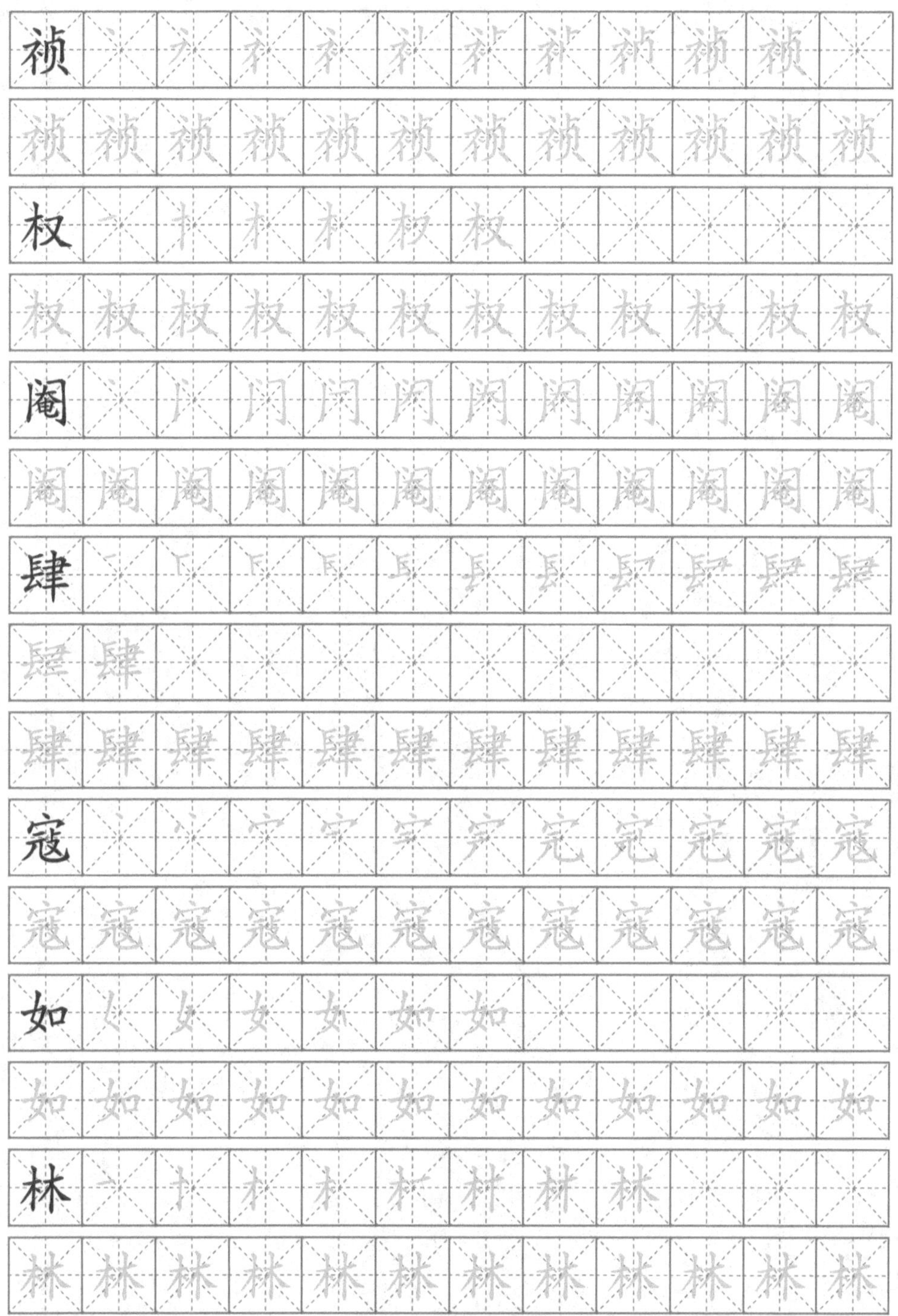

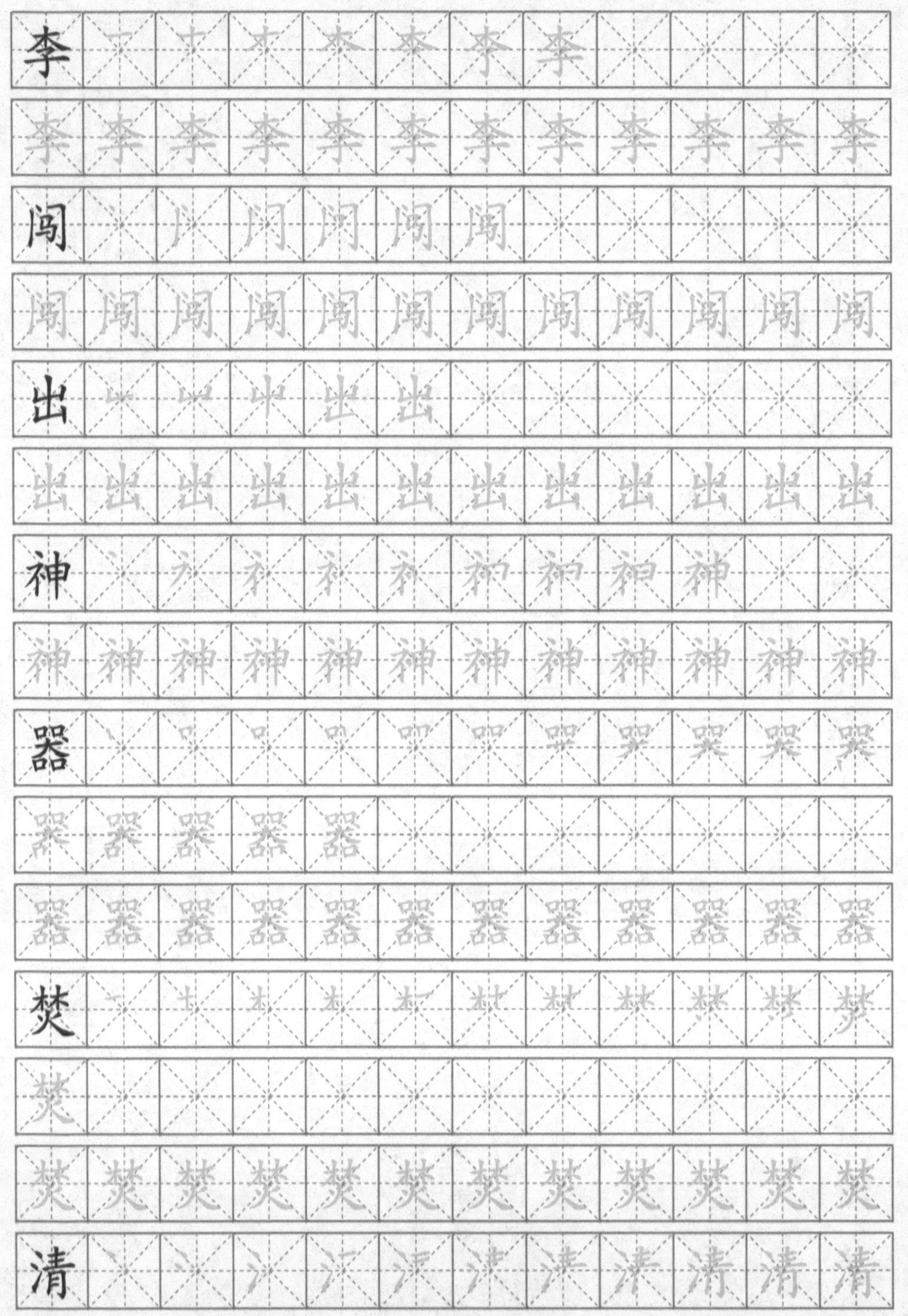

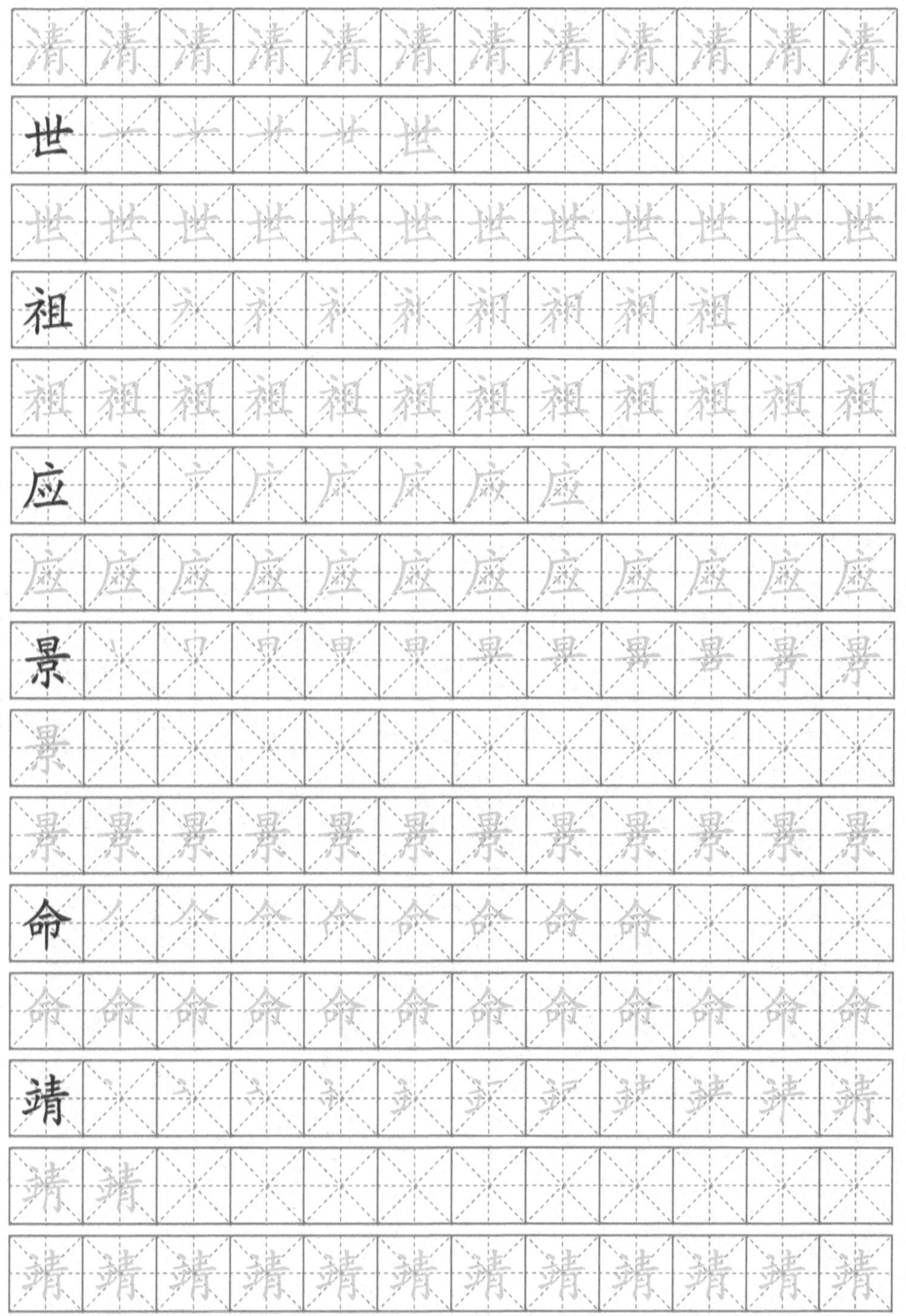

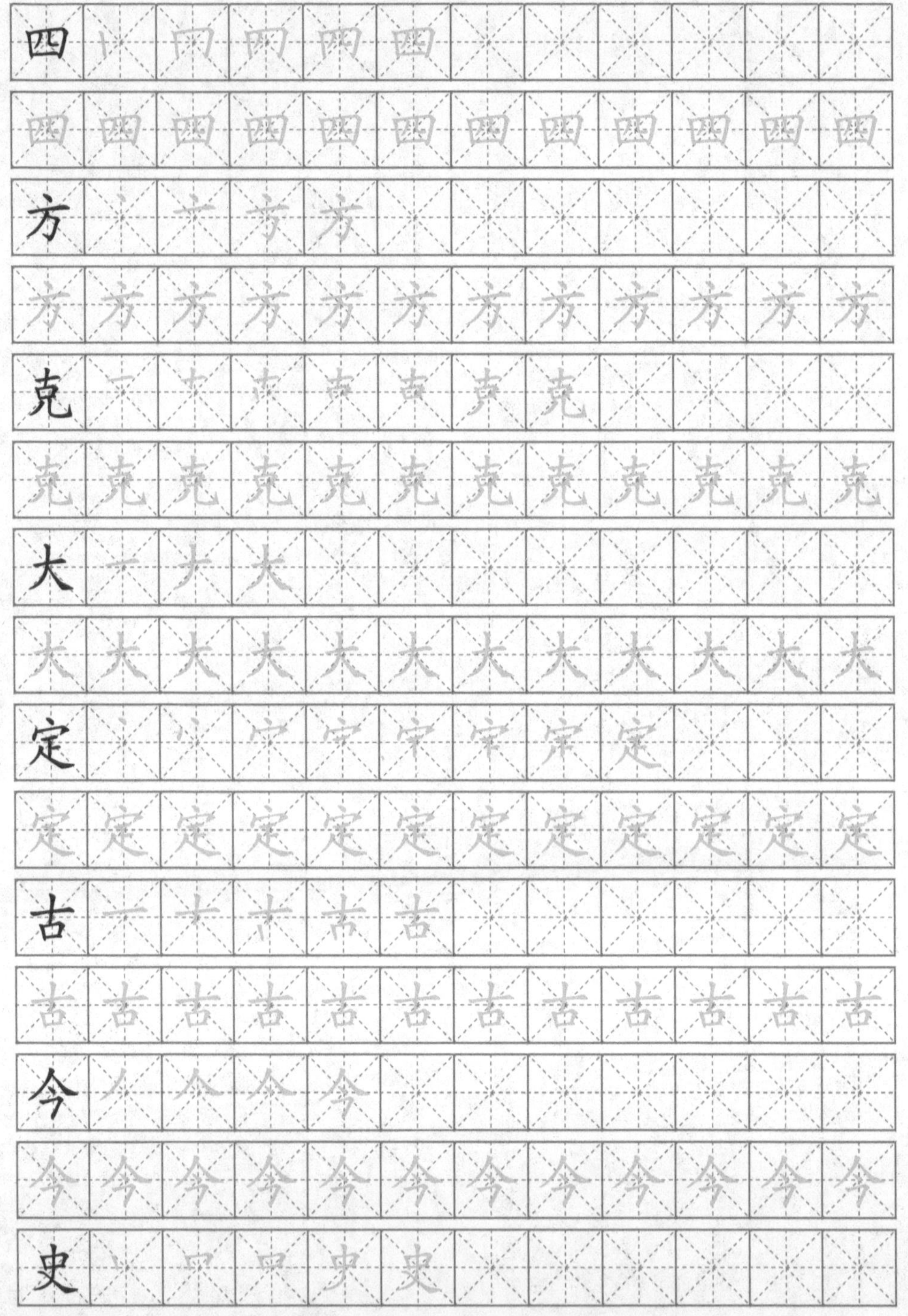

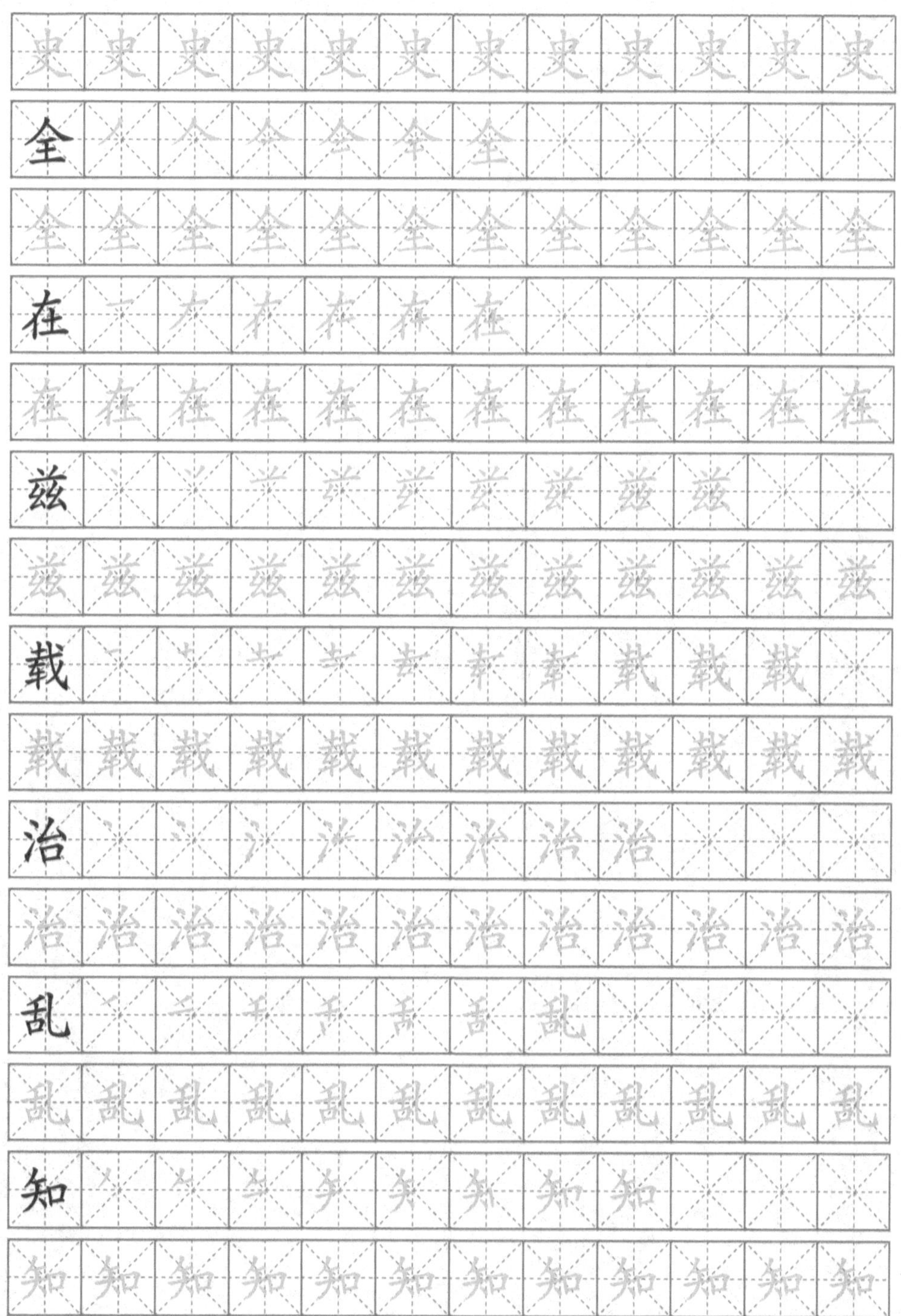

全
在
滋
载
治
乱
知

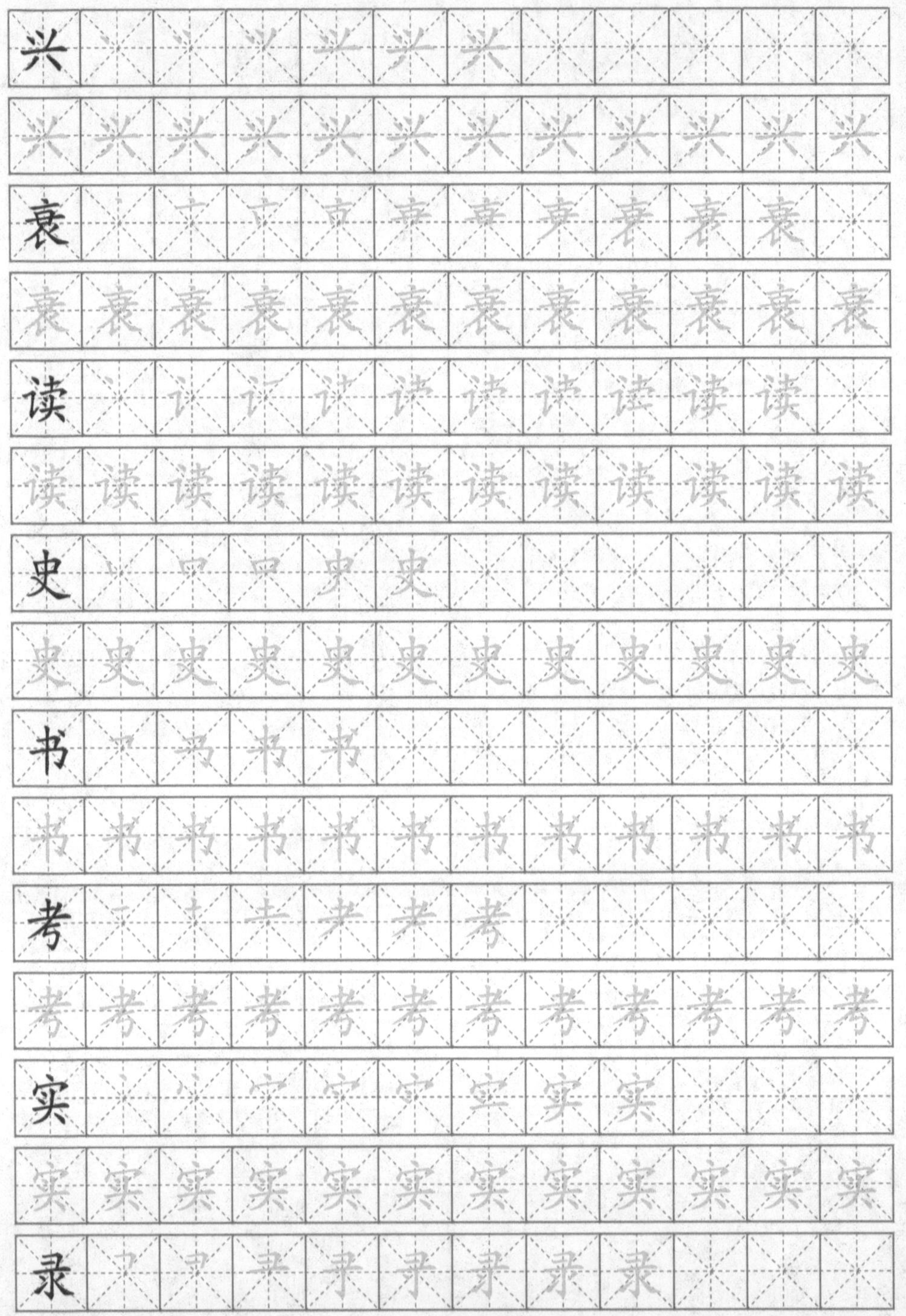

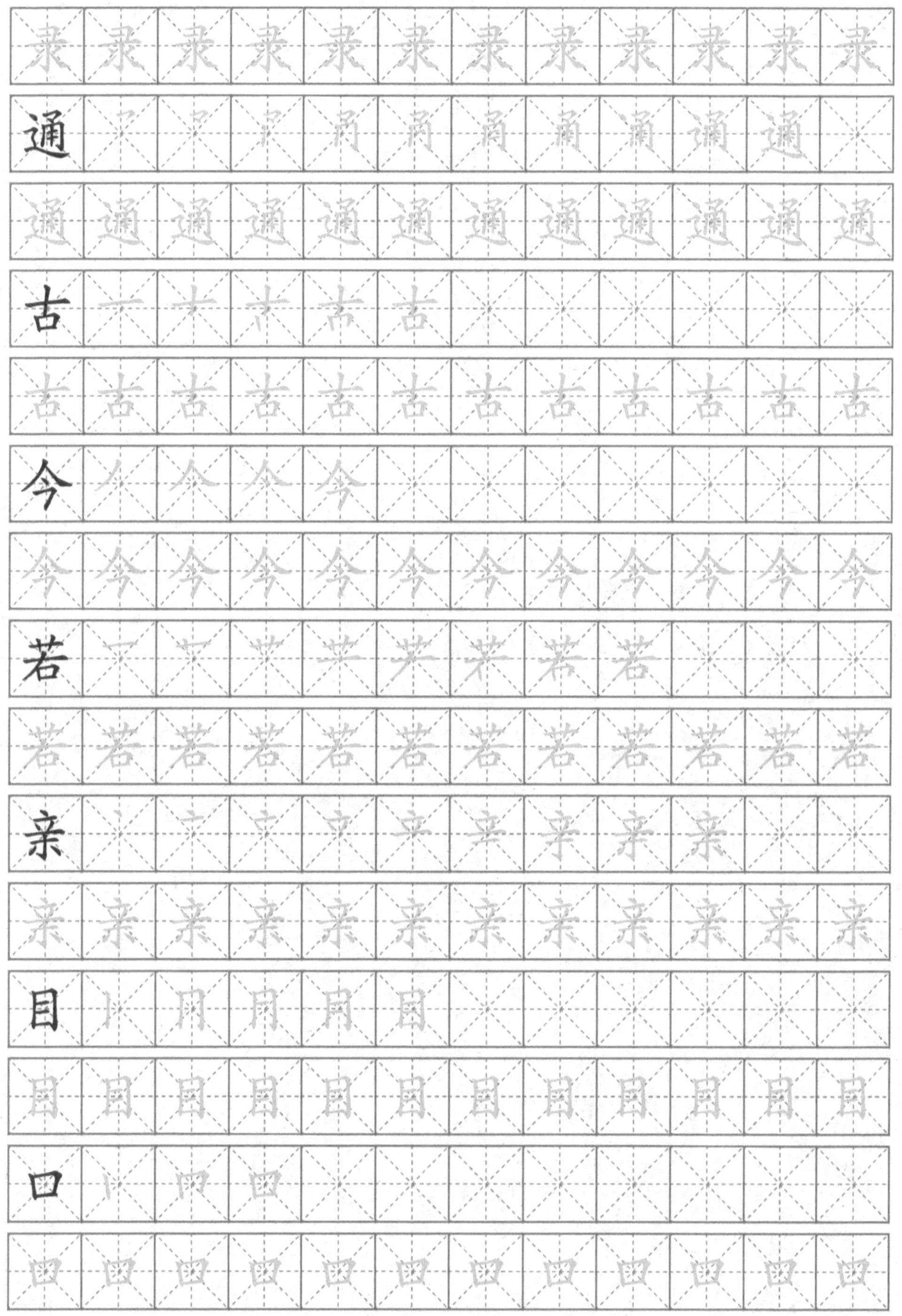

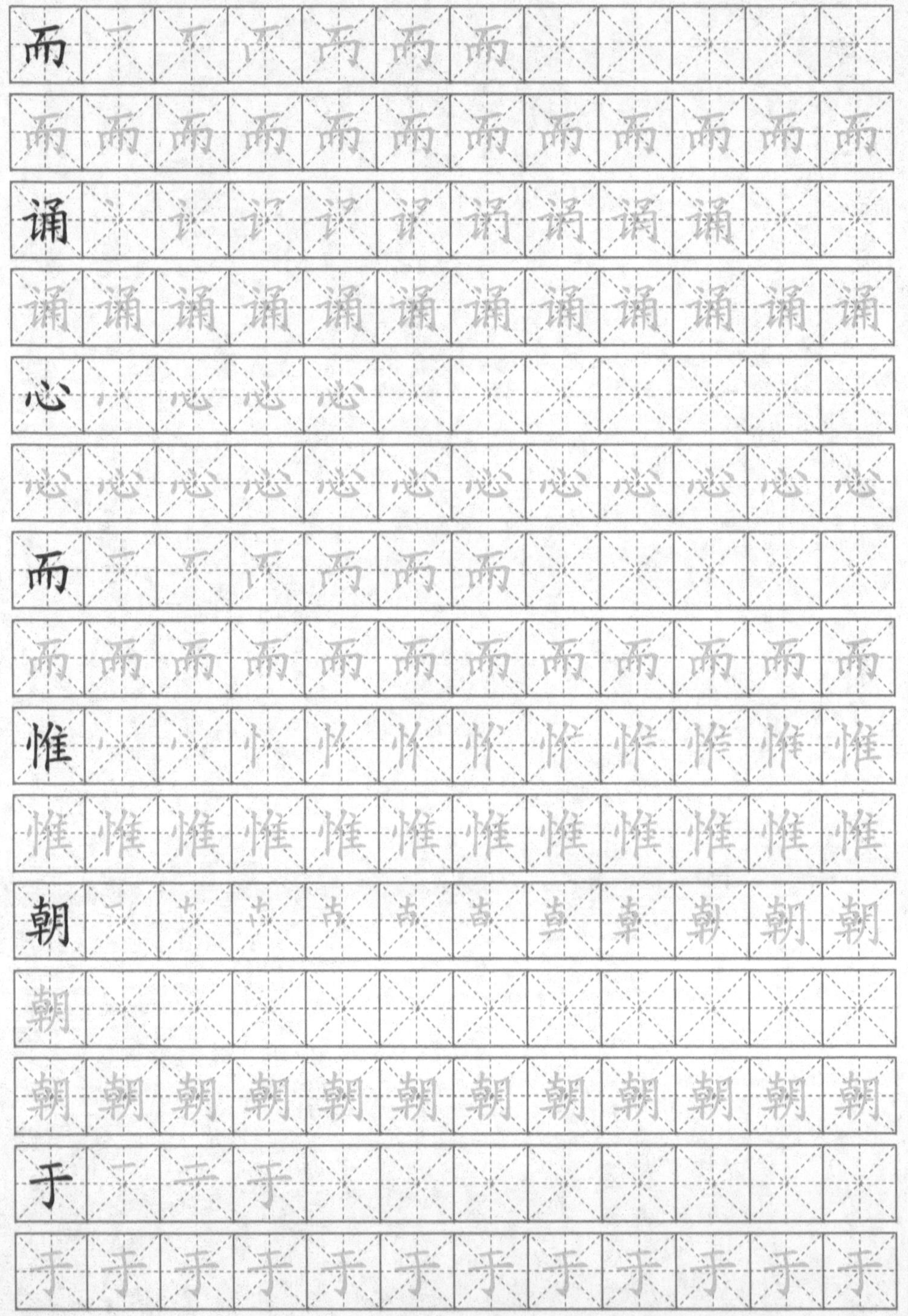

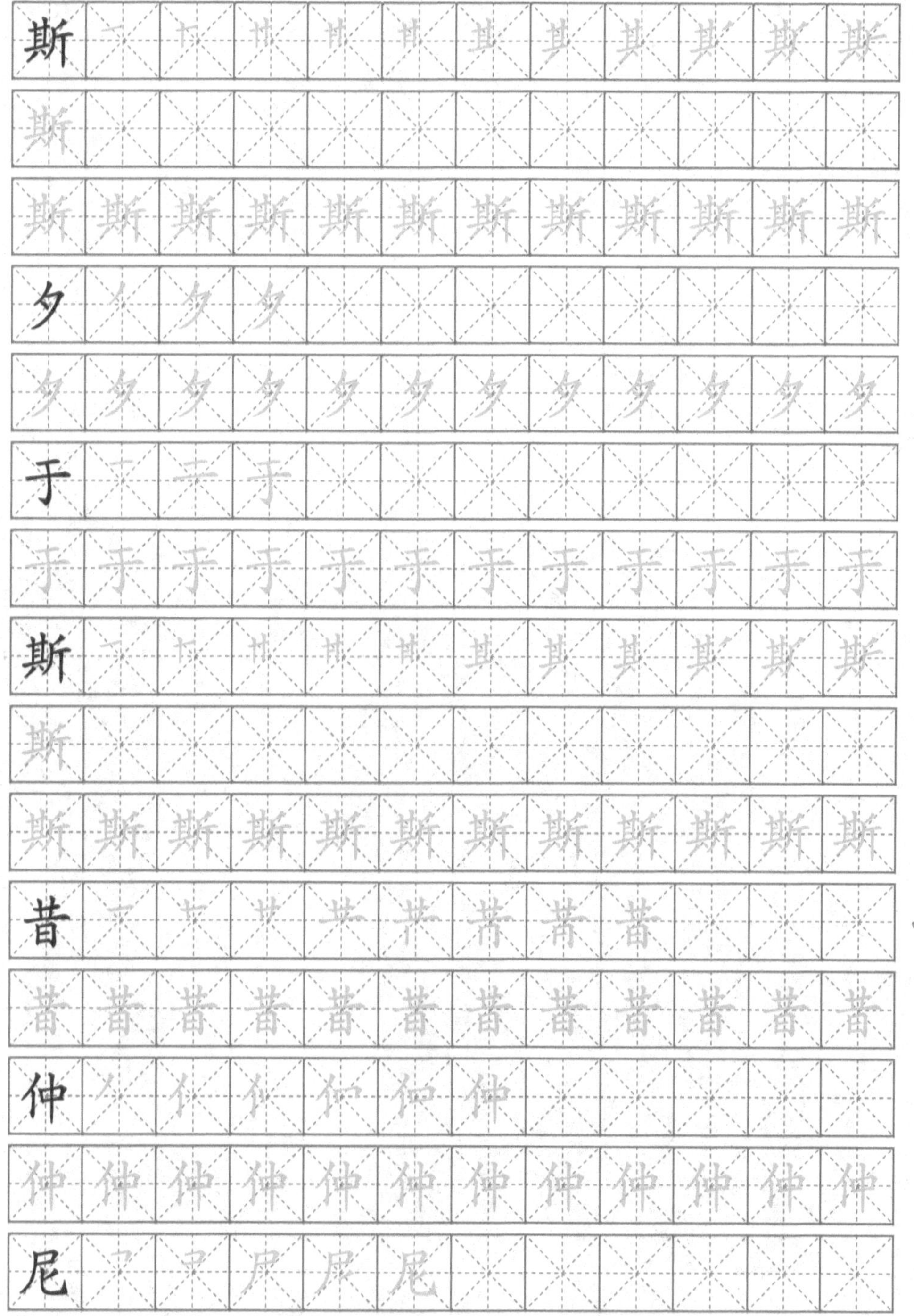

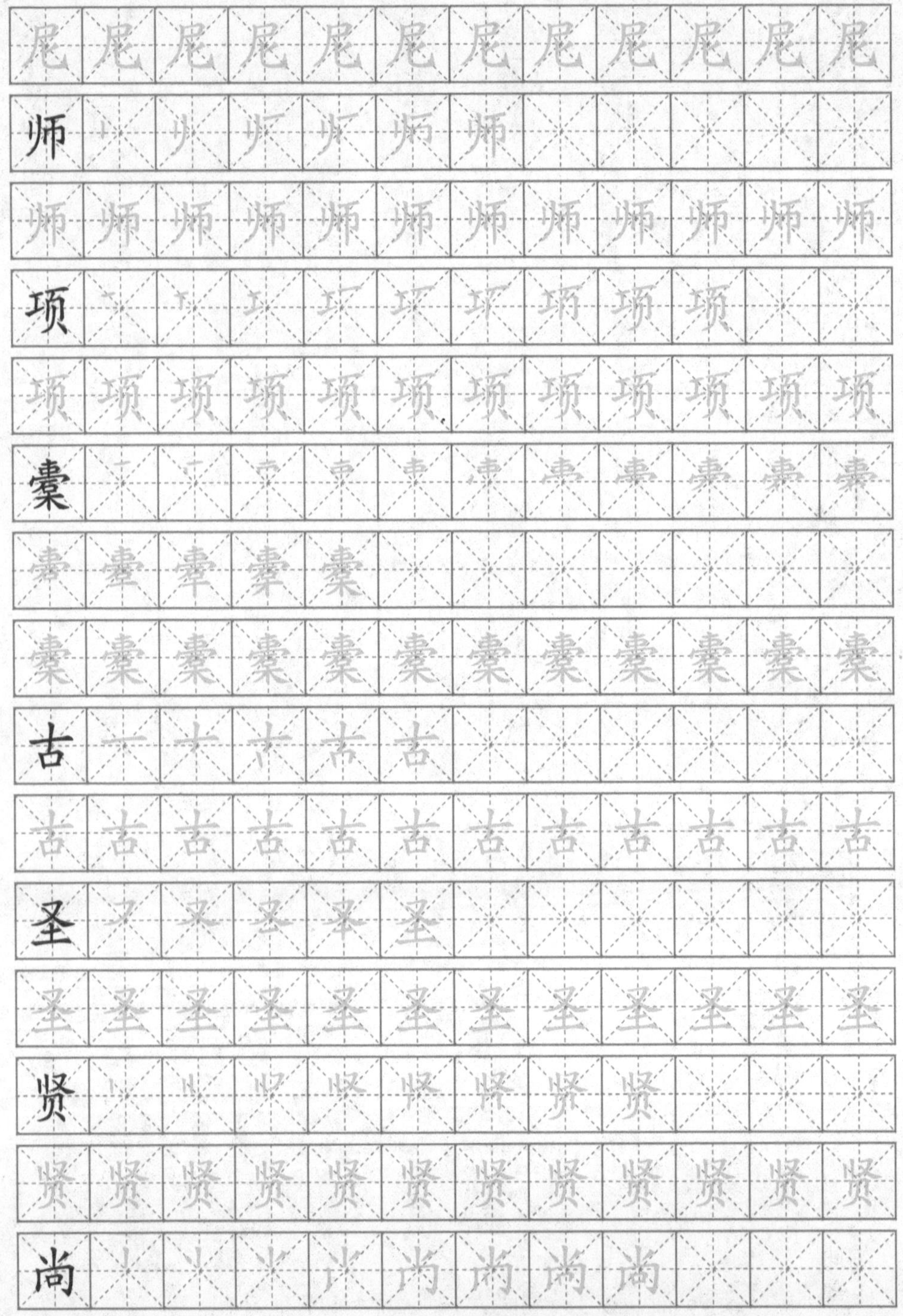

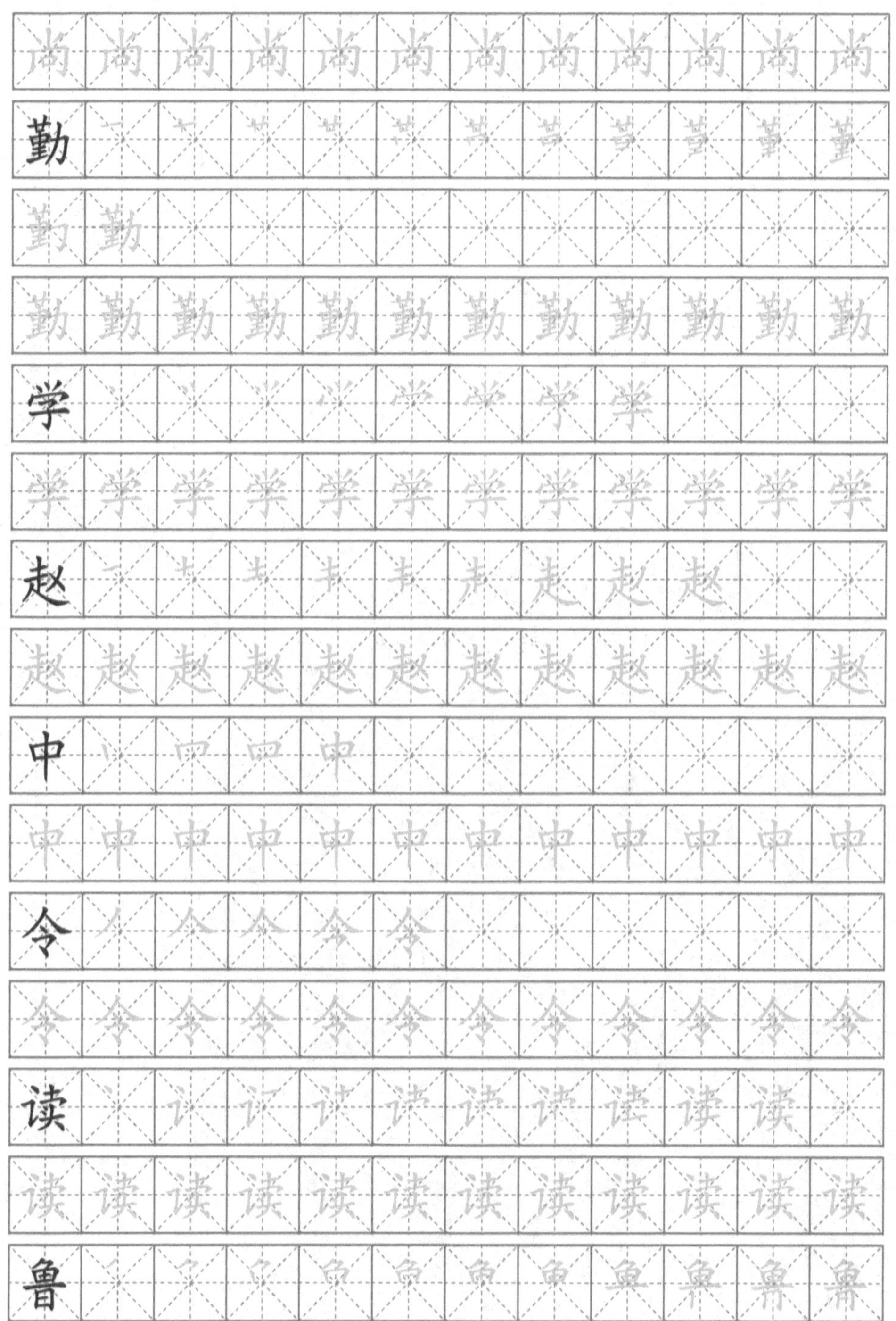

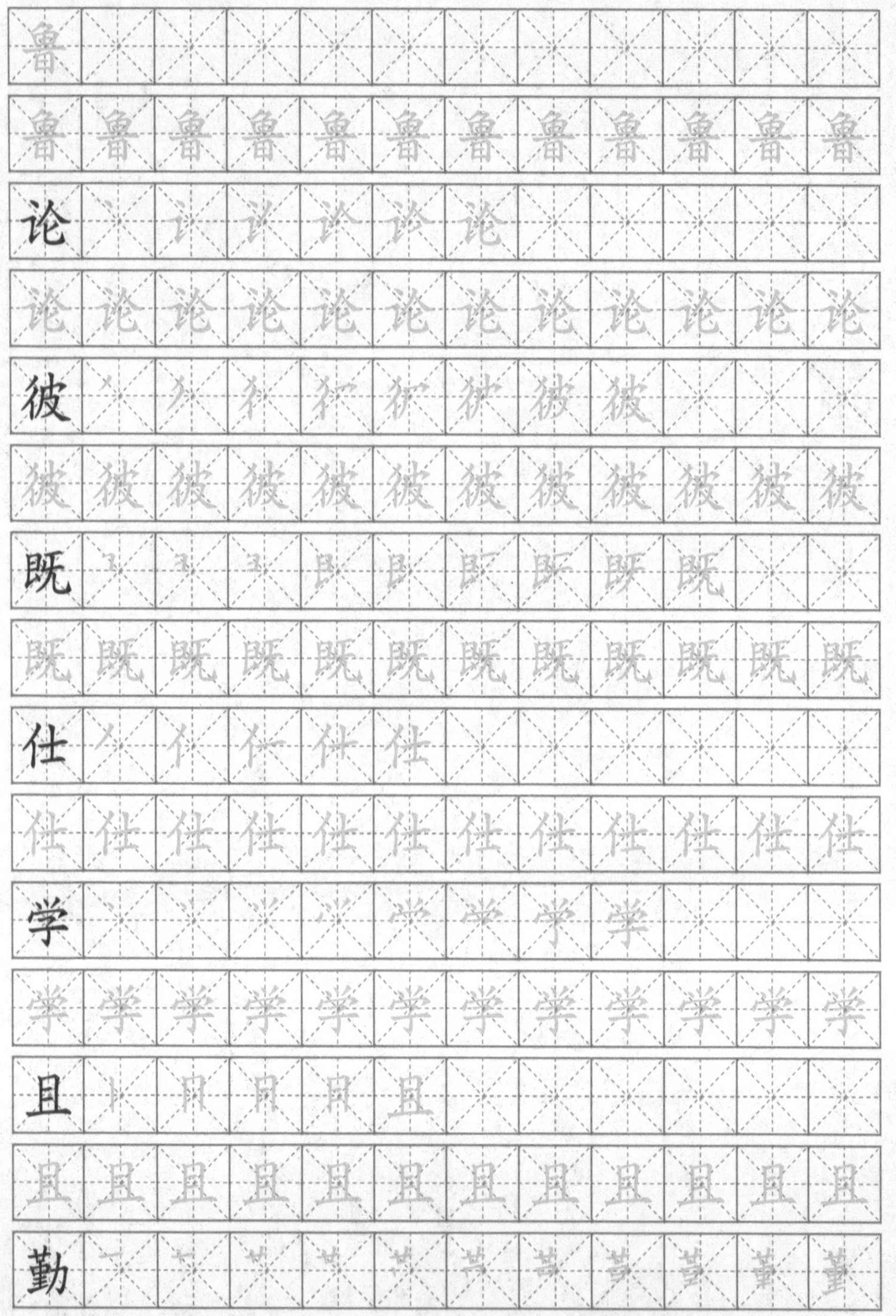

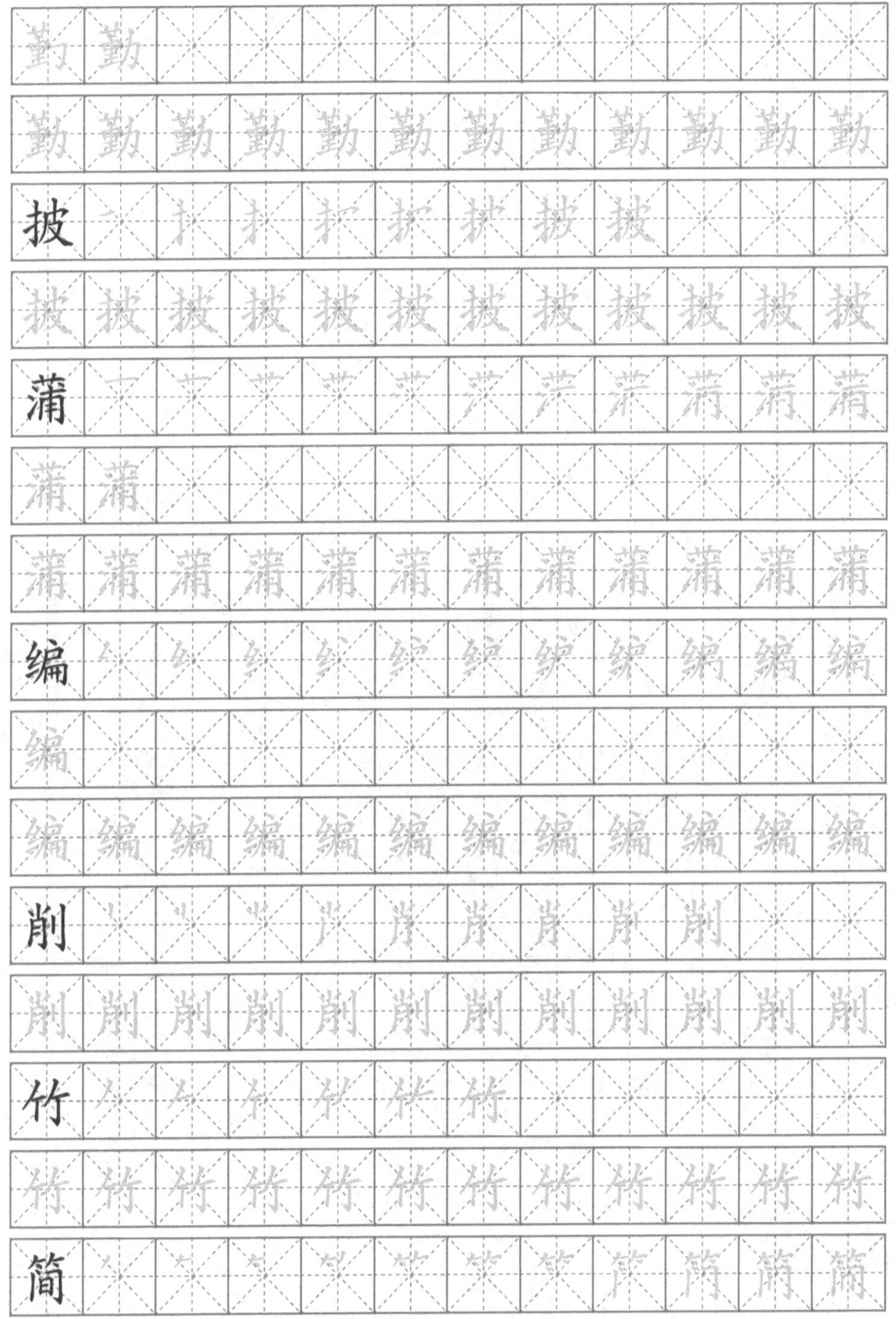

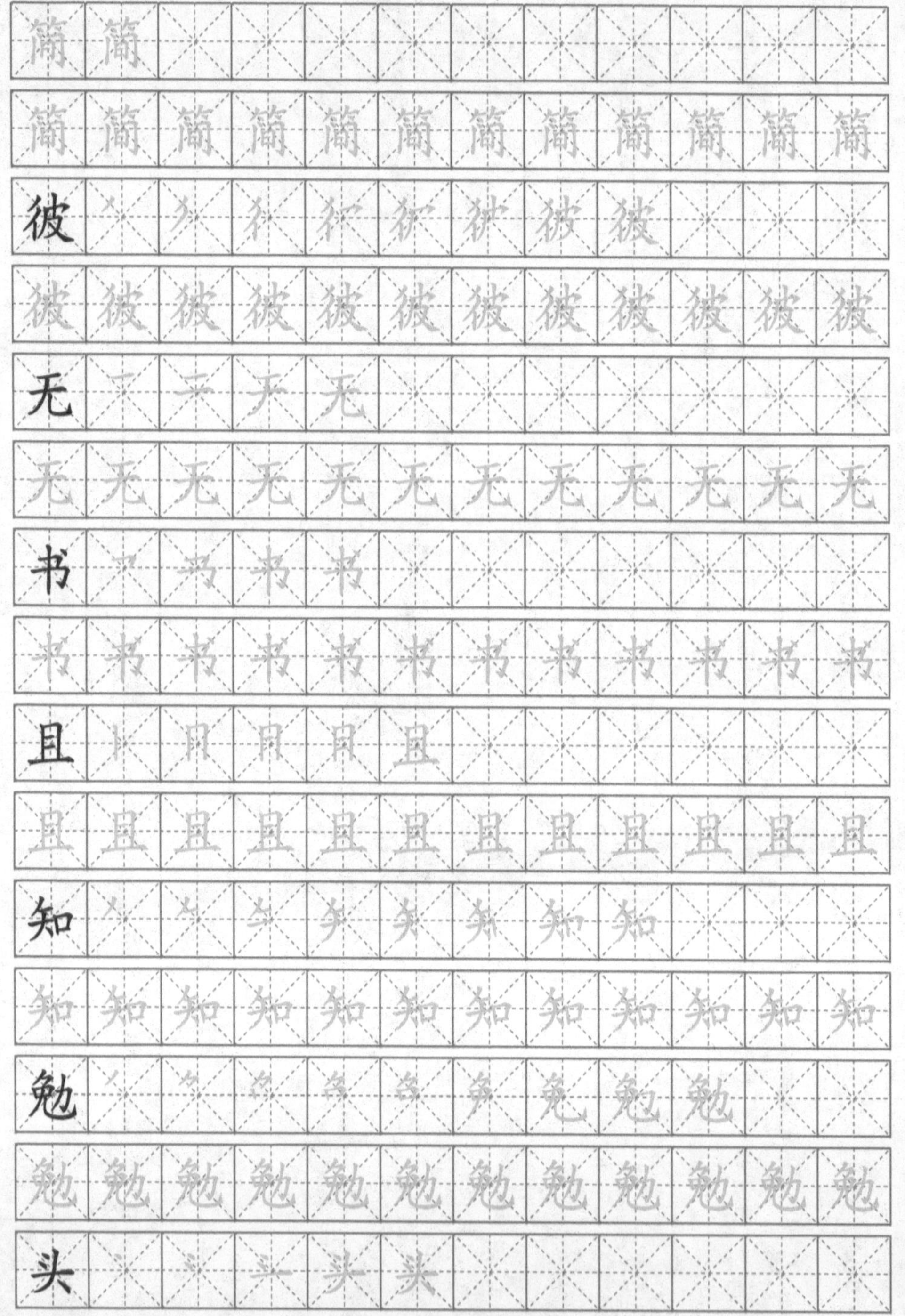

简 简
彼
无
书
且
知
勉
头

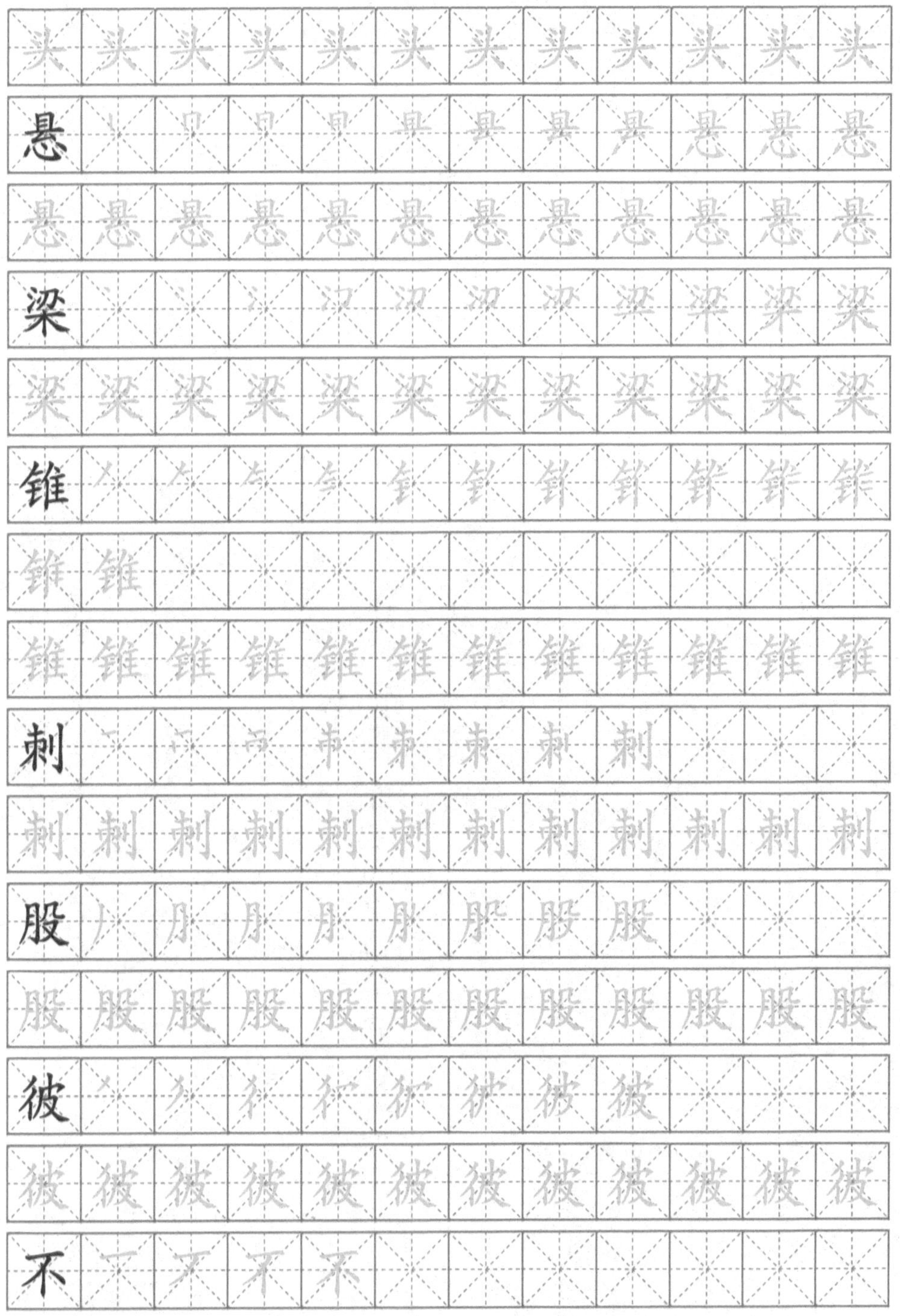

头
悬
梁
锥
刺
股
彼
不

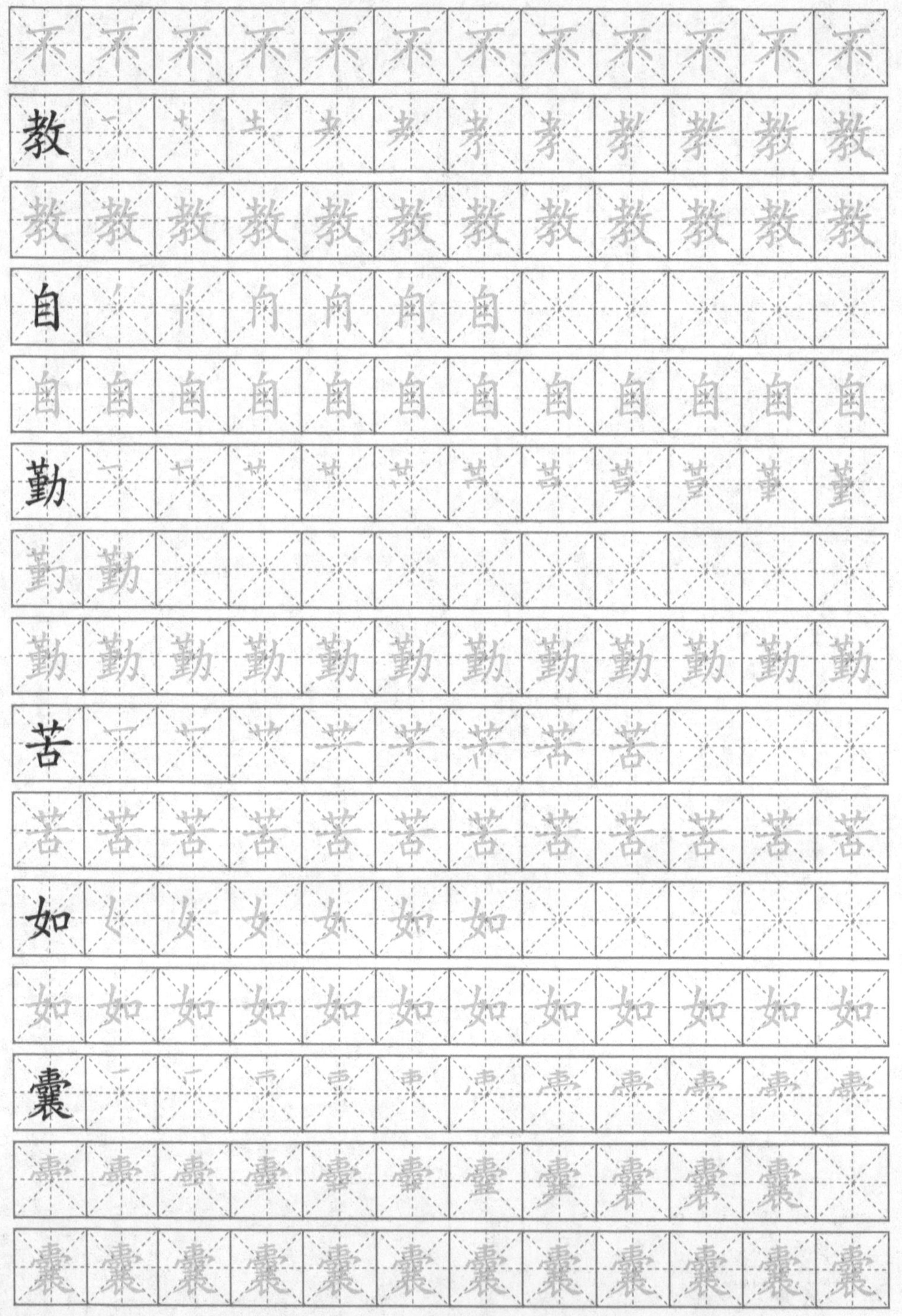

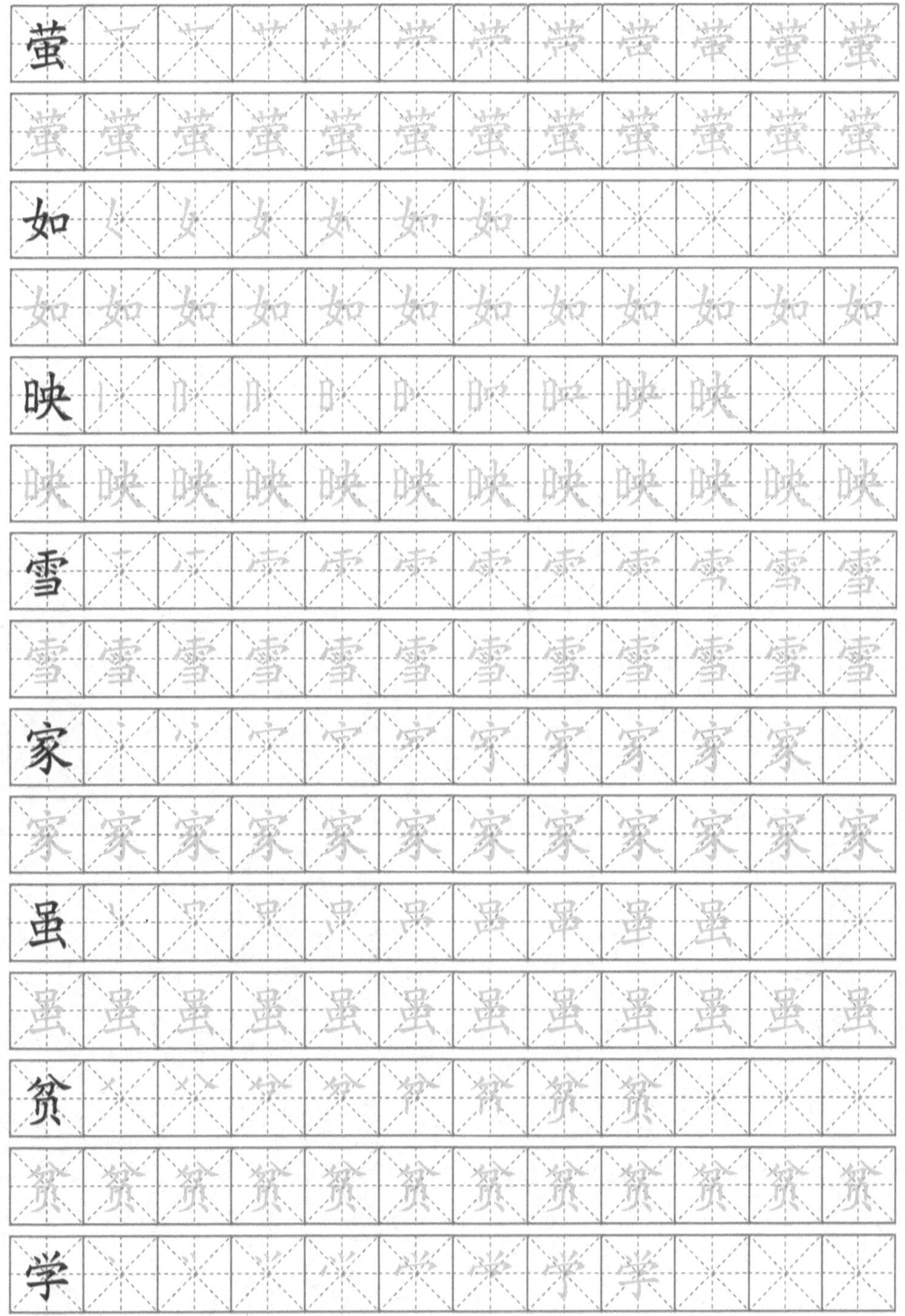

萤
如
映
雪
家
虫
贫
学

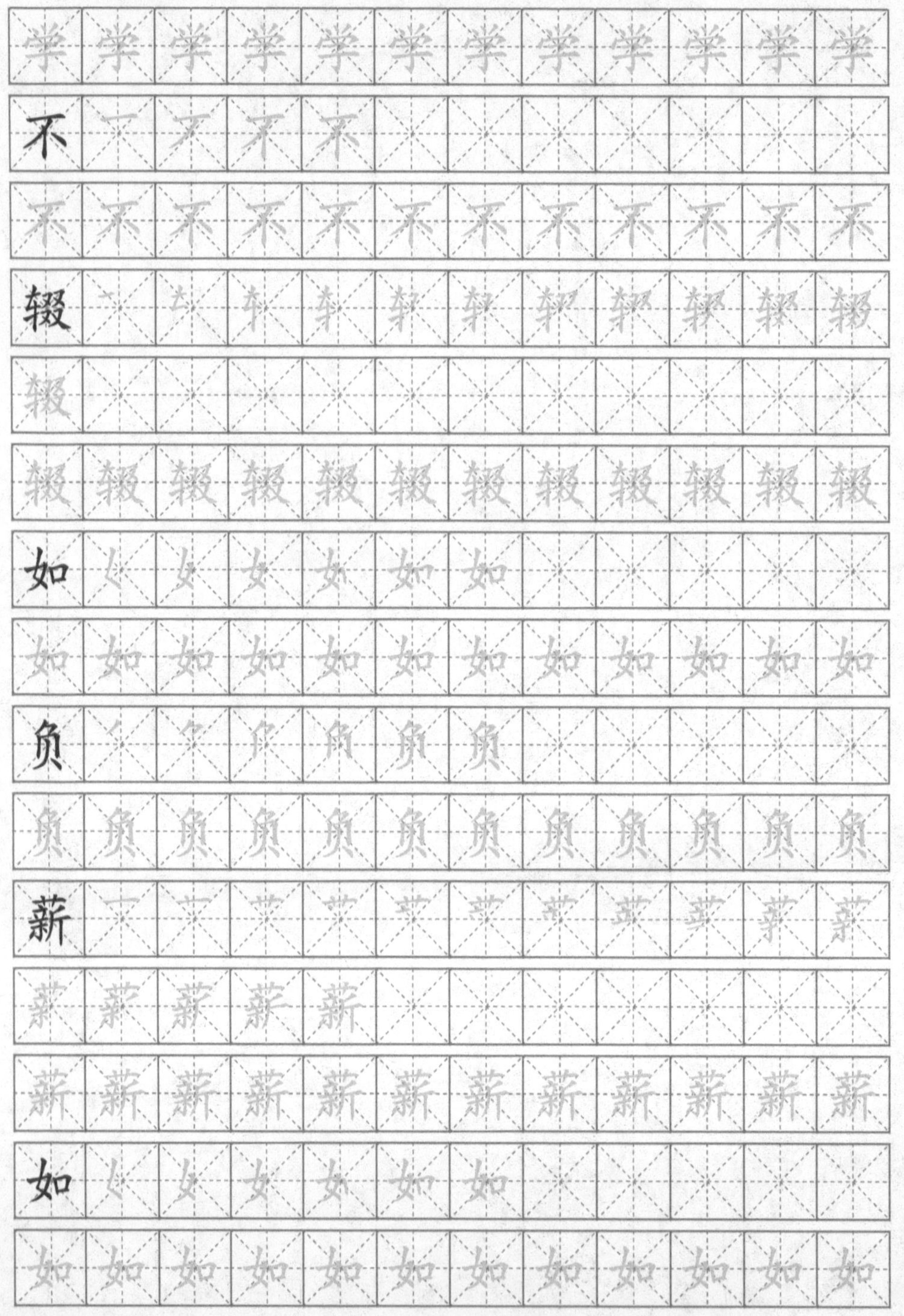

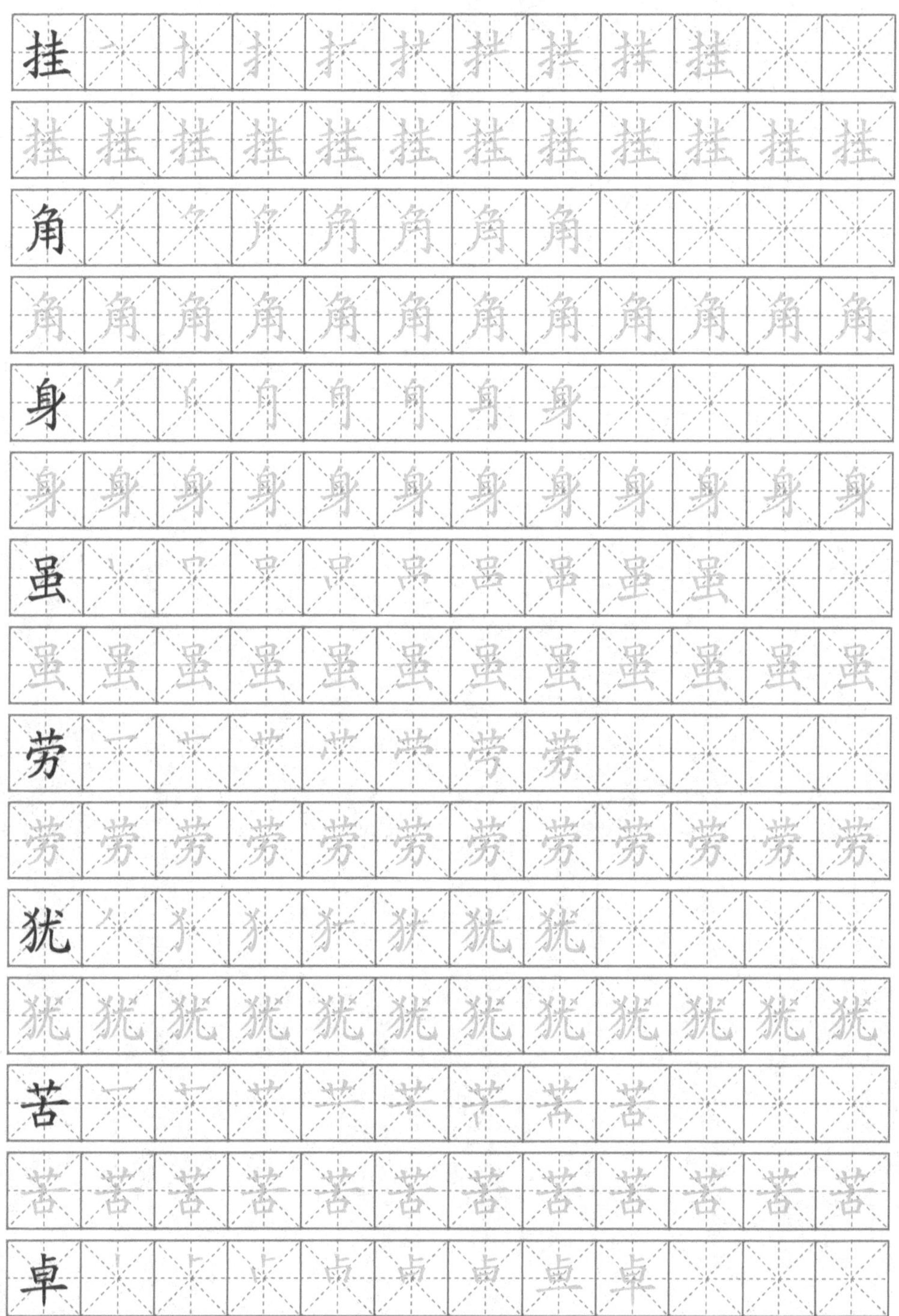

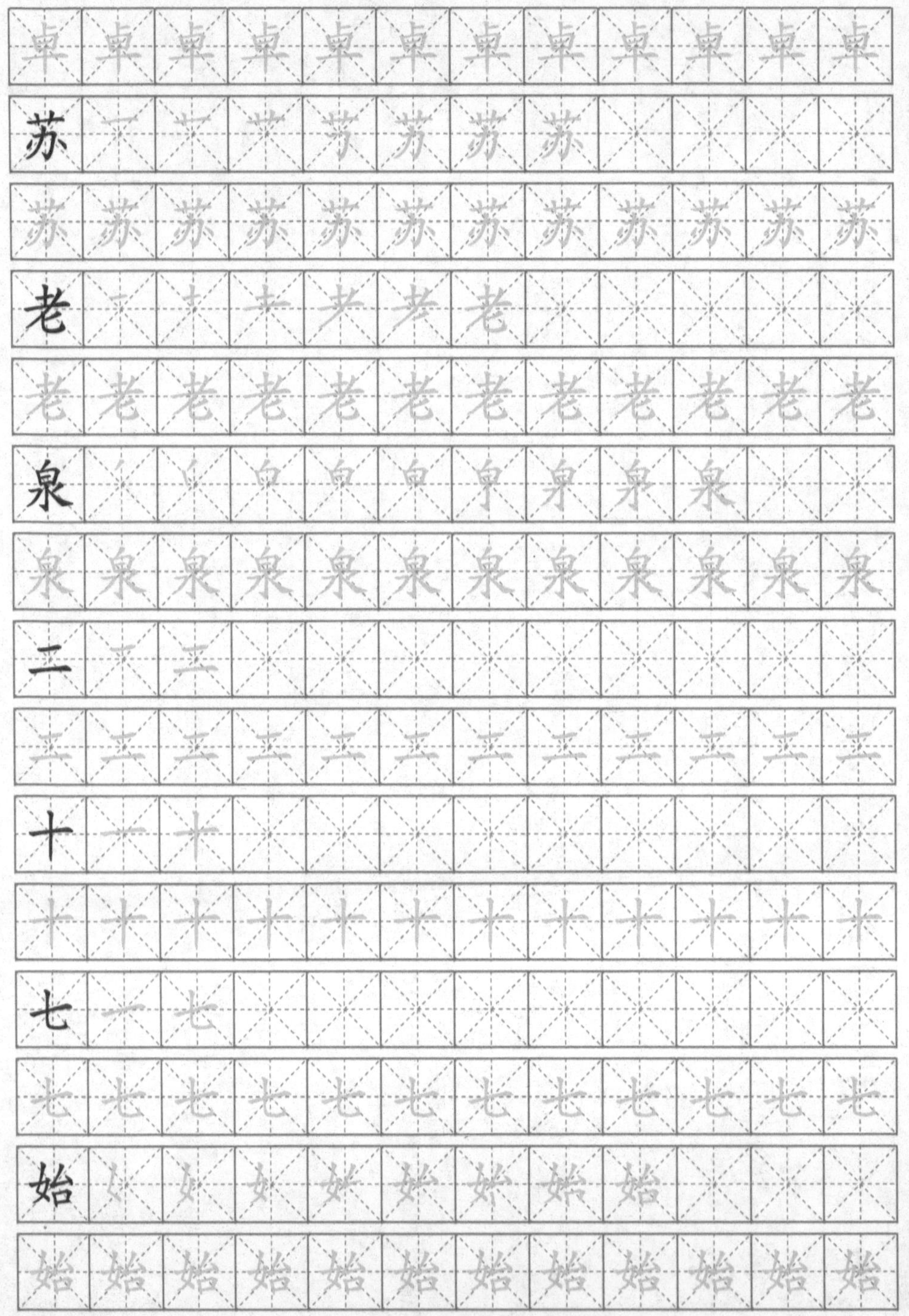

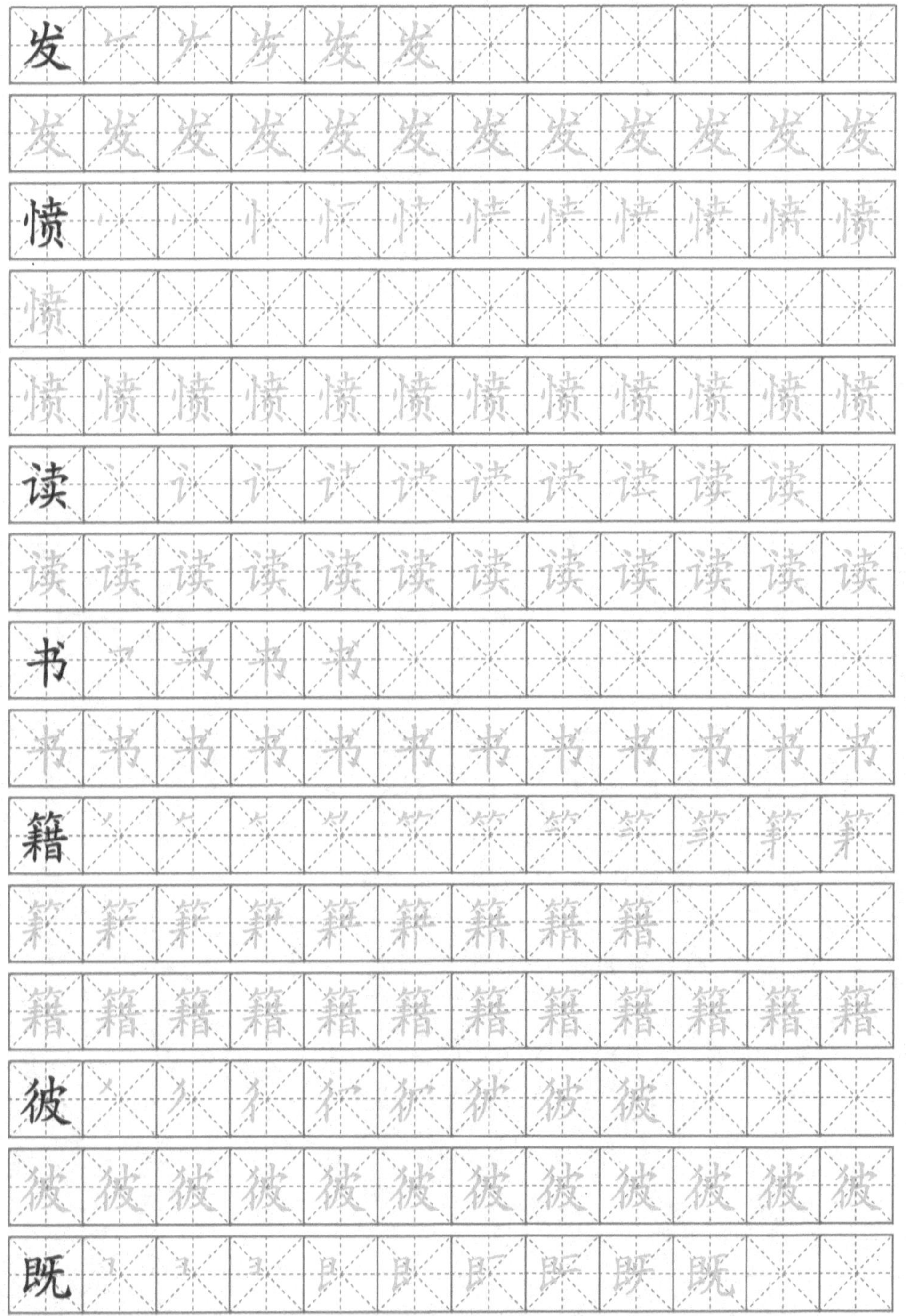

发
愤
读
书
籍
彼
既

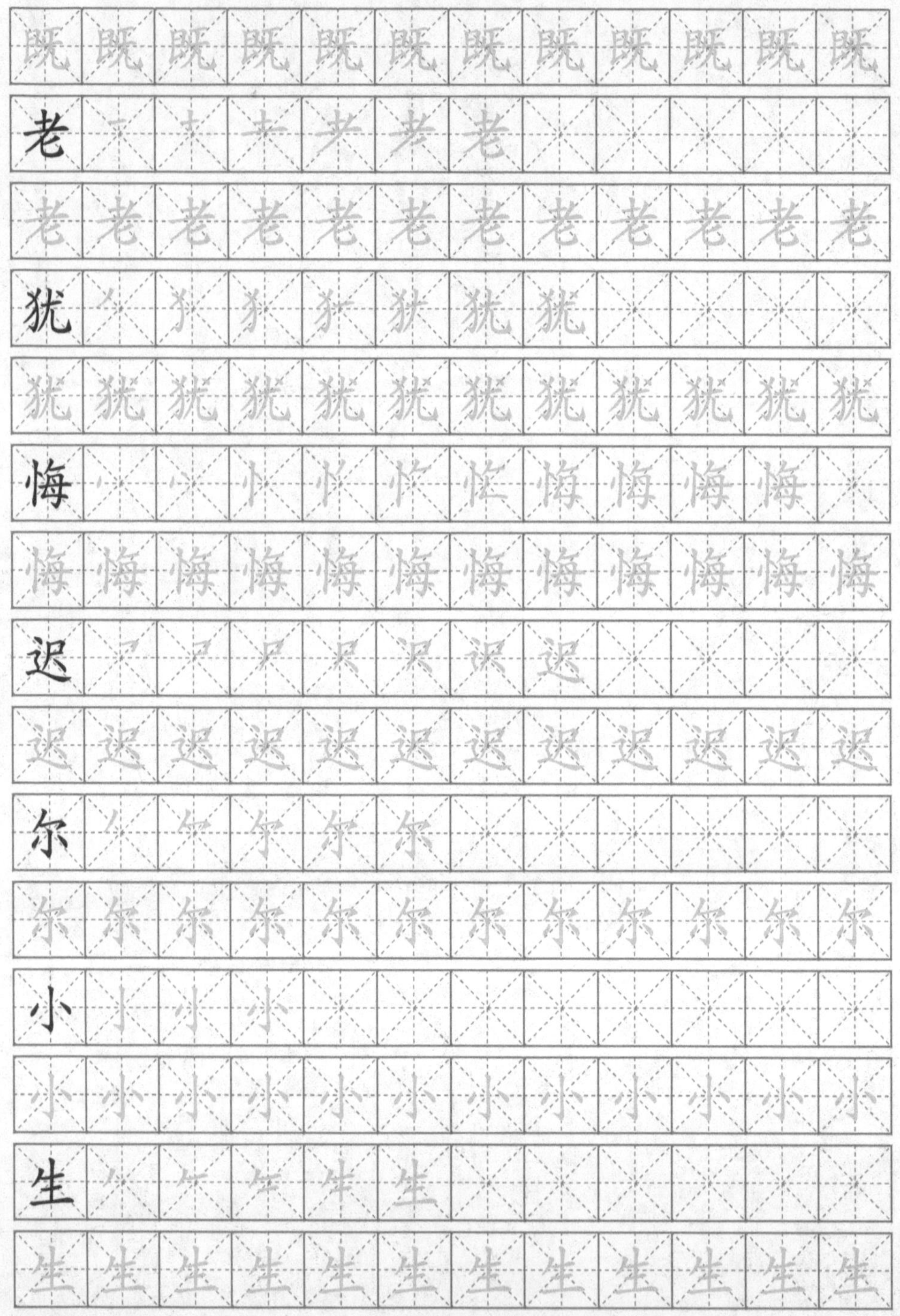

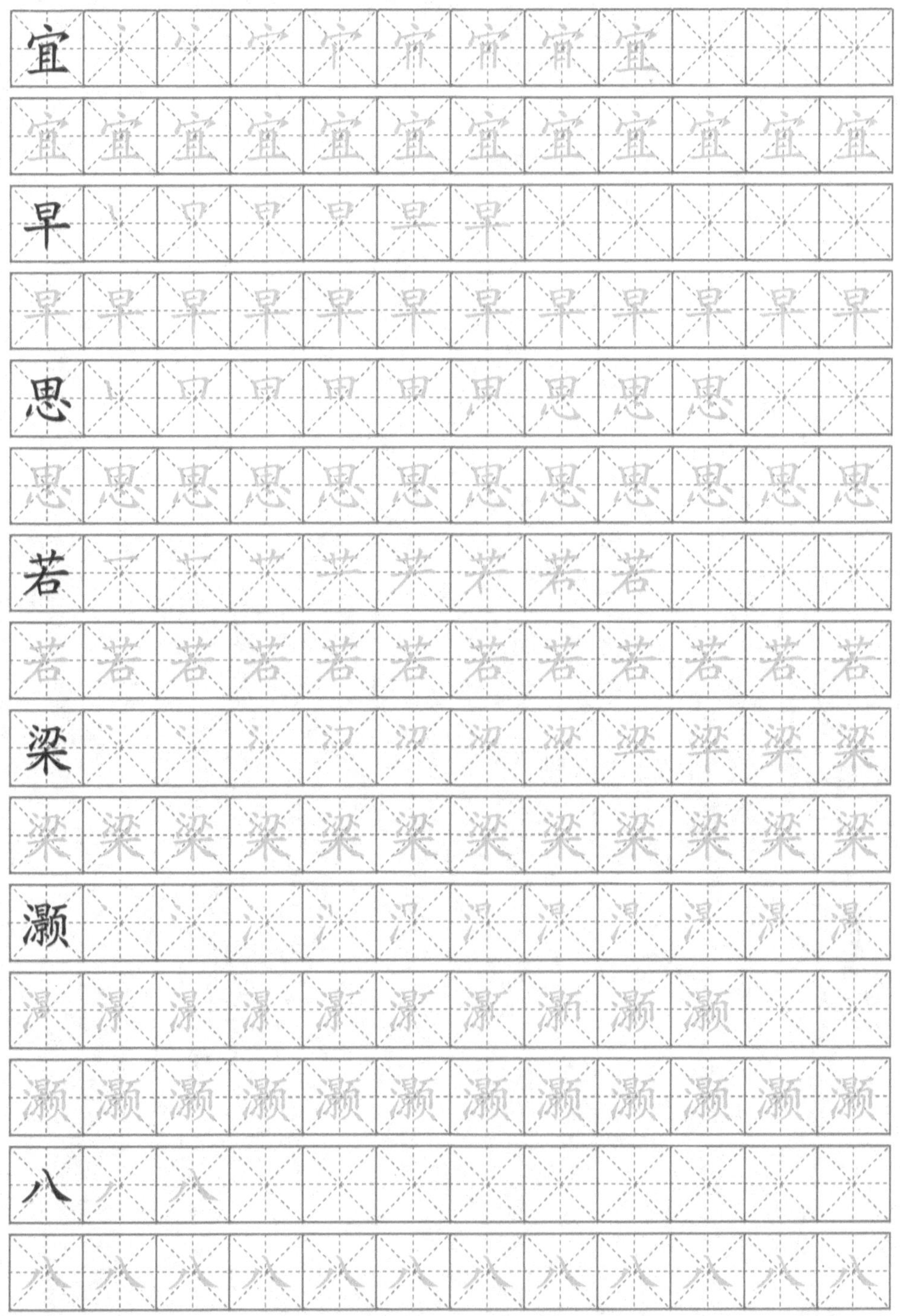

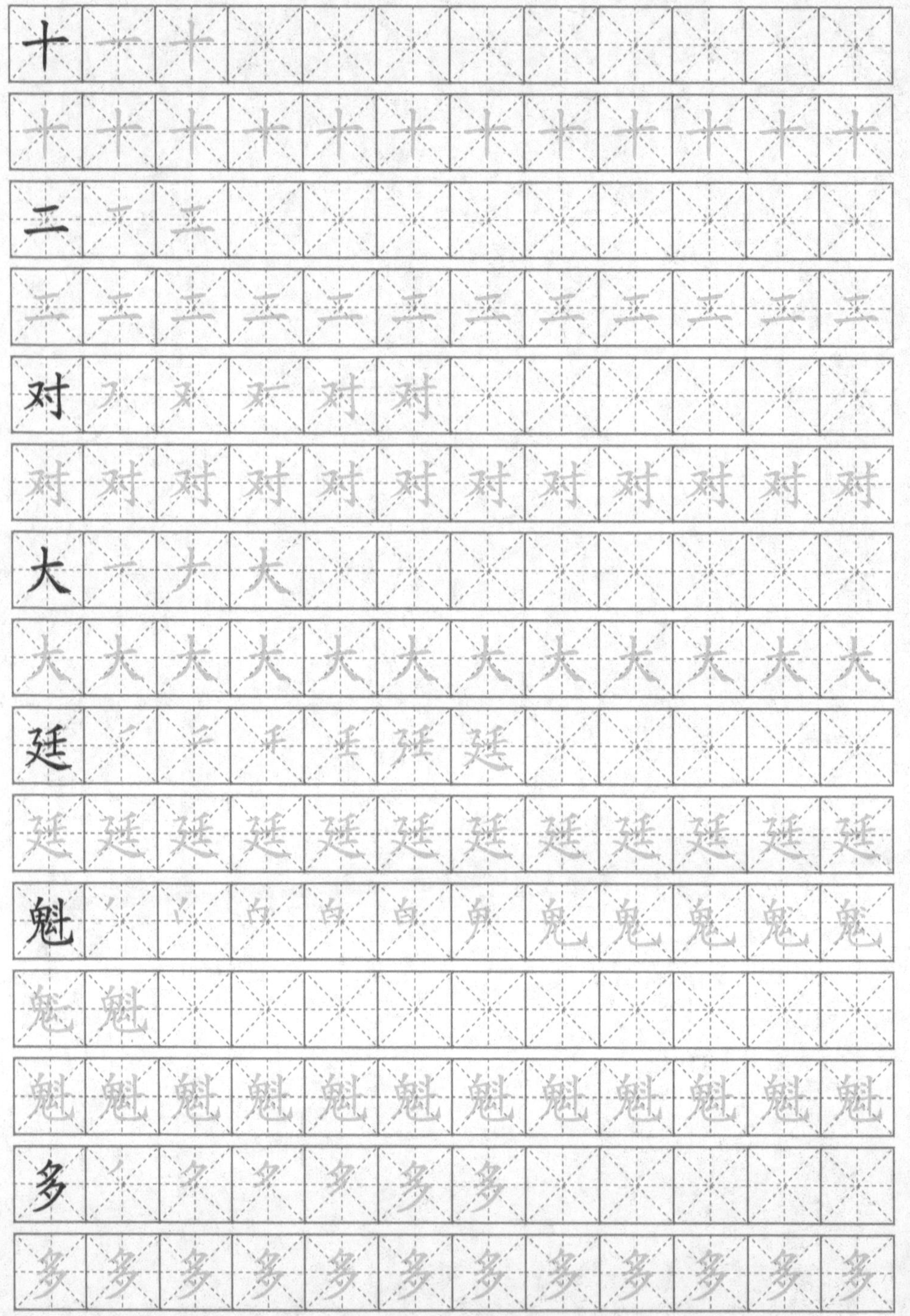

十
十
二
二
对
对
大
大
廷
廷
魁
魁
多
多

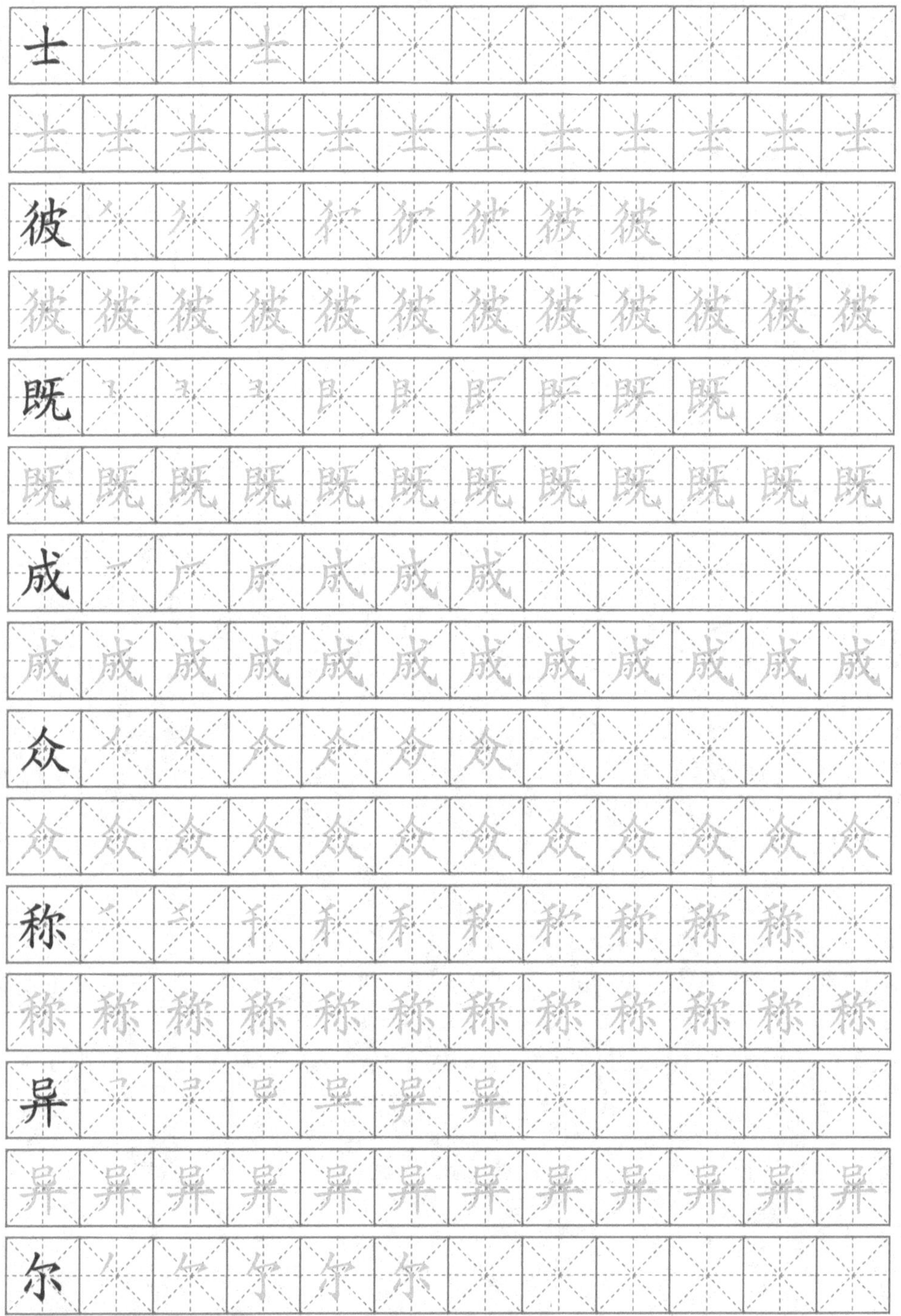

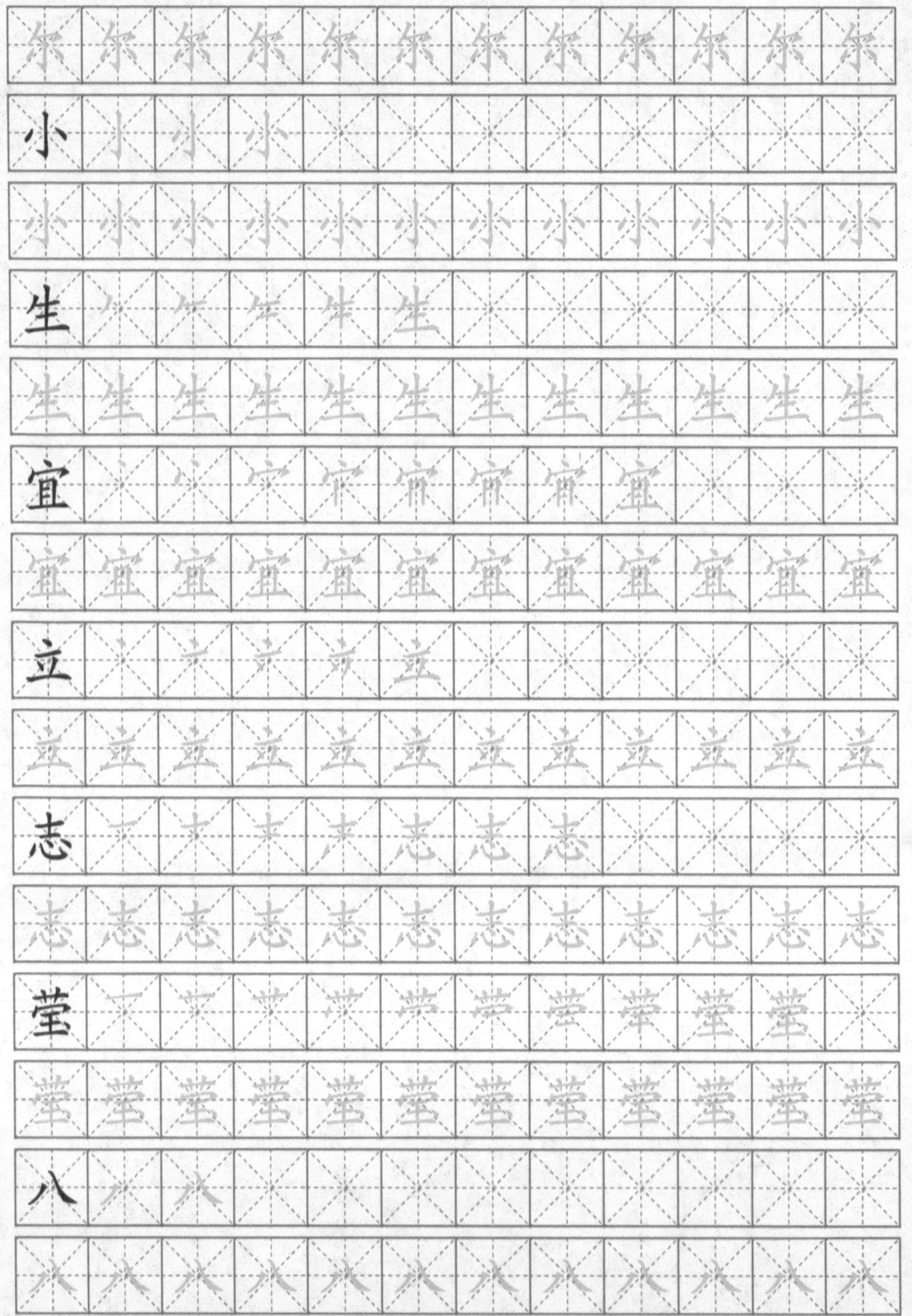

尔
小
生
宜
立
志
莹
八

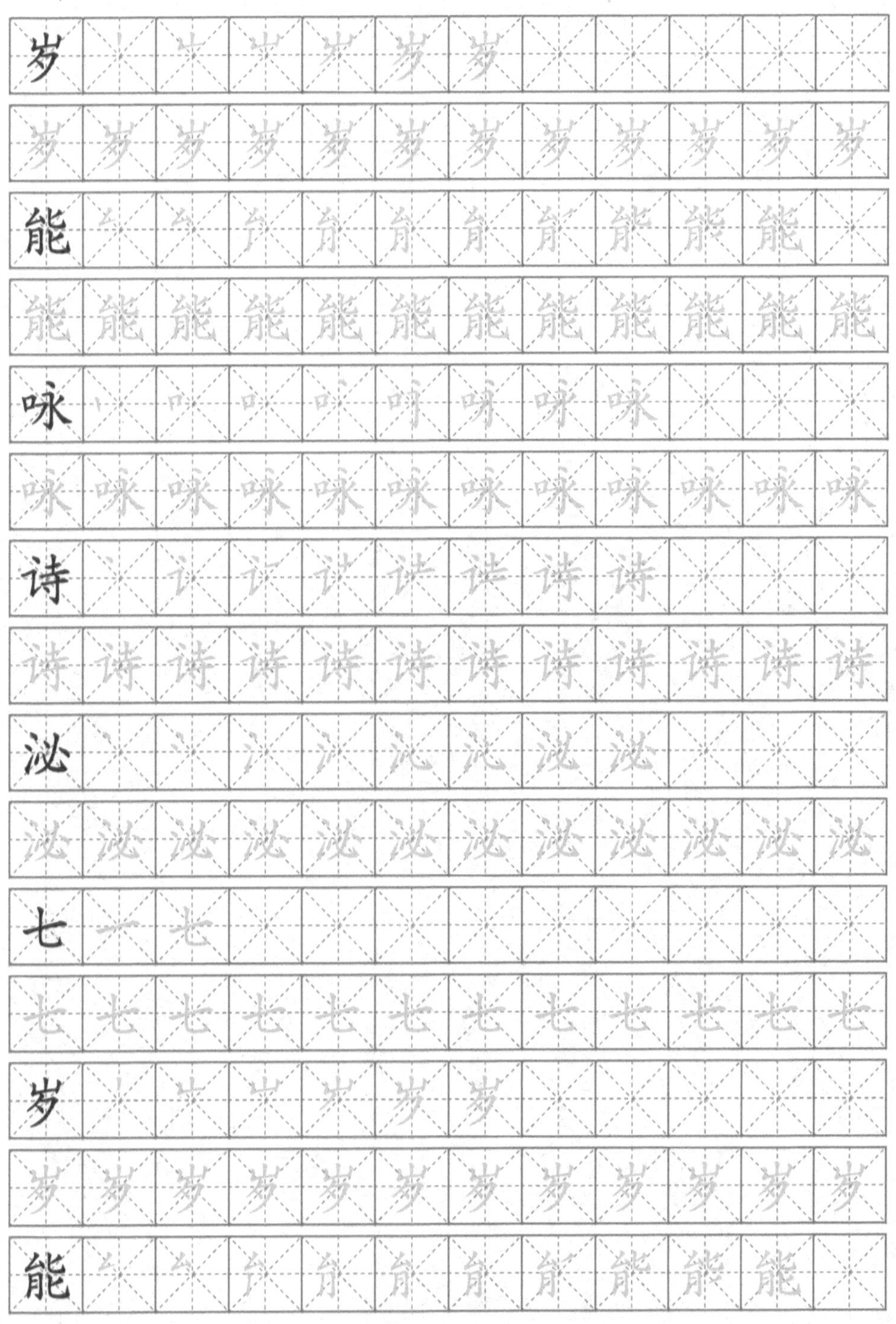

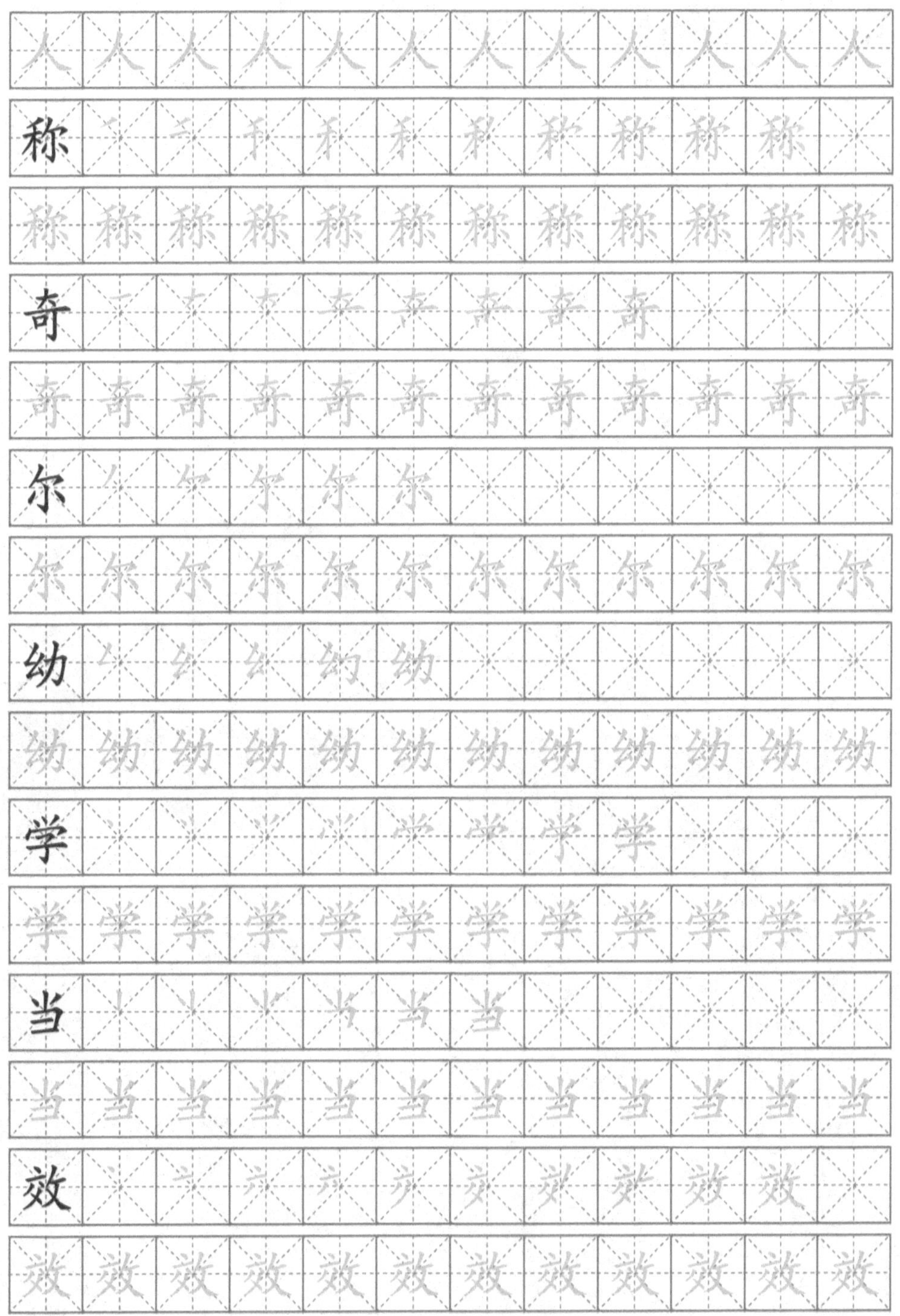

人
称
奇
尔
幼
学
当
效

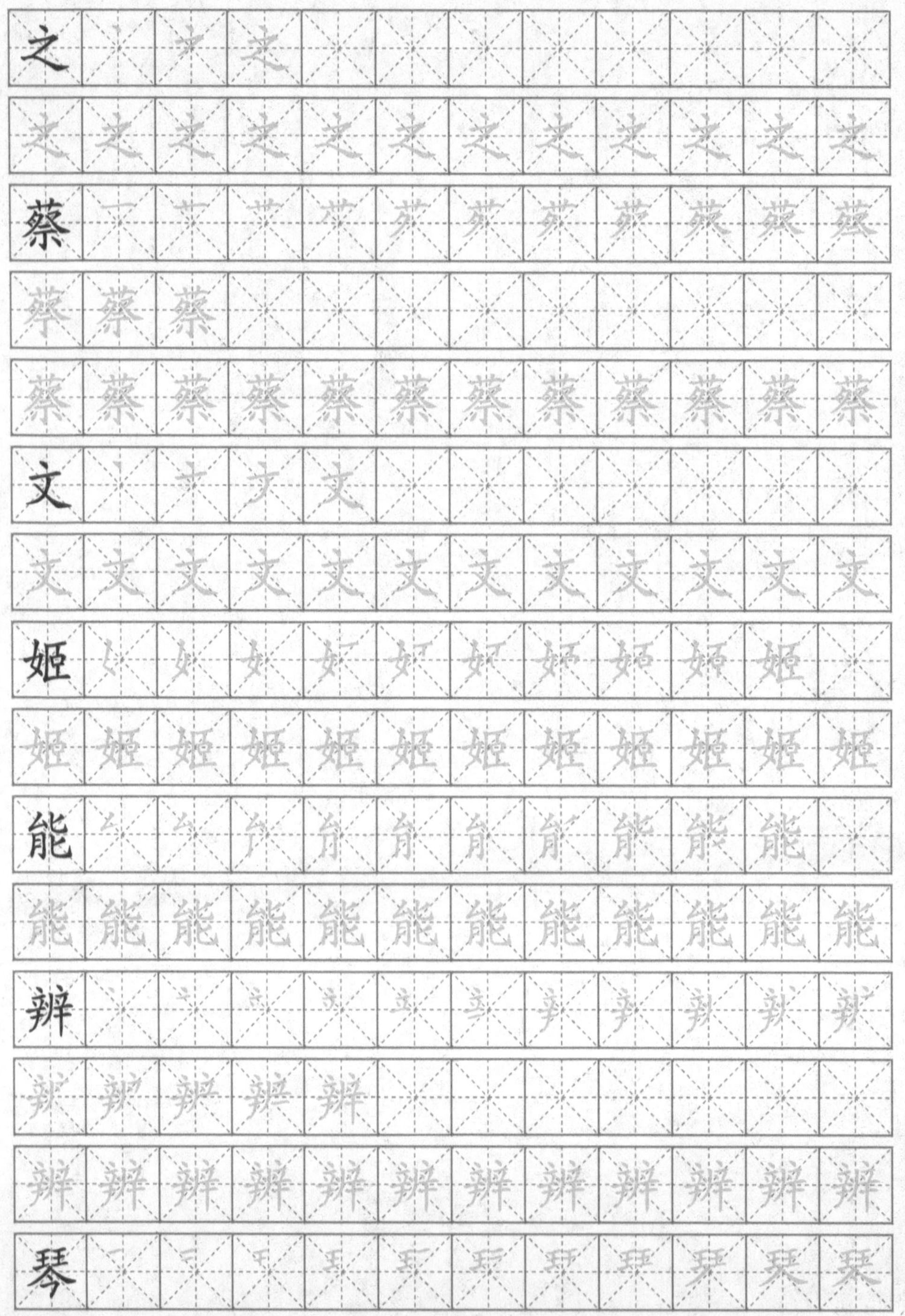

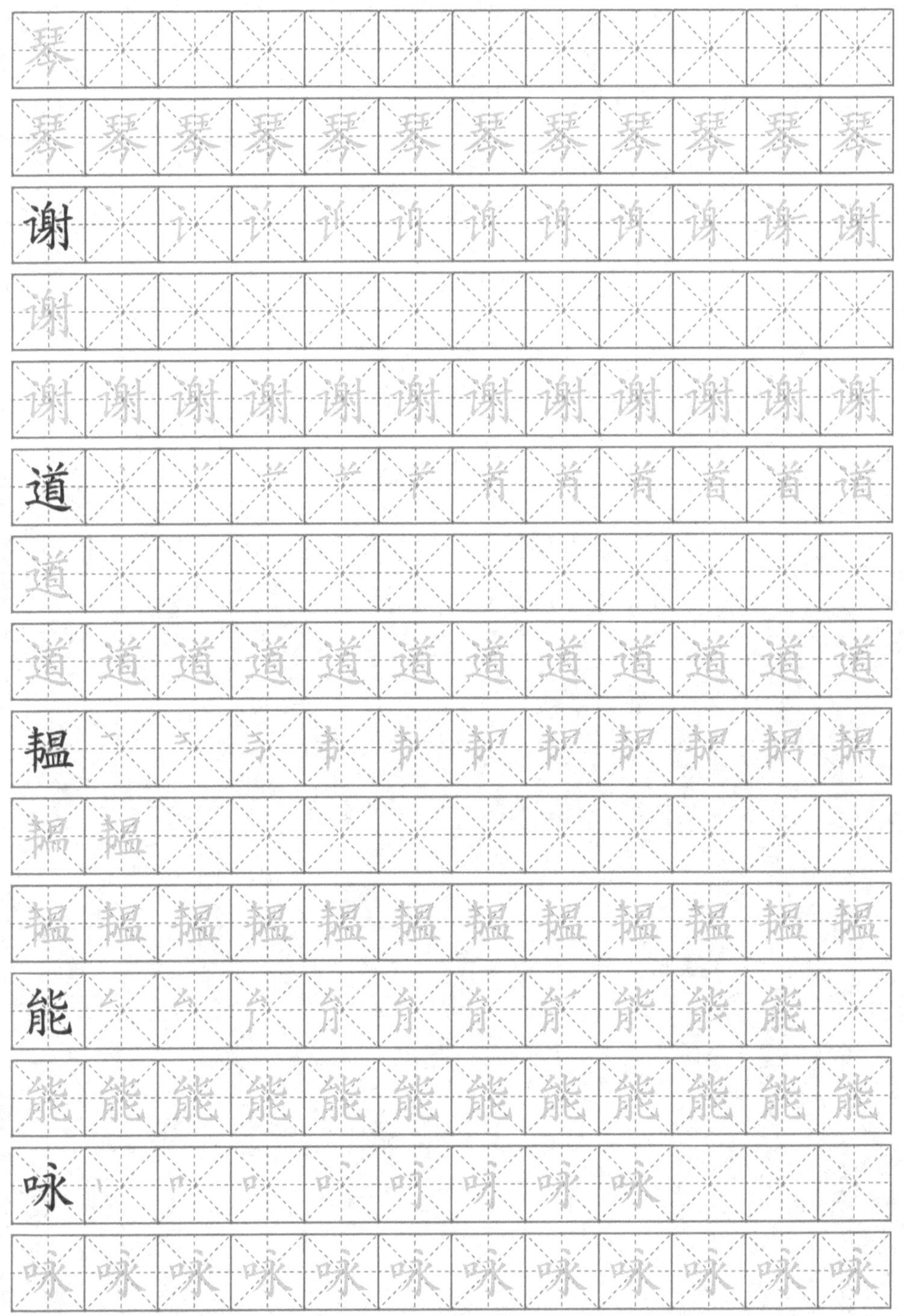

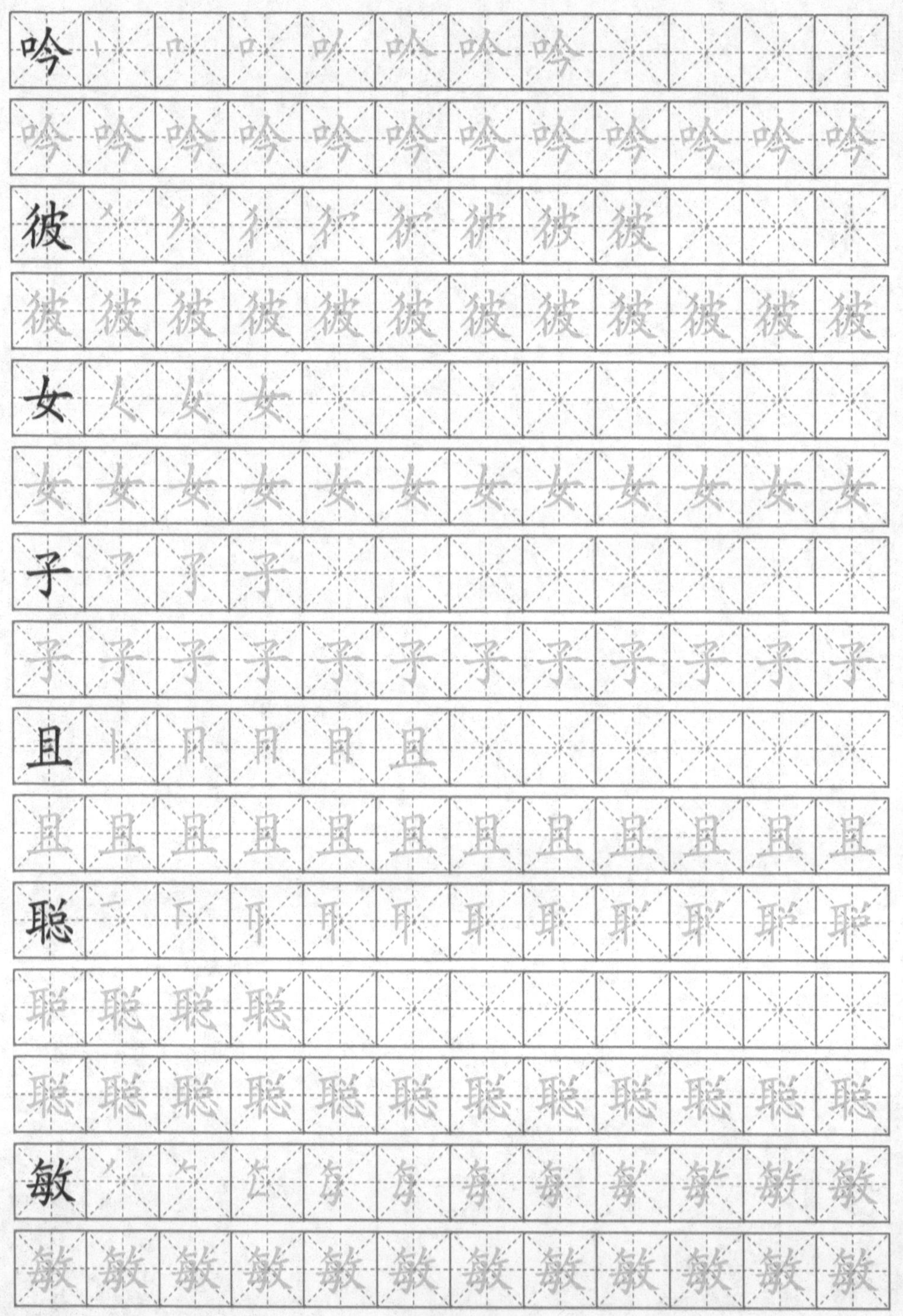

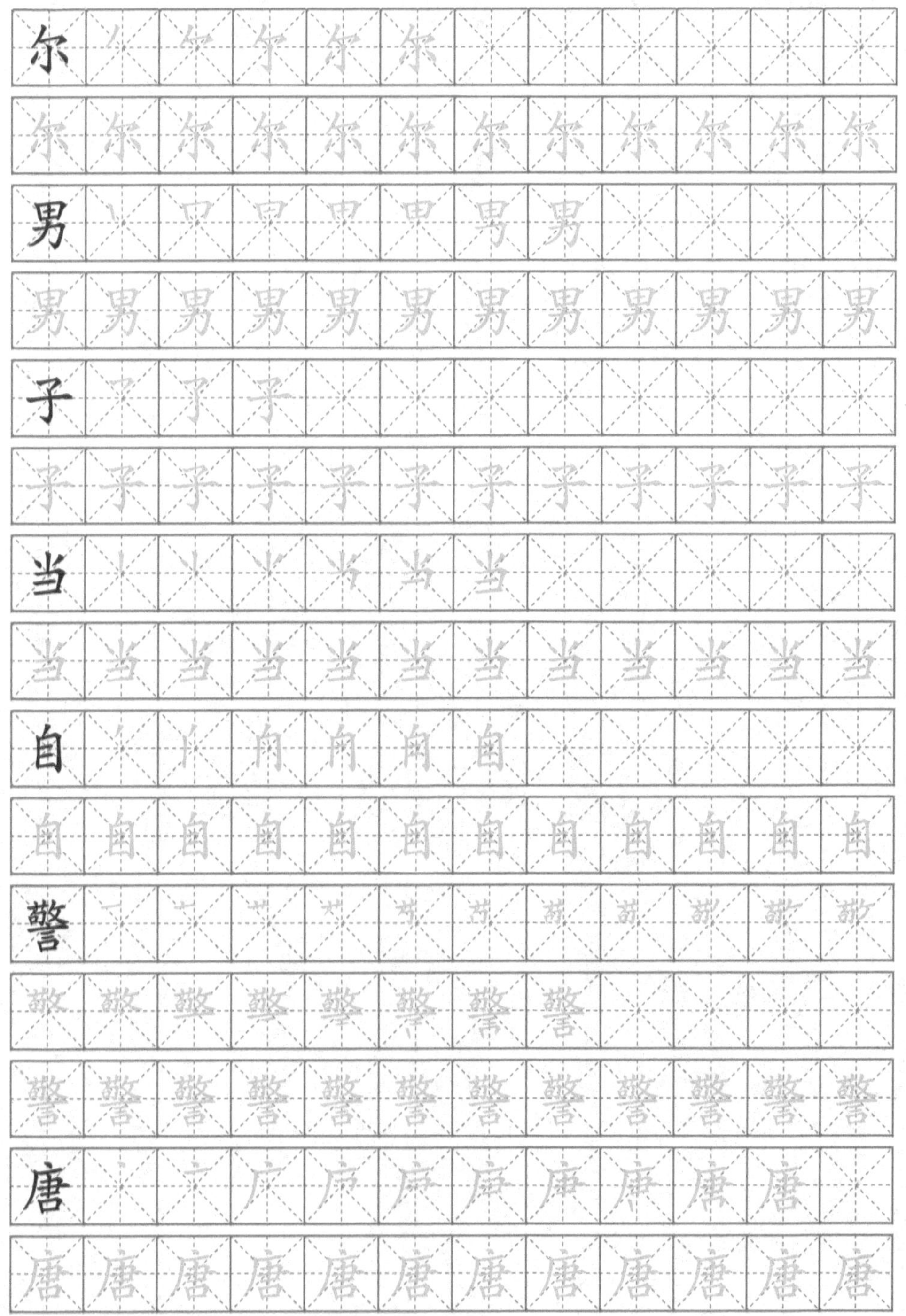

尔

男

子

当

自

警

唐

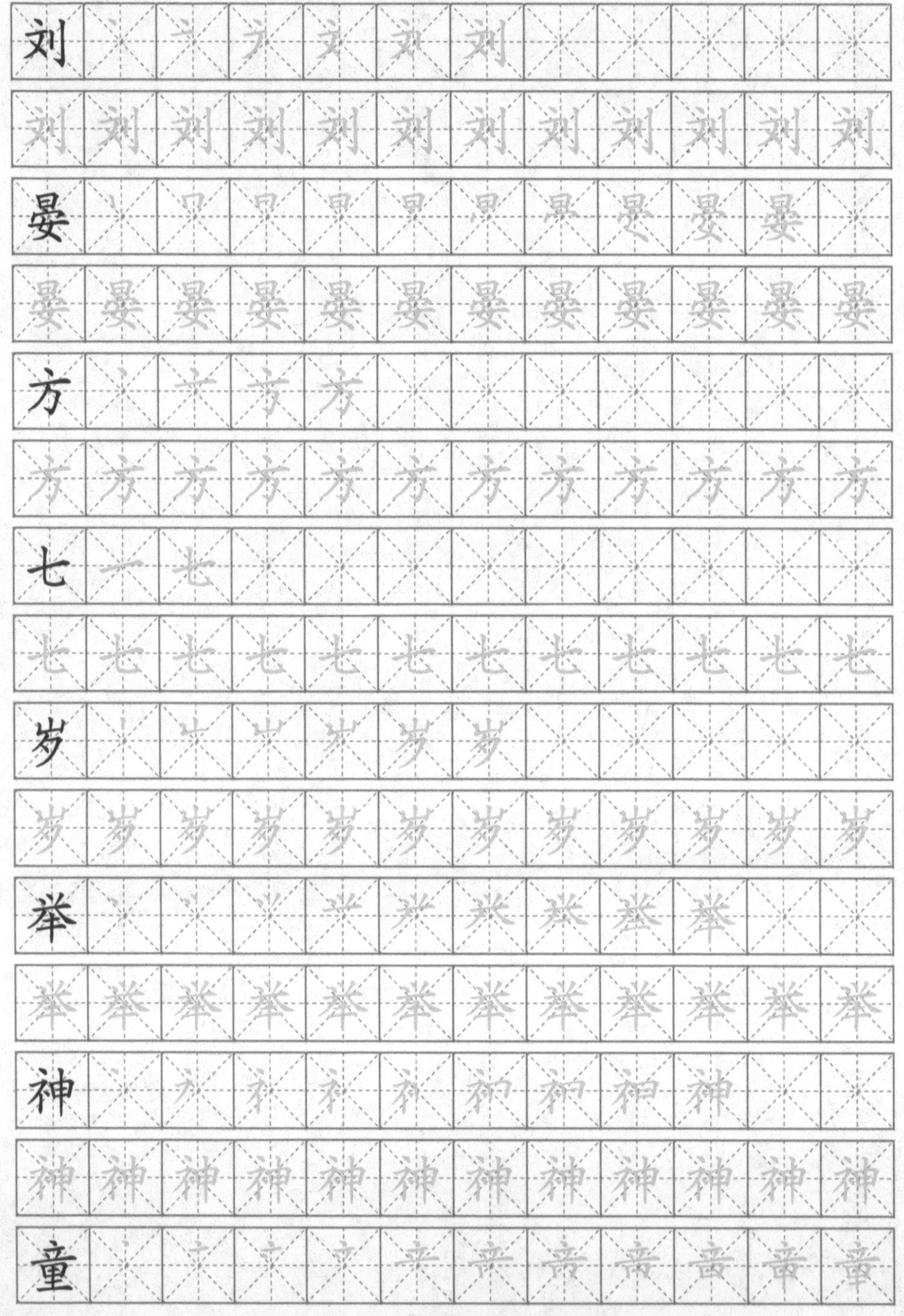

刘
晏
方
七
岁
举
神
童

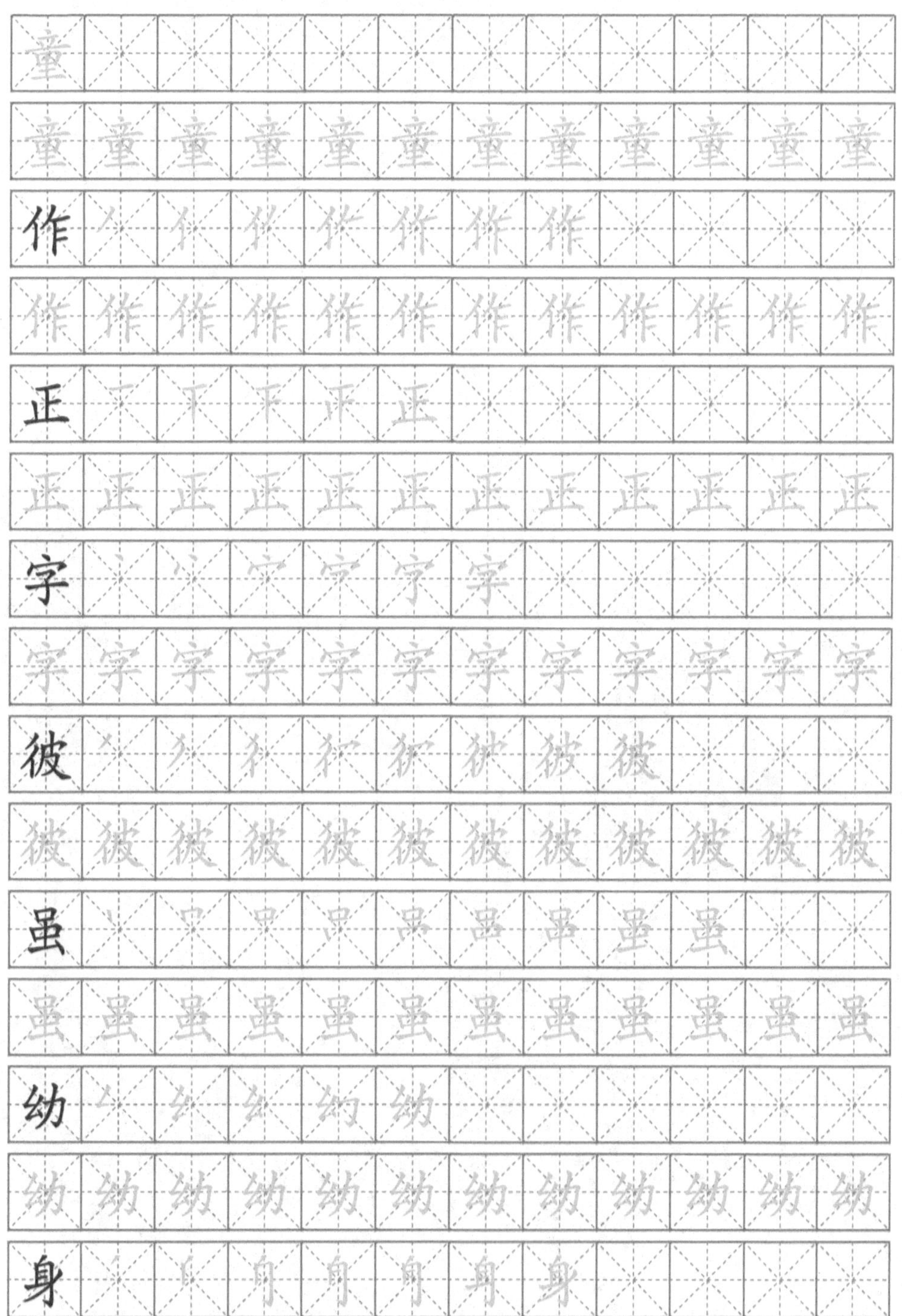

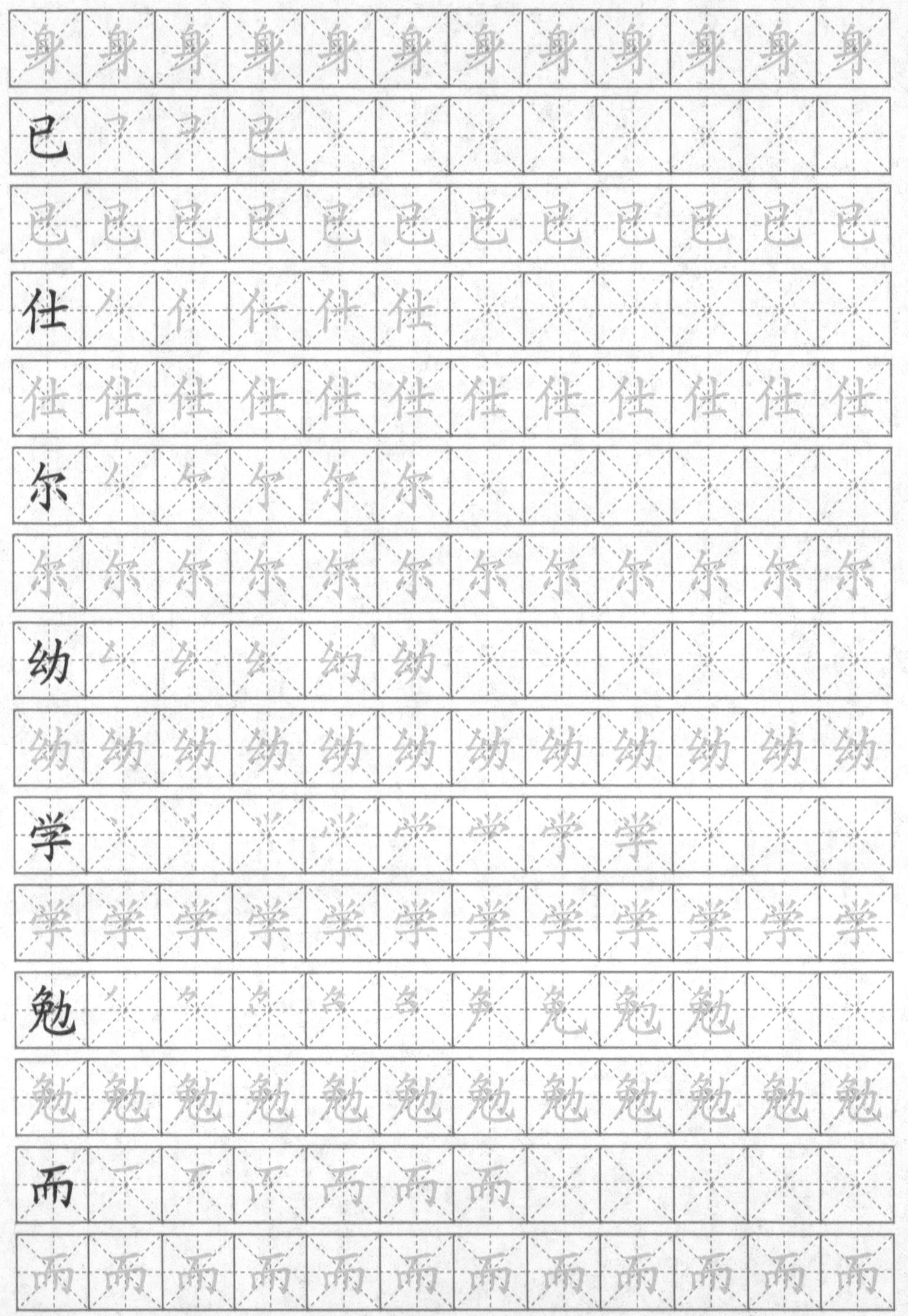

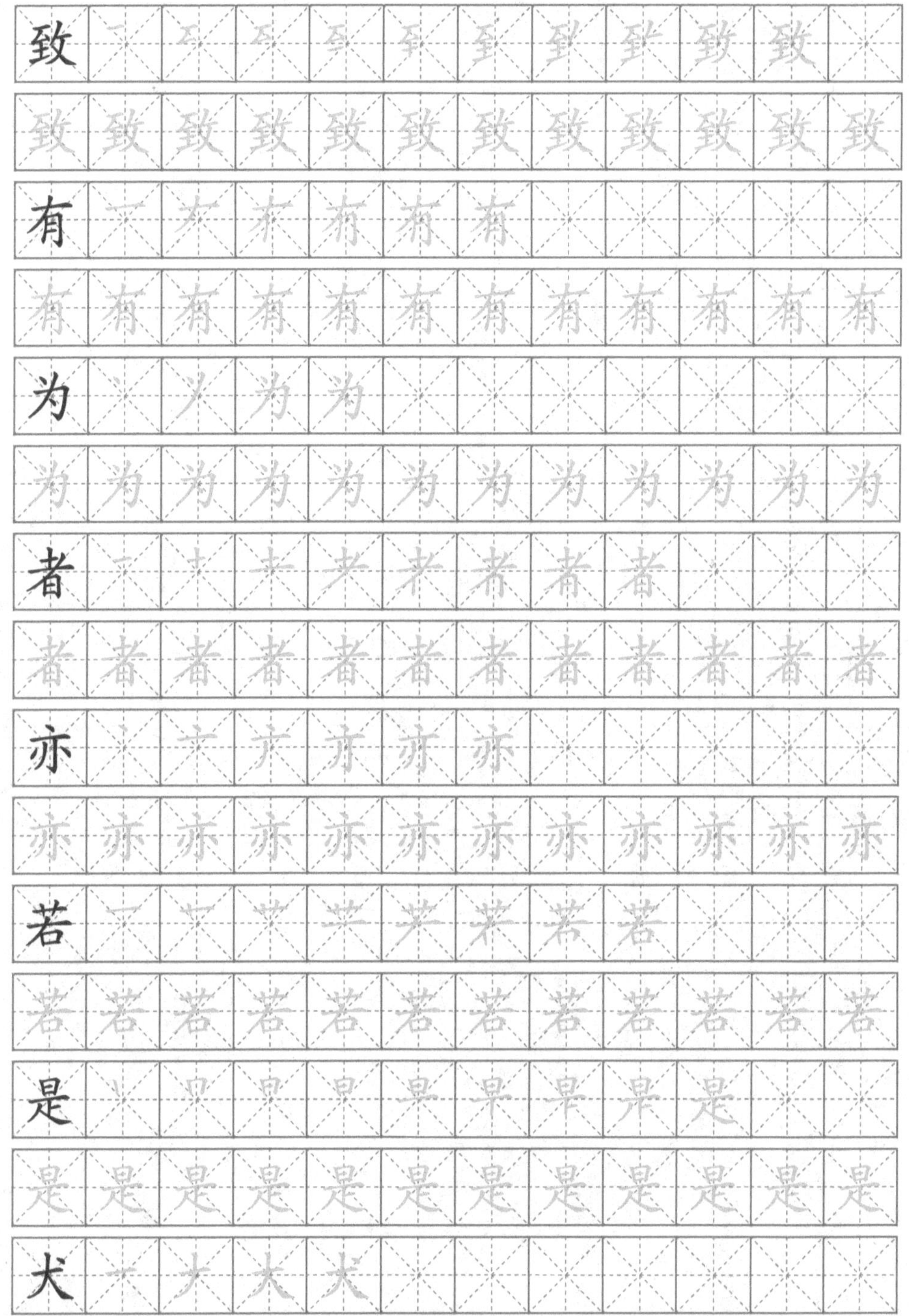

致
有
为
者
亦
若
是
犬

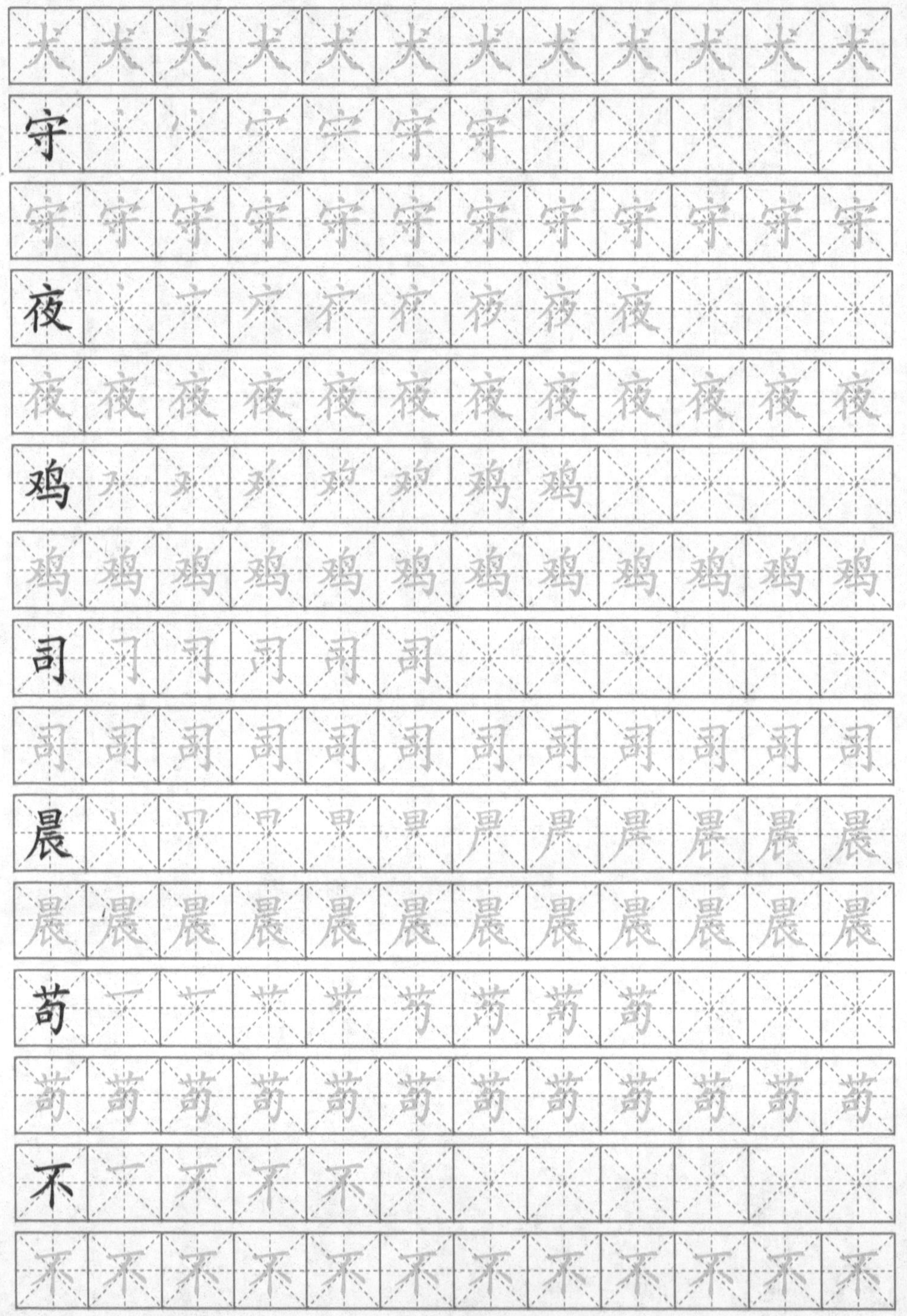

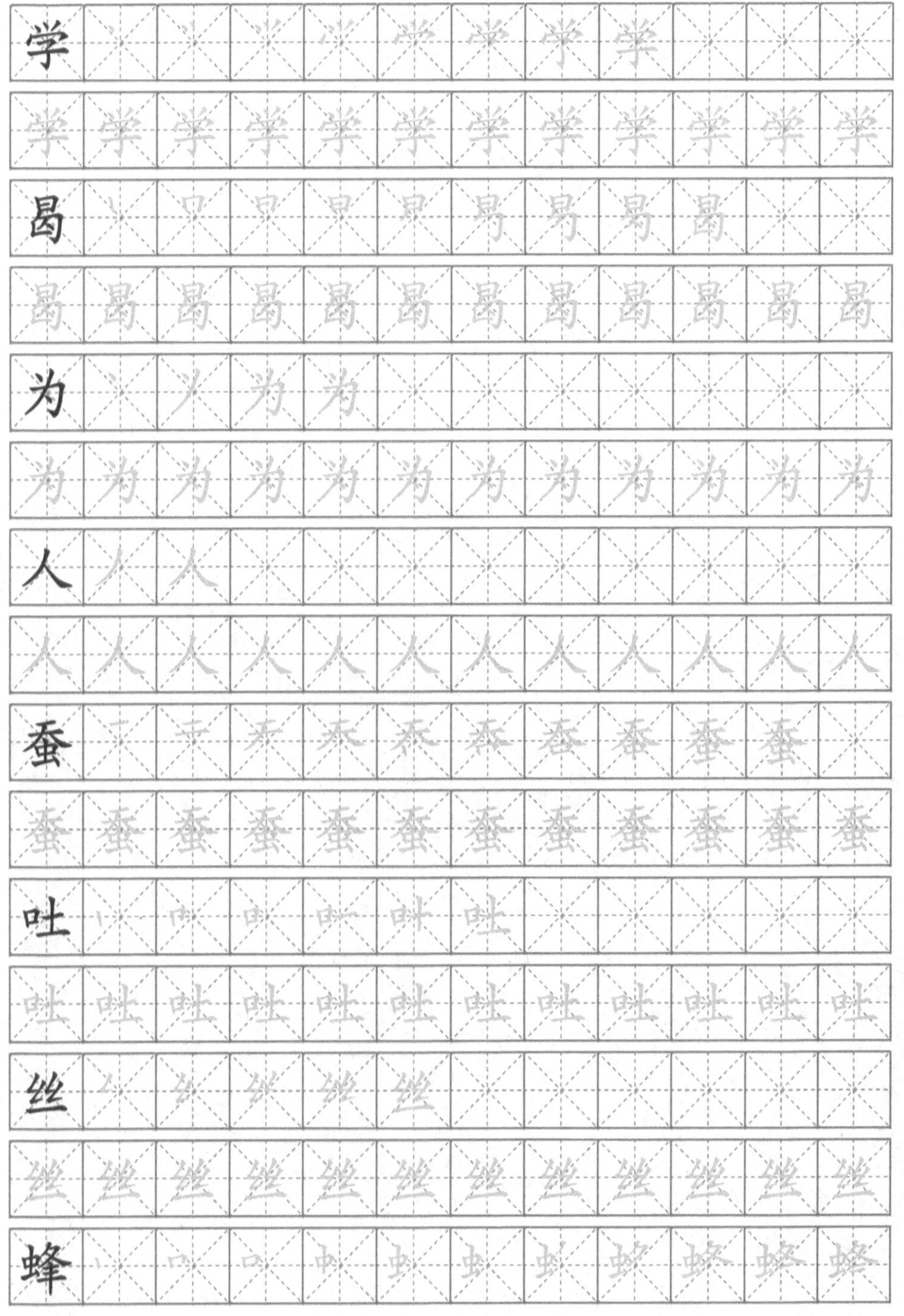

学
曷
为
人
蚕
吐
丝
蜂

蜂
酿
蜜
人
不
学
不

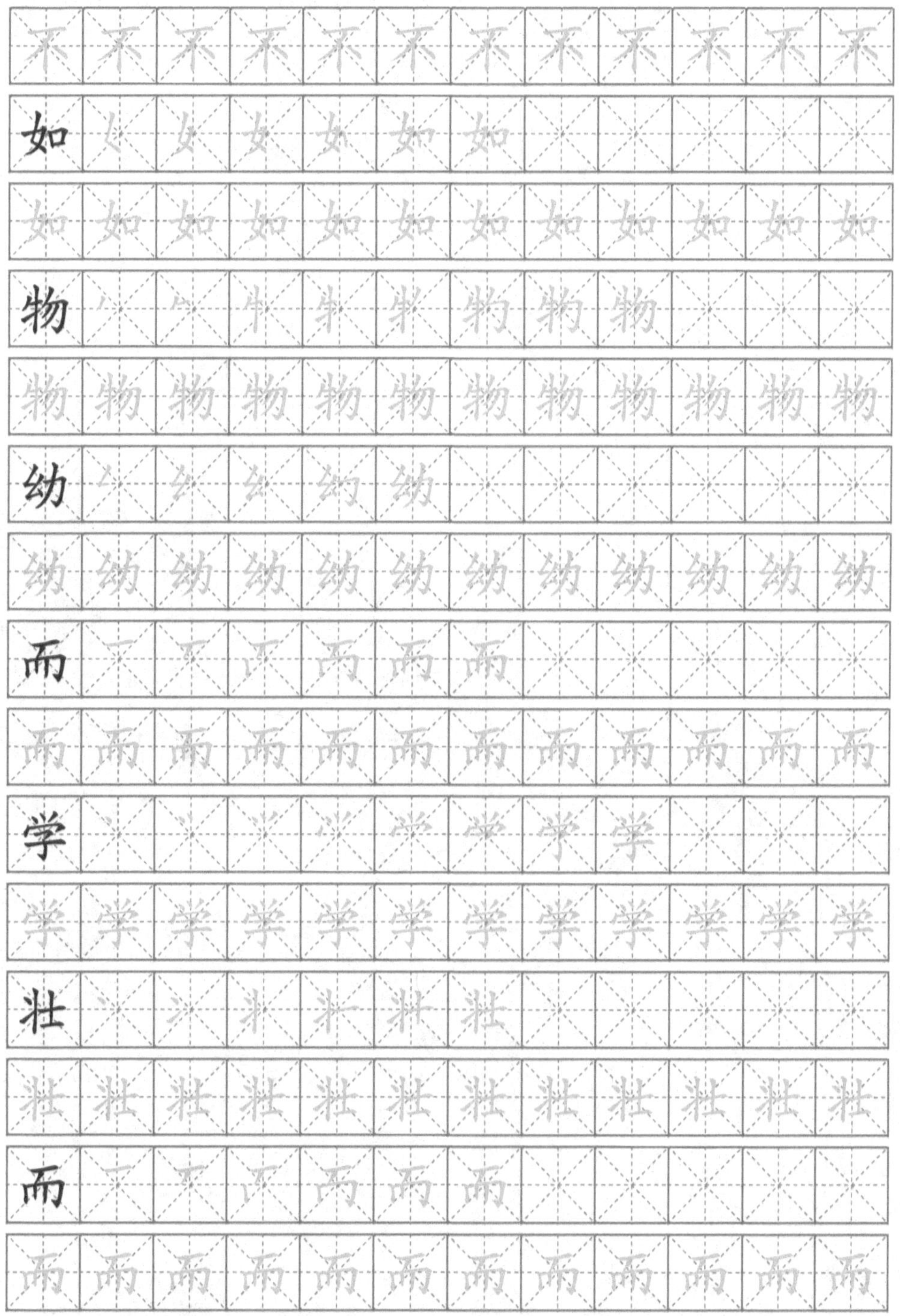

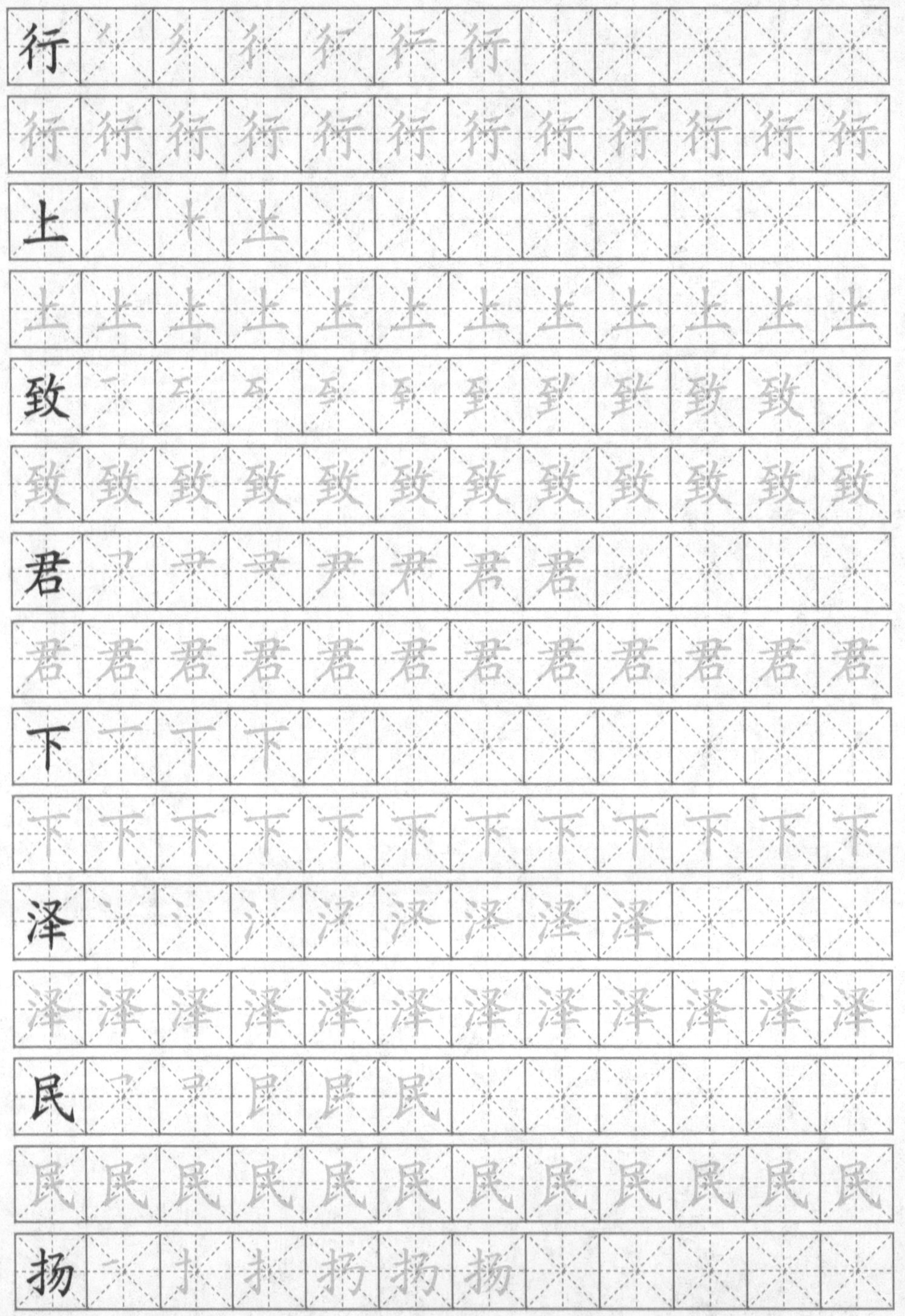

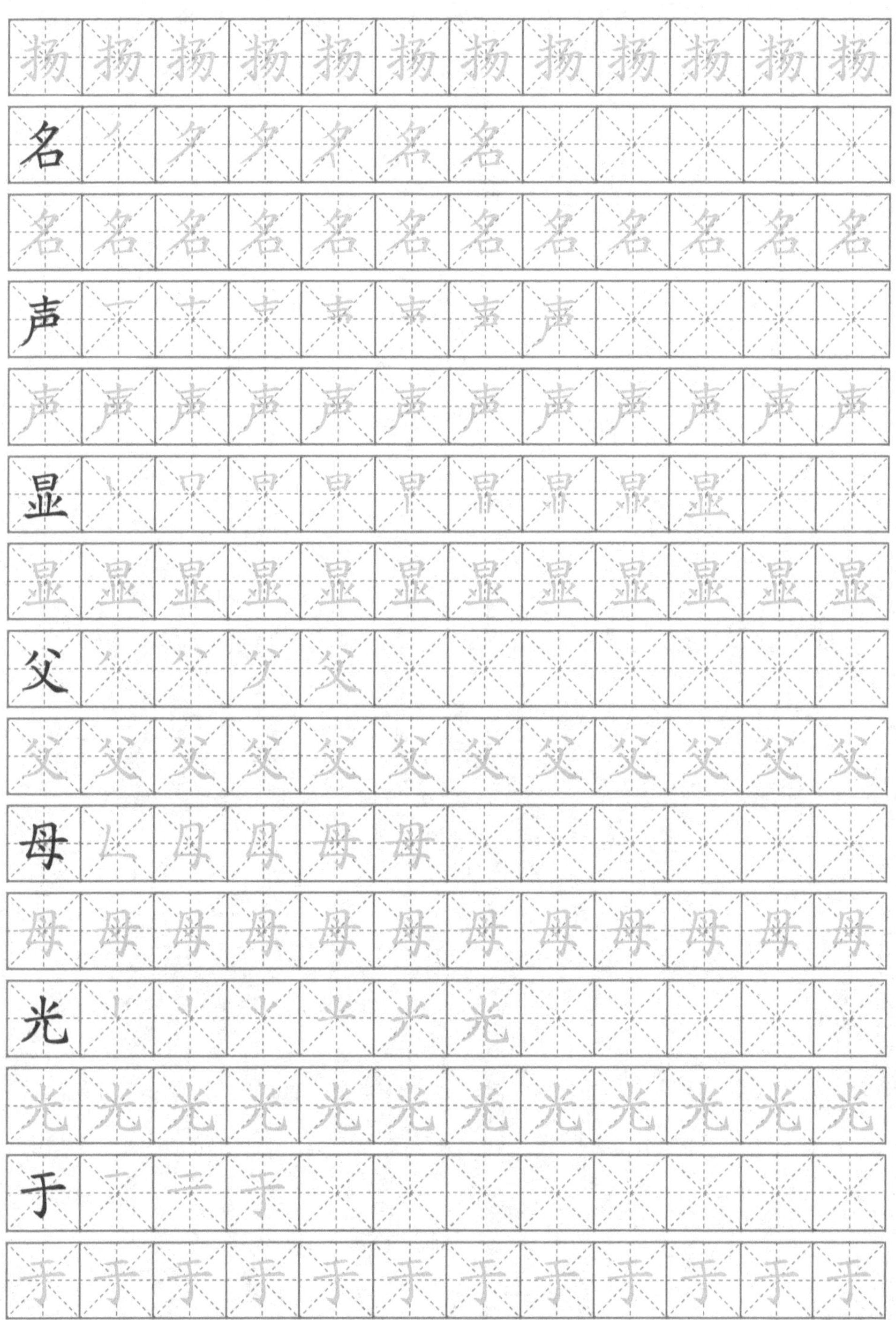

扬
名
声
显
父
母
光
于

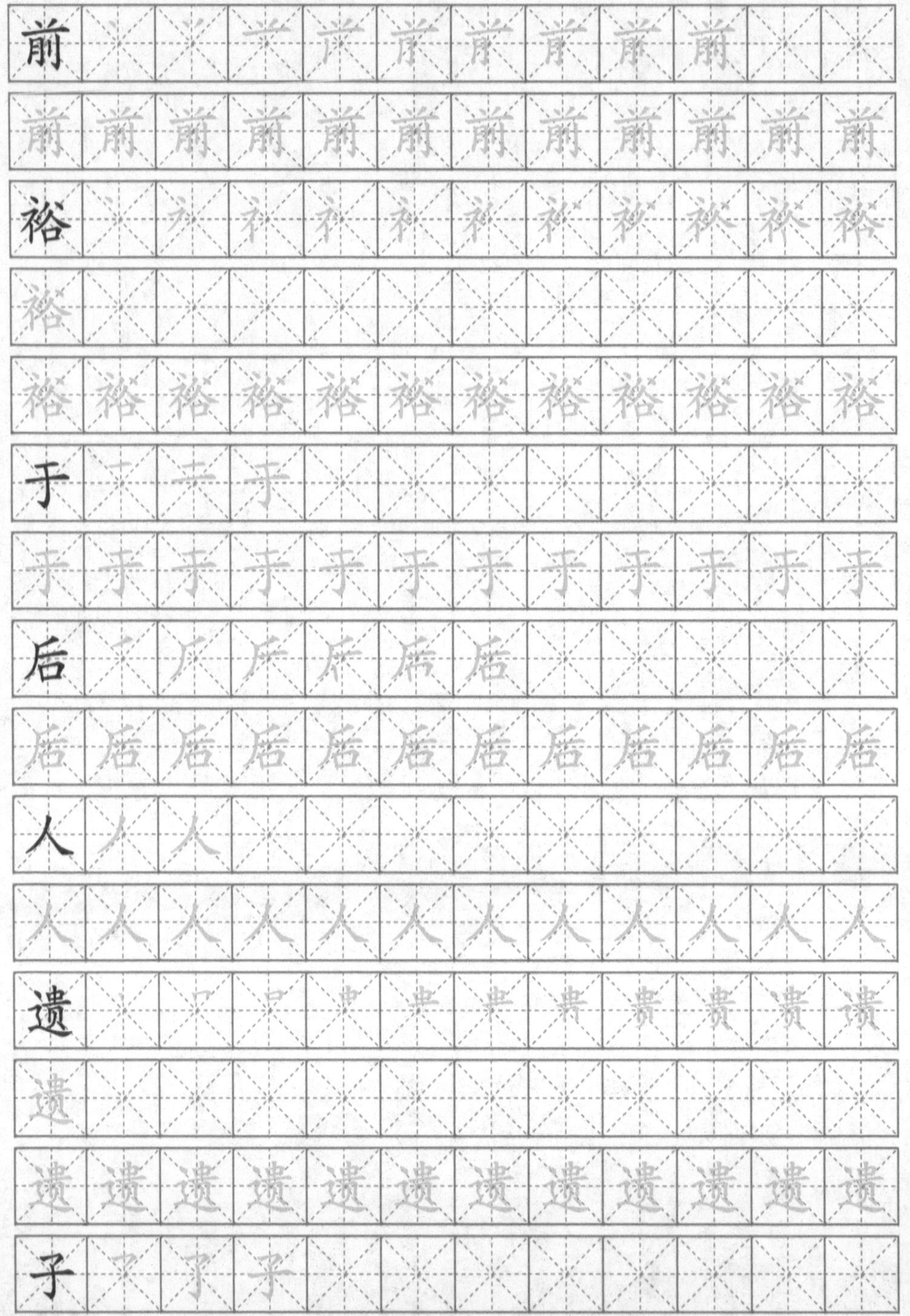

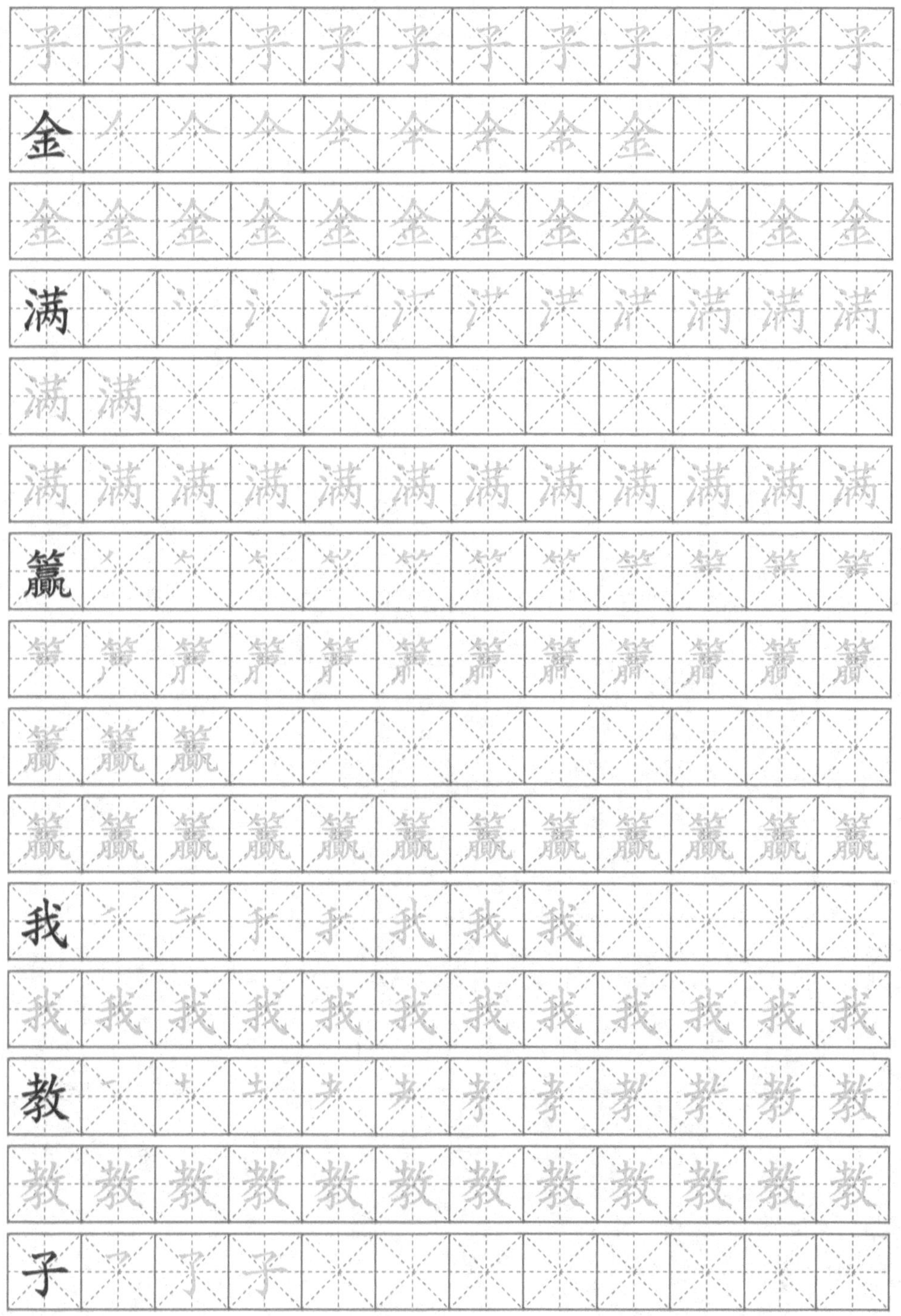

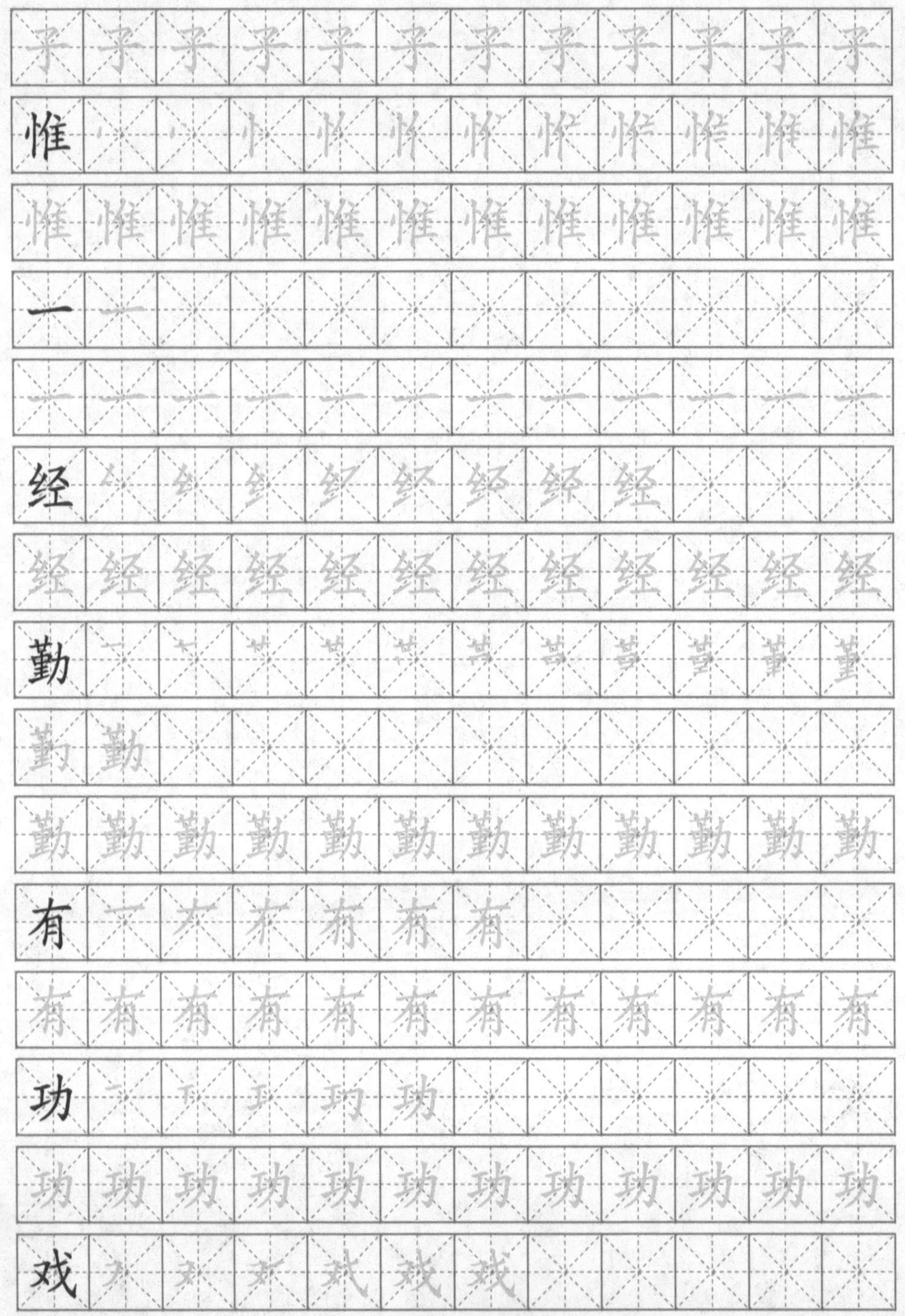

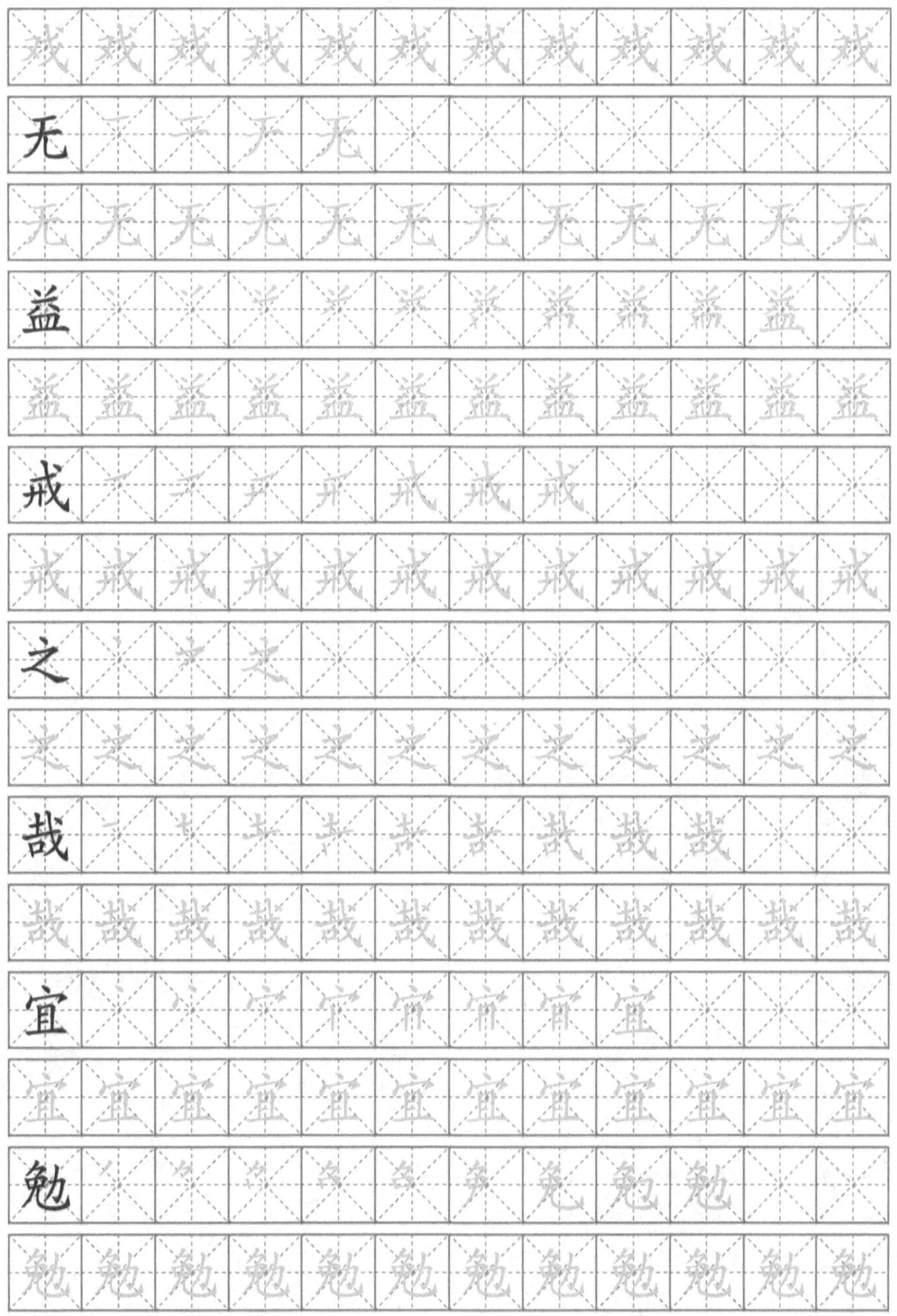

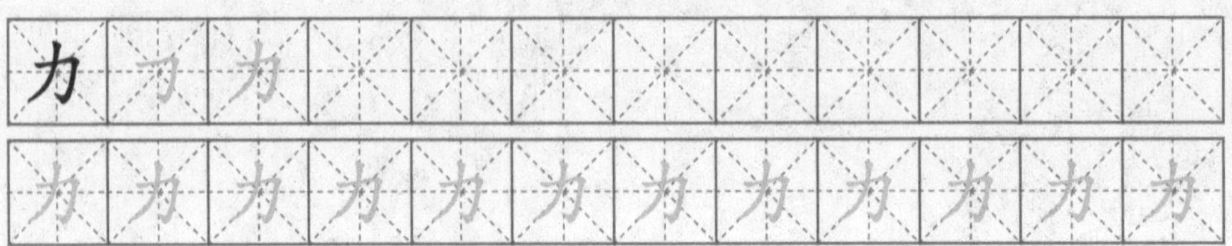

力 力 力
力 力 力 力 力 力 力 力 力 力 力 力

The full text of "The Three-Character Classic" without punctuation marks.

人之初性本善性相近习相远苟不教性乃迁教之道贵以专昔孟母择邻处子不学断机
杼窦燕山有义方教五子名俱扬养不教父之过教不严师之惰子不学非所宜幼不学老
何为玉不琢不成器人不学不知义为人子方少时亲师友习礼仪香九龄能温席孝于亲
所当执融四岁能让梨弟于长宜先知首孝弟次见闻知某数识某文一而十十而百百而
千千而万三才者天地人三光者日月星三纲者君臣义父子亲夫妇顺曰春夏曰秋冬此
四时运不穷曰南北曰西东此四方应乎中曰水火木金土此五行本乎数曰仁义礼智信
此五常不容紊稻粱菽麦黍稷此六谷人所食马牛羊鸡犬豕此六畜人所饲曰喜怒曰哀
惧爱恶欲七情具匏土革木石金丝与竹乃八音高曾祖父而身身而子子而孙自子孙至
玄曾乃九族人之伦父子恩夫妇从兄则友弟则恭长幼序友与朋君则敬臣则忠此十义
人所同凡训蒙须讲究详训诂明句读为学者必有初小学终至四书论语者二十篇群弟
子记善言孟子者七篇止讲道德说仁义作中庸子思笔中不偏庸不易作大学乃曾子自
修齐至平治孝经通四书熟如六经始可读诗书易礼春秋号六经当讲求有连山有归藏
有周易三易详有典谟有训诰有誓命书之奥我周公作周礼著六官存治体大小戴注礼
记述圣言礼乐备曰国风曰雅颂号四诗当讽咏诗既亡春秋作寓褒贬别善恶三传者有
公羊有左氏有谷梁经既明方读子撮其要记其事五子者有荀扬文中子及老庄经子通
读诸史考世系知终始自羲农至黄帝号三皇居上世唐有虞号二帝相揖逊称盛世夏有
禹商有汤周文武称三王夏传子家天下四百载迁夏社汤伐夏国号商六百载至纣亡周
武王始诛纣八百载最长久周辙东王纲坠逞干戈尚游说始春秋终战国五霸强七雄出
嬴秦氏始兼并传二世楚汉争高祖兴汉业建至孝平王莽篡光武兴为东汉四百年终于
献魏蜀吴争汉鼎号三国迄两晋宋齐继梁陈承为南朝都金陵北元魏分东西宇文周与
高齐迨至隋一土宇不再传失统绪唐高祖起义师除隋乱创国基二十传三百载梁灭之
国乃改梁唐晋及汉周称五代皆有由炎宋兴受周禅十八传南北混辽与金帝号纷元灭
金绝宋世莅中国兼戎狄九十年国祚废太祖兴国大明号洪武都金陵迨成祖迁燕京
十七世至崇祯权阉肆寇如林至李闯神器焚清太祖膺景命靖四方克大定古今史全在
兹载治乱知兴衰读史者考实录通古今若亲目口而诵心而惟朝于斯夕于斯昔仲尼师
项橐古圣贤尚勤学赵中令读鲁论彼既仕学且勤披蒲编削竹简彼无书且知勉头悬梁
锥刺股彼不教自勤苦如囊萤如映雪家虽贫学不辍如负薪如挂角身虽劳犹苦卓苏老
泉二十七始发愤读书籍彼既老犹悔迟尔小生宜早思若梁灏八十二对大廷魁多士彼
既成众称异尔小生宜立志莹八岁能咏诗泌七岁能赋棋彼颖悟人称奇尔幼学当效之
蔡文姬能辨琴谢道韫能咏吟彼女子且聪敏尔男子当自警唐刘晏方七岁举神童作正
字彼虽幼身已仕尔幼学勉而致有为者亦若是犬守夜鸡司晨苟不学曷为人蚕吐丝蜂
酿蜜人不学不如物幼而学壮而行上致君下泽民扬名声显父母光于前裕于后人遗子
金满籝我教子惟一经勤有功戏无益戒之哉宜勉力